民法学

（上册）

龙翼飞　主编

国家开放大学出版社·北京

图书在版编目（CIP）数据

民法学．上册／龙翼飞主编．--北京：国家开放大学出版社，2023.1

ISBN 978－7－304－11648－4

Ⅰ.①民… Ⅱ.①龙… Ⅲ.①民法－法的理论－中国－开放教育－教材 Ⅳ.①D923.01

中国版本图书馆 CIP 数据核字（2022）第 212466 号

民法学（上册）

MINFAXUE（SHANGCE）

龙翼飞　主编

出版·发行：国家开放大学出版社

电话：营销中心 010－68180820　　总编室 010－68182524

网址：http://www.crtvup.com.cn

地址：北京市海淀区西四环中路 45 号　　**邮编：**100039

经销：新华书店北京发行所

策划编辑：王国华　　**版式设计：**何智杰

责任编辑：宋　莹　　**责任校对：**冯　欢

责任印制：武　鹏　沙　烁

印刷：河北华商印刷有限公司

版本：2023 年 1 月第 1 版　　2023 年 1 月第 1 次印刷

开本：787mm×1092mm　1/16　　**印张：**16.75　　**字数：**320 千字

书号：ISBN 978－7－304－11648－4

定价：39.00 元

（如有缺页或倒装，本社负责退换）

意见及建议：OUCP_KFJY@ouchn.edu.cn

前言

《中华人民共和国民法典》是新中国成立后颁布的首部以法典命名的法律，是新时代人民权利的宣言书，在社会主义法治体系中举足轻重。为了加强民法典的宣传工作，让民法典走进教室、走进课堂，国家开放大学组织专家学者以《中华人民共和国民法典》为基础进行理论阐释、法条解读和案例分析，编写了《民法学》教材。《民法学》教材分上、下两册，是一套入门性质的法学教材，主要适用于国家开放大学开放教育法律事务专业和法学专业的教学，也适合相关院校法律专业学生和对民法学感兴趣的初学者使用。

本套教材旨在阐明民法学的基本概念和原理，勾勒民法学的框架，阐释《中华人民共和国民法典》中的核心法律条文，培养法律思维。本套教材将学习目标分为掌握、熟悉、了解三个层次，明确了对应的知识点，有助于学生自主学习，也可作为音像教材、网络视频、网络课程及其他网上教学资源的配套材料。通过学习本教材，学生能够掌握民法的基本原理和具体制度，掌握分析、处理相关民事法律事务的基本技能，具备将民法知识应用于社会生活并解决纠纷的能力，为法律相关执业工作做好充分准备，服务于社会主义市场经济建设和法治国家建设。

本套教材借鉴《中华人民共和国民法典》的结构设计，分为民法总则、物权、合同、人格权、婚姻家庭、继承、侵权责任七编，共四十二章，涵盖了《中华人民共和国民法典》各编的内容。本套教材呈现给读者的内容是按照现行法律法规编写的，由于法律法规会根据现实需要修改变化，为了大家学习时能参考最新的相关法律法规，了解相关立法动态，我们特别设计了“扫一扫看变化”二维码，敬请关注。

扫一扫看变化

本套教材具有以下鲜明特色：第一，注重思想引领。本教材以阐释习近平法治思想为核心要义，宣传党的二十大精神，传递社会主义核心价值观，融入课程思政内容，将习近平法治思想和社会主义核心价值观融入民法学理论阐释和法律适用中。第二，关注立法、司法和法学研究的前沿。本套教材以《中华人民共和国民法典》及相关司法解释为基础进行编写，呈现立法、司法和法学研究的新成果。第三，言简意赅，兼顾学理性与实务性，避免有争议的理论探讨。本套教材结合开放教育法学专业的特点，在教学内容选取和章节设置方面以“必需、够用”为度，减少理论性文字的阐释，加强应用性和可操作性，增强教材的可读性。

本套教材主要由长期从事民法教学和研究的著名学者和骨干教师合作完成。其中，龙翼飞（中国人民大学法学院教授、博士研究生导师）任主编，各编编写分工如下：

第一编，龙翼飞、田野（中国人民大学法学院民商法学博士，北方工业大学文法学院教师）；

第二编，龙翼飞、董彪（北京工商大学法学院副教授）；

第三编，龙翼飞、董彪、阴赵丹（西藏大学政法学院副教授）；

第四编，龙翼飞、阴赵丹；

第五编，叶志宏（国家开放大学副教授）；

第六编，陈群峰（中央民族大学法学院教授、博士研究生导师）；

第七编，薛杉（北京大学民商法学博士，国家开放大学政法教学部法学院教师）。

在《民法学》教材的编写过程中，清华大学崔建远教授，北京大学钱明星教授和刘凯湘教授，中国人民大学王轶教授和姚辉教授，北京工商大学李仁玉教授等，对本套教材的大纲、多媒体教材一体化设计方案、文字教材初稿等进行了审定，并提出了宝贵的意见，在此表示诚挚的感谢！也感谢薛杉老师承担了诸多协调工作。

囿于编者水平和时间仓促，书中难免存在不足之处，衷心希望读者批评指正。

编者

2022 年 11 月

目 录

第一编 民法总则

第二编 物权

第一编

民法总则

第一章 民法概述

学习目标

掌握：民法的概念、民法的调整对象、民法的性质、民法的渊源。

熟悉：民法的效力。

了解：新中国民事立法的历程。

第一节 民法的概念

民法是一个重要的法律部门，居于基本法的地位。民法是一切市场经济国家，特别是发达国家制定最早、最为完备、最为基本的法律。民法的基本原理及结构，是围绕商品经济关系而展开的。可以说，民法是规范商品经济关系的基本法。民法主要由民事主体制度、物权制度、债权制度、人身权制度、继承权制度、知识产权制度、民事责任制度组成。

一、民法的语源

民法是调整平等主体的自然人、法人和非法人组织之间的人身关系和财产关系的法律规范。民法是国家统一的法律体系中一个独立的法律部门，是重要的基本法。[①]

① 龙翼飞．民法学［M］．3版．北京：中国人民大学出版社，2020：1.

“民法”一词源自罗马法中的市民法（jus civile），反映了古代社会简单商品经济活动的根本要求。罗马法是指公元前8世纪至公元6世纪查士丁尼一世在位时的罗马奴隶制国家全部法律规范，是古代奴隶制法中最重要和最发达的部分。罗马法的特点是诸位合体、不加分类（民、刑不分，实体法与程序法不分）。其中最为完备、对后世影响最大的是罗马私法（主要是指罗马民法），故法学家通常把“罗马私法”和“罗马法”作为同义语。[①] 罗马法是调整当时简单商品生产和商品交换的各种法律制度，如物权、债权、契约法、继承权等制度，成为后世资本主义国家民事立法的依据，许多资本主义国家尤其是大陆法系国家的民法制度就是以罗马法为基础建立起来的。

现代民法是从1804年颁布的《法国民法典》开始的。《法国民法典》是世界上第一部资产阶级国家民法典，也是第一部把民法从诸法合体中分离出来的法典。《法国民法典》在罗马法的基础上规定了主体制度、物权、债权、继承权等方面的内容，确定了契约自由原则、私有财产神圣不可侵犯原则、过错责任原则等。《法国民法典》是为适应资本主义自由竞争时期商品经济的发展要求而制定的，反映了资本主义经济规律的要求，其作用、意义和影响远远超过法国本土。

1896年颁布的《德国民法典》是资本主义世界一部重要的法典。它较全面地吸收了罗马法、《法国民法典》的成果，肯定了自由资本主义的民事法律制度和原则，同时又做出许多新的规定以适应垄断资本主义发展的要求，而且编纂体例更为科学，成为日本、韩国等立法的典范。

总之，伴随着千百年来人类文明发展的历程，民法逐渐形成调整不同社会形态下与商品经济相适应的平等主体之间发生的财产关系和人身关系的法律制度。

二、民法与相关概念辨析

（一）民法与宪法

宪法是国家的根本大法，在法律体系中处于最高效力位阶，具有最高权威。正如党的二十大报告中所述：“坚持依法治国首先要坚持依宪治国。”民法是宪法的下位法，以宪法规定的内容为制定民法的依据。《中华人民共和国民法典》（以下简称《民法典》）第一条对此进行了明确规定，宪法不仅是制定民法的依据，也是解释和适用民法的指导性基础。在我国，宪法不能作为法官直接援引进而裁判民事案件的

① 彭万林．民法学［M］．北京：中国政法大学出版社，1999：2.

依据，但是法官可以依据宪法尊崇的理念和价值对民法规范进行解释，选择民事裁判规则。

宪法是公法，而民法是私法。与宪法调整国家与公民的关系不同，民法调整平等主体之间的关系。宪法的义务指向的主体是国家，其并不直接为民事主体提供行为模式；民法的义务指向的主体是民事主体，直接规范民事主体的行为。

（二）民法与商法

商法也可以称为商事法。其是调整商事关系的法律规范的总和，以商事组织和商事活动为调整对象。我国实行民商合一的立法体例，民法与商法的关系是一般法与特别法的关系。通过对民法的规定，完善我国民商事领域的基本规则，为民商事活动提供基本遵循，为商事单行法规提供制定依据。

民法的主体是一般主体，而商法的主体为商自然人和商法人。商法调整商事主体之间的法律关系，是对民事主体之间法律关系的特殊规定。商法具有调整行为的营利性特征，商事关系多为纯粹的财产关系；民法不仅调整财产关系，还调整人身关系。

（三）民法与经济法

经济法是国家干预、调整社会经济活动中形成的经济关系的法律规范的总称。民法与经济法调整的关系存在交叉，都将一定范围的经济关系作为调整对象。民法与经济法都旨在保护合法的经济权益，在维护良好的经济秩序方面发挥着重要作用。

民法的调整对象是横向的社会关系，具有平等性；而经济法的调整对象是纵向的社会关系，具有隶属性、非平等性。民法具有静态性，主要通过确定主体和客体的法律地位来调整经济关系；经济法具有动态性，主要通过规制国家经济运行来调整经济关系。民法将微观层面的个人权利作为本位，以民事主体的个人权利保障为要旨，实现个人利益；经济法将宏观层面的社会公共利益作为本位，以私人经济关系和社会经济秩序协调为要旨，实现公共利益。

（四）民法与民法典

民法包括实质意义上的民法和形式意义上的民法。民法典属于形式意义上的民法，是指以法典的形式按照一定体系将各种基本的民事法律制度编纂在一起的民事基本规范。民法的范围大于民法典，民法既包括民法典，也包括单行的民事法律和其他法律、法规中的民事法律规范。

第二节　民法的调整对象

民法之所以能作为一个独立的法律部门，就在于它有自己特定的调整对象，这也是民法同其他法律部门相区别的重要标准。《民法典》第一编“总则”第二条明确规定了我国民法的调整对象，即平等主体的自然人、法人和非法人组织之间的人身关系和财产关系。

一、人身关系

民法的调整对象中之一是平等主体之间的人身关系。民法调整的平等主体之间的人身关系，是指平等主体之间基于人格利益和身份利益而发生的不具有直接财产内容的人格关系和身份关系。

理解民法调整的平等主体之间的人身关系，应当把握以下三个要点：

（1）民法所调整的人身关系的主体，尽管彼此之间有性别、年龄、职业、职务、财产等方面的差别，还有的主体之间有亲属身份的不同，但主体之间的法律地位是完全平等的。任何民事主体都不得歧视其他民事主体，更不得侵犯其他民事主体的人身权。

特权是平等的对立物。所谓特权，就是特权者不受普遍性的法律的约束。在法律面前人人平等是一个国家文明的最基本的要求。所谓身份，是一个人或团体被置放在相较于其他人或团体而言的有利或不利的地位。身份本来的功能是对人进行区分，目的是给予特权或实行歧视，而现代民法中的身份已不具有不平等和歧视的色彩。身份主要体现在婚姻家庭关系和继承法律关系之中。

（2）民法所调整的人身关系的内容是人格关系和身份关系。人格关系是民事主体为实现人格利益而发生的权利义务关系，在民法上表现为民事主体的生命权、身体权、健康权、名誉权、隐私权、肖像权、姓名权、名称权。身份关系是民事主体因彼此之间的身份利益而发生的权利义务关系，在民法上表现为配偶权、亲权、监护权、荣誉权。此外，学术界还有一般人格权的提法，即公民、法人和非法人组织享有的人格独立、人格自由、人格尊严等一般人格利益，并由此产生和规定具体人格权的基本权利。一般人格权的功能之一是补充功能，当具体人格权所概括的人格利益受到侵害而没有法律规定时，即可依一般人格权追究行为人的侵权责任。

（3）民法所调整的人身关系虽然不具有直接的财产内容，但人身关系中的人身权是民事主体享有财产权利的必要前提条件。如果民事主体的人身权遭到不法侵害，会直接导致民事主体的财产损失。因此，对人身权的法律保护既有停止侵害、赔礼道歉等非财产性的责任承担方式，也有赔偿损失的财产性责任承担方式。

二、财产关系

民法调整的平等主体之间的财产关系，是指地位平等的民事主体为了实现财产利益，在从事民事活动过程中发生的以财产归属和财产流转为基本内容的权利义务关系。

理解民法调整的平等主体之间的财产关系，应当把握以下三个要点：

（1）民法所调整的财产关系的主体，彼此地位平等。平等是指民事主体之间互不隶属，处于平等的地位，换言之，民事主体在财产关系中保持自己独立的意志自由，彼此之间不存在上下级隶属关系，这是民法与行政法的重大区别。

（2）民法所调整的财产关系的基本内容是财产归属和财产流转。财产归属，集中体现为财产所有权关系，即民事主体因占有、使用、收益和处分财产而形成的权利义务关系。财产流转，则体现为民事主体为获取利益而交换财产所形成的权利义务关系，如债权债务关系。财产归属和财产流转是密切相连的，财产流转以财产归属为前提；财产归属又以财产流转作为发生根据。财产归属关系和财产流转关系是社会生活中最基本的经济关系，是市场经济关系中最主要的表现。

（3）民法所调整的财产关系直接反映了民事主体的财产利益要求。在市场经济条件下，民法的大部分规范都把民事主体设想为遵循民法规范，合理追求自己利益最大化的自然人、法人和非法人组织，不要求民事主体遵循过高的道德标准，这样才能使民法中的民事主体区别于宗教和道德中的主体，使民法规范区别于道德规范。在市场经济关系中，民事主体通过市场实现商品价值和自身的经济利益，交易双方的财产利益要求体现为等价有偿的法律规则，即获得财产利益应支付对价，禁止巧取豪夺、尔虞我诈的侵权行为。

第三节 民法的性质

一、民法是私法

学理上将法律区分为公法与私法。公法与私法的这种区分方式沿用了罗马法的一种法的分类方式。

关于划分公法与私法的标准，长期以来存在不同学说，最主要的有利益说、隶属说和主体说三种。利益说也可以称为目的说，是由古罗马法学家乌尔比安提出的，他也是最早对公法和私法作出区分的学者。利益说是根据法律保护利益的不同而对法律进行划分，法律保护公益即公法，保护私益即私法。隶属说又被称为关系说或者从属规范说，该学说根据调整对象的不同对法律进行公私法的划分。公法的根本特征在于调整隶属关系，私法的根本特征在于调整平等关系。主体说则认为应当以法律关系中的参与主体作为划分公法与私法的标准。如果在法律关系中存在公权主体，则这项法律关系就落入公法的范畴，反之则属于私法范畴。

无论对公法和私法存在多少不同的区分观点，学理上对于民法属于私法这一主张并无异议。民法属于私法主要可以从民事主体、民事权利的性质及民法的调整方式等方面进行说明。民事主体是私主体，是相对于社会和国家的主体。民事权利是私权利，受权利主体的个人意志支配。民法的调整方式，如民事主体地位平等、意思自治等也体现了民法的私法性。

二、民法是权利法

民法是权利的宣言书，是以权利为本位的普通法。民法以保护私人利益为本位，将主体的权利作为民法的主要内容，以民事权利为基本的逻辑起点构建民法制度，以此实现对权利的合理确认和充分保障。民法规定了民事权利主体、客体，民事权利的产生、变更与消灭，民事权利的种类与保护等内容。民法的授权性规范形式进一步体现了民法的私法性质。

民法作为权利法，从历史角度来看，是为了对抗公权力的干预，保障公民权利不受侵犯，强调对权利的充分保护。社会经济生活中权利观念的兴衰与否，也同样取决于对民法的重视与否。对民法予以重视则会增强社会中的权利观念，轻视或者贬低民法则会导致权利观念的淡薄和衰减。

民法为防止民事权利受到侵犯，最大限度地为民事主体的权利提供切实有效的保护，禁止其他任何人以非法方式侵犯民事主体的人身权及财产权。民法为维护民事主体的利益，对受到侵犯的权利，更多地采取利益补救的方式来弥补民事主体的利益损失，而非侧重于惩罚式的民事责任制度。

三、民法是实体法

以法律规定的不同内容作为区别，法律有实体法与程序法之分。实体法对民事主体的权利与义务或者具体保护事项作出规定，程序法则保证实体法规定的权利与义务得以有序实施。民法主要规定民事主体之间实体权利与义务的内容，因此民法属于实体法。当然，民法为实体法并不排斥一些民法规定涉及程序内容，如宣告失踪制度和宣告死亡制度，法人设立、变更、终止及登记的程序制度等，但这并不影响民法是实体法。

民法作为实体法，发挥了行为规范和裁判规则的功能。民法主要是行为规范，为民事主体提供行为活动的遵守规则。民事主体可以通过民法所确立的交易规则，对行为的范围、后果和责任产生清晰的认知和预期，从而有序地从事各种交易行为。民事主体也可以通过民法所确立的生活准则，妥当安排民事主体之间的正常交往活动，构建和睦的人际关系，贯彻公序良俗理念。民法又是裁判规则，为司法机关正确处理民事纠纷提供裁判准绳。司法机关裁判民事案件须援引民法规定的实体权利与义务的规则与原则，在一定程度上约束了司法机关的自由裁量权，使得司法裁判过程处于民法构建的规范体系之下。

四、民法是调整市场经济的基本法

市场经济是以市场作为实现资源优化配置的经济运作模式和管理方式。民法是调整市场经济的基本法，可以说民法对市场经济的建立和完善有着密不可分的关系。市场经济的参与者必须以交换的形式开展经济活动，而所有权是商品生产和交换的前提。民法确认财产归属关系，充分尊重和保护各类市场参与者的财产权，以此保障市场经济主体支配其有形财产从事生产经营活动。随着市场经济的深入发展，经济活动呈现出运行常态化、形式多样化、手段规范化的特点。民法调整财产流通关系，以此保障市场经济活动安全顺利地运行，促进市场资源的配置效率。健全市场经济秩序，保障市场主体权利，都离不开民法对民事法律关系的调整和规范。

同时，民法制度的构建也遵循市场经济的运行规律，民法规则的制定反映了市场经济的实际需求。市场经济的逐渐发展培育了独立自主的市场主体、平等自由的自治意识、互惠公平的契约精神，并且对产权关系、资源配置发挥着重新塑造的作用。民法中的意思自治、诚实信用、鼓励交易、公平正义等价值理念蕴含了市场经济对自由竞争、平等协商、公平交易、等价有偿等原则的基本要求。

第四节　民法的渊源

一、法律、法规等规范性文件

民法最主要的渊源是法律、法规等规范性文件。其主要包含以下三类：

第一类是宪法中有关民法的规定。宪法作为国家的根本大法，是治国安邦的总章程。宪法一方面是民事立法的基础和依据，另一方面也规定了许多涉及市民社会关系的民事规范。例如，宪法中对于公民、法人的人身权、财产权的规定即具有民事规范的性质。

第二类是民事法律、法规。其中，民事法律是指由全国人民代表大会及其常务委员会（以下简称全国人大及其常委会）制定、颁布的民事方面的规范性文件，是最具有普遍适用效力的规范性文件，其效力仅次于宪法。《民法典》是最主要的民事立法，在民事法律体系中居于基础性地位，也是市场经济的基本法。民事法规是以宪法和民事法律为依据，由国务院颁布的具有民事性质的法规，包括国务院常务会议通过或发布的决定及命令。其起到直接或间接规范民事行为的作用。

第三类是地方性法规中的民事规范。地方各级权力机关依法制定的地方性法规中，有属于民事规范范畴的法规。这些法规不能与宪法、法律及行政法规相抵触，并且仅在颁布机关的管辖区域内具有民事法律效力。

二、民事习惯

习惯是可以适用于不同阶级或各种群体，且具有一般遵守效力的行动习惯或者行为模式。习惯是一种经过多数人长期、反复地重复某一事项而形成的惯例，涉及生活的各方各面，与人民生活密切相关。民事习惯就是从这些生活习惯中得出的。其中，民事习惯中的一部分会被上升为法律规范，而无法被上升为法律规范的部分民事习惯则会经过国家机关的认可，成为民法渊源中的民事习惯，且赋予其一定效力。《民法典》第十条规定："处理民事纠纷，应当依照法律；法律没有规定的，可以适用习惯，但是不得违背公序良俗。"因此，适用民事习惯的情形，必须满足以下三个要件：其一，属于法律的未规定事项；其二，有相应的习惯存在；其三，该习惯的适用，不违背公序良俗。

三、法理

法理是指法律的基本精神和基本原则。① 不同国家和地区对法理是否为民法的渊源有着不同的规定。例如，《瑞士民法典》规定，如本法无相应规定时，法官应该依据惯例；如无惯例时，法官应依据实践确定的学理和惯例。又如我国台湾地区的民法规定，“民事，法律未规定者，依习惯；无习惯者，依法理”。我国现行民法没有直接规定法理是民法的渊源，法官裁判案件时不可直接援引法理为裁判依据，但在没有法律明文规定的情况下，法理对法官审理时释法说理起到重要作用。

四、指导性案例

《最高人民法院关于案例指导工作的规定》规定：“最高人民法院发布的指导性案例，各级人民法院审判类似案例时应当参照。”在司法实践中，指导性案例在保持法律适用的协调性等方面发挥了重要的作用。在对诉争案件与指导性案例之间的“类似性”程度作出判断的前提下，法官、检察官和律师可以援引指导性案例作为裁判理由或者法庭辩论理由。指导性案例的作用被定位于“指导”，法院审判时应充分注意并顾及，但是不能将其作为裁判的直接法律依据。指导性案例不具有正式的法律拘束力，不是我国民法法律渊源的表现形式之一。

第五节　民法的效力

一、对人的效力

民法对人的效力，是指民事法律规范对某些确定的民事主体具有法律效力。《民法典》第十二条规定：“中华人民共和国领域内的民事活动，适用中华人民共和国法律。法律另有规定的，依照其规定。”就该条规定来看，我国民法采纳属地原

① 李永军．民法总论［M］．3 版．北京：中国政法大学出版社，2015：36.

则，即居住地是确定民法法律效力的主要标准，居住在本国领土内的人均受本国法律的管辖。①

根据民事主体和其居住地，我国民法对人的效力有以下三种情况：第一，我国民法对在中国境内居住的中国公民或者在中国境内设立的法人或非法人组织，具有法律效力；第二，我国民法对在中国境内居住的外国人、无国籍人和经我国政府准许设立在中国境内的外国法人，原则上具有法律效力；第三，我国民法对在外国居住的我国公民，一般不具有法律效力，即在外国居住的我国公民原则上不适用我国民法，而应适用所居住国的民法。对于以上情况，我国民事法律规范，我国缔结或参加的国际条约、双边协议，以及经我国认可的国际惯例有不同规定的，从其规定。

二、空间效力

民法的空间效力，是指民事法律规范在某一确定的地域范围内具有法律效力。一般而言，主权和领土范围是确定法律规范空间效力的重要依据。具体民事法律规范发生效力的地域范围会因制定主体的不同而有所区别。依据《民法典》第十二条规定，我国全国人大及其常委会、国务院及其各部委等制定并颁布的民事法律、法规，除法律有特殊规定之外，适用于我国的领土、领空、领海，以及根据国际法、国际惯例应当视为我国领域内的一切领域，如我国驻外使馆、在我国领域外航行的我国船舶。

适用于局部地区的民事法律规范主要包括：

（1）全国人大及其常委会、国务院制定的法律、法规中明确规定只适用于某一地区的。例如，适用于经济特区的民事法规，适用于民族自治地方的民事法规，适用于特别行政区的民事法规。

（2）地方各级立法机关、行政机关根据法定权限所制定和颁布的民事法规、规章等，只在该机关管辖领域内发生效力。

三、时间效力

民法的时间效力，是指民事法律规范从某一时间起至某一时间止的时限内具有法律效力。民法的时间效力包括民法的生效时间和失效时间，以及民法是否具有溯及力的问题。

---

① 郑永波．民法总则［M］．北京：中国政法大学出版社，2003：27.

（一）民法的生效时间

民法的生效时间，是指民事法律规范产生法律效力的起始时间，一般直接体现在法律规范的具体条文内。根据民事法律规范的实际需要和性质，民法的生效时间分为以下三种情形：

（1）民事法律规范直接规定了具体的生效日期。例如，《中华人民共和国印花税法》第二十条规定“本法自 2022 年 7 月 1 日起施行”。

（2）民事法律规范自公布后经过一段时间再生效。例如，《中华人民共和国企业破产法（试行）》第四十三条规定“本法自全民所有制工业企业法实施满三个月之日起试行，试行的具体部署和步骤由国务院规定”。

（3）民事法律规范自公布之日起开始生效，即发布日期就是实施日期。例如，《中华人民共和国中外合资经营企业法实施条例》第一百零五条规定“本条例自公布之日起施行”。

（二）民法的失效时间

民法的失效时间，是指民事法律规范的法律效力终止或被废止的时间，包括以下两种情形：

（1）新法直接废除旧法，即新法规定了旧法的效力。例如，《中华人民共和国海关法》规定“本法自 1987 年 7 月 1 日起施行。1951 年 4 月 18 日中央人民政府公布的《中华人民共和国暂行海关法》同时废止”。

（2）新法通过规定与旧法相抵触的条款而使旧法失效。例如，《中华人民共和国物权法》（以下简称《物权法》）规定“担保法与本法的规定不一致的，适用本法”。民事法律规范不乏在公布的同时对效力停止时间作出规定的情形。

民法是否溯及既往，是指新的民事法律规范颁布施行后，在该法生效之前所发生的行为或事件是否适用该法。生效的新法必然对已经产生法律效果的民事行为重新评价，对旧法规制下的社会关系和社会秩序重新调整。为了保护人们对依据旧法所作出行为的后果的合理预期，在我国通常情况下新法没有溯及既往的效力，即新法生效之前发生的行为或事件不适用新法。例如，自《民法典》正式施行之日即 2021 年 1 月 1 日起发生的民事纠纷案件将适用《民法典》及其司法解释，2021 年 1 月 1 日之前的法律事实引起的民事纠纷案件，仍然适用事实发生时的法律和司法解释。当然，民事法律规范有明文规定的，可以溯及既往。例如，《最高人民法院关于适用〈中华人民共和国民法典〉时间效力的若干规定》第二条规定：“民法典施行前的法律事实引起的民事纠纷案件，当时的法律、司法解释有规定，适用当时的法律、司法解释的规定，但是适用民法典的规定更有利于保护民事主体合法权益，更有利于维护社会和经济秩序，更有利于弘扬社会主义核心价值观的除外。”

第六节　新中国民事立法的历程

新中国的民事立法是与新中国的社会经济制度和社会文明同步进行的，大致经历了四个发展阶段。①

一、第一阶段：1949 年新中国成立到 1965 年

从 1949 年新中国成立到 1965 年，新中国的民事立法逐步形成了以宪法的原则规定为根据，以土地、房产、婚姻、购销、保险、借贷等单行法规为基本规则的民事法律制度，但是此阶段的民事法律制度还相当简单。

二、第二阶段：1966—1976 年

从 1966 年到 1976 年，新中国的民事立法与社会主义法制事业一起遭到严重破坏。

三、第三阶段：1976—1978 年

1976 年粉碎“四人帮”以后，特别是中国共产党第十一届中央委员会第三次全体会议（简称中共十一届三中全会）以来，随着社会主义商品经济的发展和社会主义法制建设的恢复，新中国的民事立法不断以各种民事法规的形式颁布和实施。

四、第四阶段：1978 年改革开放以来

1978 年改革开放以来，大量的民事单行法律、法规如雨后春笋般问世，如《中

① 在中国，“民法”一词是清末法制改革时直接从日本借鉴过来的。当时清政府聘请日本学者松冈义正起草民法典草案，我国开始有现代意义上的民法。参见梁慧星．民法总论［M］．2 版．北京：法律出版社，2001.

华人民共和国物权法》《中华人民共和国合同法》《中华人民共和国婚姻法》《中华人民共和国公司法》《中华人民共和国劳动合同法实施条例》等。中国特色社会主义建设取得了举世瞩目的成就，中国特色社会主义法律体系已经形成。

随着改革开放的深入推进，市场经济不断发展，人民群众对提高权利保障的法治化水平的期望越来越高，编纂民法典就是为了满足人民群众的法治需求。社会主义市场经济本质上是法治经济，通过编纂民法典，不断完善中国特色社会主义法律体系，将促进社会主义市场经济的法制化和规范化。新中国成立以来，先后进行过五次民法典起草工作。第一次起草工作从 1954 年开始，至 1956 年草拟了民法典征求意见稿，共计 5 编 433 条；1957 年，政治上开展“反右”斗争而使民法典起草工作中止。第二次起草工作始于 1962 年，并于 1964 年正式提出草案（试拟稿），共计 3 编 262 条；后由于“文化大革命”的影响，民法典起草工作再次被迫停止。第三次起草工作始于 1979 年 8 月，到 1982 年已经有了民法典草案（第四稿），共计 8 编 465 条。但后来因条件不成熟，立法机关决定制定单行民事法律、法规。随着众多单行法律、法规的出台，法规之间相互冲突、矛盾的问题日益突出，于是从 1983 年开始起草“民法总则”，后由于现实情况发展的需要，实际制定的内容完全突破了“民法总则”的范围，这样“民法总则”改为了“民法通则”。1986 年 4 月 12 日，《中华人民共和国民法通则》颁布。改革开放以后，人民生活得到巨大改善，对制定民法典的需求进一步突出，经过社会主义市场经济的长足发展，我国制定民法典的时机日益成熟。第四次起草工作是在 2002 年 12 月，第九届全国人大常委会第三十一次会议审议民法草案。2017 年 3 月，作为中国民法典开篇之作的《中华人民共和国民法总则》（简称《民法总则》），获第十二届全国人民代表大会第五次会议表决通过。民法典编纂完成了关键性的“第一步”。此后第十三届全国人大常委会分别对各分编草案进行了审议，民法典编纂迈出“第二步”。2019 年 12 月 28 日，第十三届全国人大常委会第十五次会议表决通过了全国人大常委会关于提请审议《中华人民共和国民法典（草案）》的议案，决定将《民法典（草案）》提请第十三届全国人民代表大会第三次会议审议。对于该草案，先后 10 次在网上征求意见，累计收到逾百万条意见和建议。

我国《民法典》于 2020 年 5 月 28 日由第十三届全国人大第三次会议通过，并于 2021 年 1 月 1 日开始施行。党的二十大报告明确指出：“我们要坚持走中国特色社会主义法治道路，建设中国特色社会主义法治体系、建设社会主义法治国家。”民法典的制定，是习近平法治思想的体现，是健全社会主义市场经济法律制度和完善中国特色社会主义法律体系的重要内容。《民法典》的颁布，是中国特色社会主义法治体系不断完善的重要标志之一，对健全市场秩序、维护交易安全、促进社会主义市场经济持续健康发展有着十分重要的作用。

本章小结

民法是调整平等主体的自然人、法人和非法人组织之间的人身关系和财产关系的法律规范。我国民法的调整对象，即平等主体的自然人、法人和非法人组织之间的人身关系和财产关系。人身关系，是指平等主体之间基于人格利益和身份利益而发生的不具有直接财产内容的人格关系和身份关系。财产关系，是指地位平等的民事主体为了实现财产利益，在从事民事活动过程中发生的以财产归属和财产流转为基本内容的权利义务关系。《民法典》的制定是习近平法治思想的体现，是健全社会主义市场经济法律制度和完善中国特色社会主义法律体系的重要内容。

简答题

1. 简述民法的调整对象。
2. 简述民法的渊源。

案例

（扫码查看案例解读）

吉某是著名曲艺家，于1944年病故。1985年起，魏某拟以吉某为原型人物创作小说。创作过程中，魏某曾几次寻访吉母、吉弟了解情况，并索要其生前照片。1987年年初，魏某自行创作的小说《荷花女》完稿，并投稿于《今某报》，共计连载56篇。小说在内容中使用了吉某的真实姓名和艺名，除部分写实外，还虚构了部分有关吉某生活作风、道德品质的情节。在小说连载过程中，吉某的母亲陈某及其亲属以小说损害了吉某的名誉为由，先后两次找到《今某报》报社要求停载，但是均遭到拒绝。1987年6月，陈某向某市中级人民法院起诉，以魏某未经其同意在其创作的小说《荷花女》中故意歪曲并捏造事实，侵害了吉某和自己的名誉权，《今某报》未尽审查义务致使损害扩大为由，提起诉讼，要求停止侵害，恢复名誉，赔偿损失。法院判令，魏某和《今某报》社分别在《今某报》上连续三天刊登道歉声明，为吉某、陈某恢复名誉，消除影响，并各赔偿陈某400元。同时，魏某停止侵害，其所著小说《荷花女》不得再以任何形式复印、出版发行。《今某报》社、魏某不服，向某市高级人民法院提起上诉。某市高级人民法院在认定某市中级人民法院判决合法的基础上，主持双方达成调解协议。

请问陈某是否有权提起诉讼？法院判决的依据是什么？

第二章 民法的基本原则

学习目标

掌握：民法基本原则的概念。
熟悉：民法基本原则的功能。
了解：我国民法的各项基本原则。

第一节 民法基本原则概述

一、民法基本原则的概念与特征

（一）民法基本原则的概念

民法基本原则，是指集中反映民法的立法宗旨，充分体现民法的核心立法思想，全面统率全部民事法律制度，直接指引民事主体实施民事法律行为，严格规范民事审判活动的法律准则。

我国民法的基本原则，集中体现在《民法典》总则编第一章第三条至第九条规定中，即保护合法民事权益原则、平等原则、自愿原则、公平原则、诚信原则、公序良俗原则、生态文明原则。

（二）民法基本原则的特征

这些基本原则具有如下特征：

1. 体现本质性

从本质上讲，民法是调整平等主体的自然人、法人和非法人组织的人身关系和财产关系，是民事领域的基础性、综合性法律，涉及社会和经济生活的方方面面，规范各类民事主体的人身关系和财产关系。我国民法的基本原则体现了民事法律规范的本质要求。

2. 中国特色性

各国民法都是以本国的社会和经济发展需要为根本要求而制定的，因而各具特色。我国民法的基本原则，体现了中国国情和实践，反映了中国人民所追求的实现中华民族伟大复兴的中国梦和为建设社会主义现代化强国而努力奋斗的需要，系统整合了新中国成立七十多年来长期实践形成的民事法律规范，汲取了中华民族五千多年来在民事活动领域中的优秀法律文化，借鉴了人类法治文明建设的有利成果，以保障各类民事主体实现各种民事权益。

3. 彰显时代性

我国《民法典》是新时代中国特色社会主义法治建设的重大成果。党的二十大报告明确指出："必须更好发挥法治固根本、稳预期、利长远的保障作用，在法治轨道上全面建设社会主义现代化国家。"我国民法基本原则的有效实施，对于指引当代中国社会主义市场经济的发展，巩固社会主义基本经济制度，坚持以人民为中心的发展思想，依法维护人民权益，推动我国人权事业发展，推进国家治理体系和治理能力现代化，具有鲜明的时代意义。

4. 法理宣示性

我国民法的基本原则，明确宣示了《民法典》所贯穿的习近平新时代中国特色社会主义法治思想和社会主义核心价值观，昭示了我国民法所蕴含的深刻法理思想。

5. 逻辑严谨性

我国民法的基本原则，是按照严谨的立法逻辑设定的，表述清晰，通俗易懂，环环相扣，依次递进，整体统一。

6. 内容科学性

我国民法的基本原则，准确反映了我国民法的调整规律，统率民法的全部法律制度，正确指引民事主体从事民事活动，规范司法机关公正适用法律。

7. 实践操作性

我国民法的基本原则，是在总结自然人、法人和非法人组织长期从事民事活动和司法机关从事民事审判活动基本经验的基础上凝练而成的，不仅来源于社会实践，而且能够正确、有效地指导民事活动和民事审判活动。

二、民法基本原则的功能

我国民法的基本原则，具有如下法律功能：

（1）集中反映民法的立法宗旨。

我国《民法典》的立法宗旨是：保护民事主体的合法权益，调整民事关系，维护社会和经济秩序，适应中国特色社会主义发展要求，弘扬社会主义核心价值观，以宪法为根据。我国民法的每一项基本原则，都深刻反映了我国民法的立法宗旨。

（2）充分体现民法的核心立法思想。

我国民法的基本原则，通过《民法典》规定的各项民事法律制度，充分体现了民法的社会主义核心立法思想，即生命无价、人身自由、人格尊严、人权平等、财产神圣、契约自由、诚实信用、公平正义、公序良俗、生态文明、权利救济、定纷止争。

（3）全面统率全部民事法律制度。

我国民法的基本原则，规定在《民法典》总则编第一章“基本规定”，即该法典的开篇之中。这种立法设计和安排，显示出民法基本原则在《民法典》中的首要地位，成为统率我国全部民事法律制度的最高法律要求。

（4）直接指引民事主体实施民事法律行为。

我国民法的基本原则大道至简，其所具有的特殊功能是引导自然人、法人和非法人组织积极从事民事活动，依法实施民事法律行为，追求正当的民事利益，正确行使民事权利，严格履行民事义务，自觉承担相应的民事责任。

（5）严格规范民事审判活动。

社会和经济生活的发展日新月异，民事主体从事民事活动的领域日益扩大，民事法律关系的内容丰富多彩，而民事法律规范是不可能将所有民事纠纷所涉及的具体裁判规则完全穷尽的。党的二十大报告明确指出：“公正司法是维护社会公平正义的最后一道防线。”因此，司法机关在民事审判活动中要准确适用我国民法的基本原则，制定相关的司法解释以统一司法裁判尺度，严格规范民事审判活动，努力让人民群众在每一个司法案件中都能感受到公平正义。

第二节 我国民法的各项基本原则

一、保护合法民事权益原则

保护合法民事权益原则，是指民事主体依法从事民事活动所形成的民事法律关系中享有的人身权利、财产权利及其他合法权益受法律保护的基本原则。我国《民法典》第三条规定："民事主体的人身权利、财产权利以及其他合法权益受法律保护，任何组织或者个人不得侵犯。"保护合法民事权益原则，是我国《民法典》的立法宗旨，体现了我国民事法律制度贯穿的以人民为中心的社会主义核心法理思想。

根据该条法律规定，适用保护合法民事权益原则时应当遵循如下法律要求：

（1）权利法定。

所有的民事权利和民事利益，均由民法加以规定。我国《民法典》各编都规定了民事权利和民事利益的种类、内容和效力。如果在社会生活中出现了某些新的民事交易活动，并产生了新的民事利益，但在《民法典》的现有条文中找不到对应的法律规范，一旦发生纠纷，司法机关应当针对案件的具体情况，按照保护合法民事权益原则，审慎地判断和确认民事主体之间在新的民事交易活动中是否产生了新的民事利益，并参照相关的法律规则给予法律保护。

（2）权利公示。

按照我国《民法典》的规定，民事权利可以依据民事法律行为、事实行为、法律规定的事件或者法律规定的其他方式取得。上述法律事实均须通过相应的公示方式向社会宣示，方可据此确定具体民事权利的取得。

（3）权利救济。

在民法上，无救济即无权利。我国《民法典》在各编中都规定了为保护民事权利而可以采取的救济措施。民事主体的民事权利一旦受到侵害，民事利益遭受损失，即可通过法定的权利救济方式阻却侵害的发生和持续，请求人民法院判令侵权责任人依法承担相应的民事责任。

二、平等原则

平等原则，是指民事主体的民事法律地位一律平等的基本原则。我国《民法典》第四条规定："民事主体在民事活动中的法律地位一律平等。"根据该项原则，所有的民事主体都以平等的资格参与民事活动，平等地取得民事权利，平等地履行民事义务，平等地承担民事责任。

根据该条法律规定，适用平等原则时应当遵循如下法律要求：

（1）从民事权利能力角度而言，自然人、法人、非法人组织和国家，所有的民事主体在从事民事活动时均无差别地拥有民事权利能力，平等地拥有参与民事法律关系的机会。

（2）从民事行为能力角度而言，我国《民法典》对不同民事主体的行为能力分别作出了规定：法人之间的民事行为能力是无差别的；自然人的民事行为能力被区分为完全民事行为能力、限制民事行为能力和无民事行为能力，但是，在实施民事活动并取得民事权利时，我国民法为所有的自然人均提供了平等的参与民事活动的机会。例如，《民法典》通过规定代理制度弥补了无民事行为能力人和限制民事行为能力人在实施民事活动方面的缺陷，为他们提供了与完全民事行为能力人相同的平等实现民事权利的合法途径。

（3）从实施民事法律行为的意思表示角度而言，民事主体之间在实施民事法律行为时，应当平等相待，互相尊重，友好协商，充分沟通，共同作出反映当事人真实意愿、内容一致的意思表示。

（4）从民事权利的保护机制角度而言，我国《民法典》赋予了民事主体平等地享有要求国家保护其民事权利的请求权。《民法典》通过各编的相关规定形成了保护民事主体的民事权利的请求权体系。

三、自愿原则

自愿原则，是指民事主体按照自己的意愿从事民事活动，设立、变更、终止民事法律关系的基本原则。

我国《民法典》第五条规定："民事主体从事民事活动，应当遵循自愿原则，按照自己的意思设立、变更、终止民事法律关系。"自愿原则是我国《民法典》贯穿社会主义核心价值观的民法表达，体现了现代社会民事活动的本质要求。尤其是在我国社会主义市场经济体系下，自愿原则是公平竞争、效率优先等社会经济要求的民法反映。

根据该条法律规定，适用自愿原则时应当遵循如下法律要求：

（1）民事主体在从事民事活动时，可以完全按照自己的真实意愿实施民事法律行为，有权排除他人的妨碍、干扰和侵害。

（2）民事主体通过实施民事法律行为所设立的各类民事法律关系，无论法律对其内容有何要求，当事人均可在法律允许的范围内自主表达其内心真意，自由行使选择权，以实现其民事目的。

（3）民事法律关系的变更或终止，除法律有强制性规定外，均取决于民事主体的意思自治。

（4）民事主体违反法律规定不履行民事义务时，对由此而产生的民事法律责任不得推诿，对人民法院作出的生效民事裁判应当自愿履行。

四、公平原则

公平原则，是指民事主体从事民事活动时应当遵照公平的理念，合理确定各方民事权利和民事义务的基本原则。我国《民法典》第六条规定："民事主体从事民事活动，应当遵循公平原则，合理确定各方的权利和义务。"公平原则，是我国社会主义核心价值观在民法上的体现，是维护社会公平正义的法律保障。

根据该条法律规定，适用公平原则时应当遵循如下法律要求：

（1）公平是民事主体在从事民事活动中应当遵循的一项重要的基本法律准则。民事主体应当本着公平的理念参与民事活动，互利互惠，兼顾各方利益，维护社会公共利益。

（2）公平合理是民事主体双方或多方在特定的民事法律关系中设定民事权利和民事义务时必须遵守的基本法律准则。例如，民事主体应当按照公平交易的准则合理确定合同之债中的民事权利和民事义务。

（3）民事主体之间在行使民事权利和履行民事义务时应当彼此尊重，相互配合，相互帮助，以实现双方共同追求的合法的民事目的。例如，相邻人之间应当本着有利生产、方便生活、团结互助和公平合理的原则，正确处理相邻关系。

（4）公平原则是司法机关在处理民事纠纷案件时应当遵循的一项基本法律准则。如果在处理具体民事纠纷案件时，并无法律明文规定与之相适应，司法机关应当以公平合理的原则对相关争议事实进行客观认定，对民事主体应当承担的民事责任进行公平裁判。

五、诚信原则

诚信原则，是指民事主体在从事民事活动时，应当秉持诚实，恪守承诺，正当行使民事权利和承担民事义务的基本原则。我国《民法典》第七条规定："民事主体从事民事活动，应当遵循诚信原则，秉持诚实，恪守承诺。"诚信原则，是把市场经济活动中的一般道德要求上升为民事法律原则，体现了我国《民法典》所弘扬的社会主义核心价值观，充分贯彻了习近平法治思想中的依法治国与以德治国相结合的重要原则，是民事主体正当行使民事权利和承担民事义务的基本法律要求。正是因为诚信原则反映了民事活动的最高法律要求，所以该原则被尊崇为民法的“帝王条款”，受到各国民法学者的普遍公认，赢得了现代法治文明的赞誉。

根据该条法律规定，适用诚信原则时应当遵循如下法律要求：

（1）民事主体之间在实施民事活动时，应当互相遵守信息对等的规则，把从事特定民事活动的目的、相互的意思表示和彼此的真实情况如实告知相对人，以保证双方能够共同作出真实的意思表示，达成有效的民事协议。当事人任何一方都不得隐瞒与实施特定民事活动有关的事实真相，实施欺诈行为。

（2）民事主体从事民事活动并依法作出了真实意思表示构成有效民事法律行为的，双方都必须秉持诚实信用的理念，恪守信用，全面、及时、适当地履行彼此约定的民事义务，不得擅自毁约、恶意阻却协议的生效和履行、逃避附随义务的承担。

（3）民事主体在从事民事活动中遭遇不可抗力的影响时，对已经发生的损害，双方都应当积极主动地及时采取补救措施，以使双方的财产损失减少至最低。

（4）司法机关在审理民事合同纠纷案件时，应当根据诚信原则，全面、正确地解释民事主体所达成协议的相关条款，填补协议漏洞，查清事实，明确责任，平衡民事主体之间的正当利益，作出公正裁判。

六、公序良俗原则

公序良俗原则，是指民事主体在从事民事活动时，不得违反法律，不得违背社会公共秩序和善良风俗的基本原则。我国《民法典》第八条规定：“民事主体从事民事活动，不得违反法律，不得违背公序良俗。”在现代社会中，民事主体享有和实施的民事权利与民事利益，应当有合法与正当的边界，即受到国家法律和社会公共秩序与善良风俗的合理限制。民事主体在从事民事活动和追求民事目的时，应当自觉接受国家法律和社会公共秩序与善良风俗的正当限制和约束，依法而行，秉公办事，友好交往，择善而为，共同维护市场经济和社会生活的正常秩序，保障人权平等实现，促进社会文明进步。

根据该条法律规定，适用公序良俗原则时应当遵循如下法律要求：

（1）民事主体从事民事活动时应当严格遵守法律，不得违反法律、行政法规的强制性规定。法无授权不可为，法不禁止即自由。

（2）民事主体之间在从事民事活动时，应当秉持文明行事、和谐相处、诚信交易、相互友善的社会主义核心价值观，不得违背公序良俗。在法律上，公序是指与国家和全体社会成员的整体利益紧密相关的社会根本秩序；良俗是指具有社会文明内涵、得到社会成员普遍认可和共同遵循的社会公共道德和善良习俗。

（3）司法机关在审理民事纠纷案件时，不仅应当向民事主体进行社会主义法治宣传教育，还应当引导民事主体正确处理好私人利益与他人利益和社会公共利益的关系，鼓励当事人遵从和奉行善良习俗，定纷止争，化解矛盾。正如党的二十大报告所述：“弘扬社会主义法治精神，传承中华优秀传统法律文化，引导全体人民做社会主义法治的忠实崇尚者、自觉遵守者、坚定捍卫者。”

七、生态文明原则

生态文明原则，是指民事主体从事民事活动，应当遵循有利于节约资源和保护生态环境的基本原则。我国《民法典》第九条规定：“民事主体从事民事活动，应当有利于节约资源、保护生态环境。”生态文明原则，又称“绿色原则”，反映了国家注重节约利用自然资源、加强生态文明建设和坚持可持续发展理念的时代需要，贯彻了习近平关于生态文明建设的新时代中国特色社会主义法治思想。党的二十大报告明确指出：“尊重自然、顺应自然、保护自然，是全面建设社会主义现代化国家的内在要求。必须牢固树立和践行绿水青山就是金山银山的理念，站在人与自然和谐共生的高度谋划发展。”在当代中国，生态文明已经成为与物质文明、精神文明、政治文明和社会文明一体建设的国家文明，体现了社会主义核心价值观，具体落实了《中华人民共和国宪法》（以下简称《宪法》）关于生态文明建设的根本法律要求。

根据该条法律规定，使用生态文明原则时应当遵循如下法律要求：

（1）民事主体应当坚守生态文明的理念，本着有利于节约自然资源和保护生态环境的准则实施各类民事活动，使生态文明成为全体社会成员共同的法治信仰与文化素养。

（2）民事主体在特定的民事法律关系中，如物权法律关系和债权法律关系中，都应当把节约自然资源和保护生态环境的法律要求融入相应的民事权利和民事义务之内，构成民事主体合法民事权益的重要组成部分。

（3）民事主体在民事活动中如果实施了严重浪费自然资源或者破坏生态环境的行为，应当依法承担相应的民事责任、行政责任和刑事责任。

（4）司法机关在审理自然资源确权和交易及环境侵权等民事纠纷案件时，应当坚守生态文明原则，鼓励民事主体节约自然资源、保护生态环境；依法制裁浪费自然资源和破坏生态文明的违法行为。

本章小结

民法基本原则，是指集中反映民法的立法宗旨，充分体现民法的核心立法思想，全面统率全部民事法律制度，直接指引民事主体实施民事法律行为，严格规范民事审判活动的法律准则。民法基本原则集中反映民法的立法宗旨，充分体现民法的核心立法思想，全面统率全部民事法律制度，直接指引民事主体实施民事法律行为，严格规范民事审判活动。民法基本原则包括保护合法民事权益原则、平等原则、自愿原则、公平原则、诚信原则、公序良俗原则、生态文明原则。

简答题

1. 简述民法基本原则的功能。
2. 简述公序良俗原则。

案例

（扫码查看案例解读）

甲物资供应站与乙酒店签订租赁合同，约定甲将一处办公大楼出租给乙酒店用于经营商务宾馆。甲在合同中告知了乙：该大楼被有关部门鉴定为危楼，加固后方能使用。合同订立后，乙将该大楼发包给某工程公司进行加固改造。在加固改造过程中，该大楼大部分垮塌，后经鉴定，该大楼系应予以拆除的危楼。乙向法院起诉，请求法院确认租赁合同无效，并判令甲赔偿损失。

乙请求法院确认合同无效的主张能否得到支持？

第三章 民事法律关系

学习目标

掌握：民事法律关系的概念与特征。

熟悉：民事法律关系的要素。

了解：民事法律事实的概念和分类。

第一节 民事法律关系的概念与特征

一、民事法律关系的概念

民事法律关系，是指由民法调整的平等主体之间具有民事权利和民事义务内容的人身关系和财产关系。我国《民法典》第二条规定："民法调整平等主体的自然人、法人和非法人组织之间的人身关系和财产关系。"按照该条法律规定，自然人、法人和非法人组织作为平等的民事主体，彼此之间发生的社会关系，一经民法调整，便形成了具有民事权利和民事义务内容的民事法律关系。例如，自然人之间的夫妻关系、父母子女关系、合伙关系、共同共有关系、遗产继承关系等，法人之间的用益物权关系、担保物权关系等，自然人与法人之间的知识产权关系、买卖合同关系、租赁合同关系、保管合同关系等，自然人、法人与非法人组织之间的委托代理关系、合作合同关系等。

民事法律关系的主体之间具有平等性，由民事权利和民事义务所构成，这是民事法律关系与行政法律关系、刑事法律关系、诉讼法律关系、劳动法律关系等的根本区别。

二、民事法律关系的特征

民事法律关系的特征体现在如下五个方面。

（1）民事法律关系是一定社会关系受到民法调整后形成的，具有合法性和保护性。

各类民事主体在社会生活中，通过实施各类社会行为，以追求各自的目的和实现其各自利益，这些行为必须接受民事法律规范的调整，才能形成合法的民事法律关系，其民事权利才能受到社会承认，得到法律保护。例如，自然人之间为寻求某种财产利益而共同出资、共同经营，符合民法规定的合伙条件便形成了合法的合伙民事法律关系，其享有的合伙人权利就会受到民法的保护。我国《民法典》第三条规定：“民事主体的人身权利、财产权利以及其他合法权益受法律保护，任何组织或者个人不得侵犯。”

（2）民事法律关系主体之间的法律地位相同，具有平等性和公平性。

我国《民法典》第四条规定：“民事主体在民事活动中的法律地位一律平等。”按照该条法律规定，参与民事活动的民事主体之间尽管在年龄、性别、民族、文化、体能、经验、资产等方面存有差异，但彼此的民事法律地位是完全平等的，禁止任何人利用社会经验、资产优势、人脉关系等在民事活动中强迫他人与其进行交易。我国《民法典》第六条规定：“民事主体从事民事活动，应当遵循公平原则，合理确定各方的权利和义务。”依照该条法律规定，民事主体在参与民事法律关系和从事民事活动中，应当秉持公平合理的理念，依法设定彼此的民事权利和民事义务。

（3）民事法律关系的内容由具体的民事权利和民事义务构成，具有绝对性和相对性。

任何民事主体之间的民事法律关系，都是由具体的民事权利和民事义务所构成的。在某些民事法律关系中，民事主体享有的民事权利和承担的民事义务，具有绝对性。例如，在人格权法律关系中，自然人享有的生命权、身体权、健康权、姓名权、名誉权、肖像权、荣誉权、婚姻自主权等，只能由自然人本人依法行使，其他任何人都不得加以妨碍、干涉、侵害。在某些民事法律关系中，民事主体享有的民事权利和承担的民事义务，具有相对性。例如，在买卖合同法律关系中，出卖人享有取得价款的民事权利和交付标的物的民事义务，与买受人享有收取标的物的民事权利和交付价款的民事义务，两者就具有相对性。

（4）民事法律关系确定的法益，具有人身性和财产性。

民事主体从事各类民事活动所追求的民事目的尽管各不相同，但是经过民法调整形成确定的民事法律关系后，民事主体享有的法益便可以高度概括为人身性和财产性两大类。我国《民法典》总则编、物权编、合同编、人格权编、婚姻家庭编、继承编、侵权责任编所确定的具体民事法律关系包含的民事利益，分别体现出人身性和财产性的法律属性。

（5）民事法律关系的设立、变更和终止，具有自愿性和法定性。

在现代社会中，民法允许民事主体按照自己的意愿从事合法的民事活动，按照自己的意愿设立、变更、终止民事法律关系，这完全体现了民事法律关系自愿性的特征。正如我国《民法典》第五条规定："民事主体从事民事活动，应当遵循自愿原则，按照自己的意思设立、变更、终止民事法律关系。"同时，民法还规定在某些民事法律事实发生后，民事主体之间便依法产生了民事法律关系。例如，我国《民法典》第一百二十条规定："民事权益受到侵害的，被侵权人有权请求侵权人承担侵权责任。"此类侵权责任之债的民事法律关系，是由法律直接规定产生的。

第二节　民事法律关系的分类

在民法学上，对民事法律关系可以按照不同的区分标准进行分类，以便掌握不同民事法律关系的特性，熟悉不同民事法律关系的内容，正确适用民事法律关系的调整规范。

一、人身法律关系与财产法律关系

以民事法律关系的调整对象为区分标准，可将民事法律关系划分为人身法律关系与财产法律关系。我国《民法典》第二条规定了民法调整平等主体的自然人、法人和非法人组织之间的人身关系和财产关系。该条法律规定，为精准区分民事法律关系确定了基本法律标准。

人身法律关系是指以民事主体之间的人格利益关系和身份利益关系为调整对象的民事法律关系。这类民事法律关系直接体现了对民事主体之间的生命、身体、健康、姓名、名称、肖像、名誉、荣誉、隐私、婚姻自主、婚姻家庭、个人信息等法益进行法律调整的内容。应当特别指出，人身法律关系并没有直接的财产利益内容。

例如，我国《民法典》第一百零九条规定：“自然人的人身自由、人格尊严受法律保护。”第一百一十条规定：“自然人享有生命权、身体权、健康权、姓名权、肖像权、名誉权、荣誉权、隐私权、婚姻自主权等权利。法人、非法人组织享有名称权、名誉权和荣誉权。”第一百一十一条规定：“自然人的个人信息受法律保护。任何组织或者个人需要获取他人个人信息的，应当依法取得并确保信息安全，不得非法收集、使用、加工、传输他人个人信息，不得非法买卖、提供或者公开他人个人信息。”第一百一十二条规定：“自然人因婚姻家庭关系等产生的人身权利受法律保护。”上述法律规定体现了我国民法所要保护的人身法律关系的具体法益。

财产法律关系是指以民事主体之间的财产利益关系为调整对象的民事法律关系。这类民事法律关系包括物权法律关系、债权法律关系、知识产权中的财产法律关系、遗产继承法律关系和投资性财产法律关系。应当特别指出，财产法律关系具有直接的财产利益内容，能够给民事主体带来具体的财产利益。例如，我国《民法典》第一百一十三条规定：“民事主体的财产权利受法律平等保护。”第一百一十四条规定：“民事主体依法享有物权。物权是权利人依法对特定的物享有直接支配和排他的权利，包括所有权、用益物权和担保物权。”第一百一十八条规定：“民事主体依法享有债权。债权是因合同、侵权行为、无因管理、不当得利以及法律的其他规定，权利人请求特定义务人为或者不为一定行为的权利。”第一百二十三条规定：“民事主体依法享有知识产权。知识产权是权利人依法就下列客体享有的专有的权利：（一）作品；（二）发明、实用新型、外观设计；（三）商标；（四）地理标志；（五）商业秘密；（六）集成电路布图设计；（七）植物新品种；（八）法律规定的其他客体。”第一百二十四条规定：“自然人依法享有继承权。自然人合法的私有财产，可以依法继承。”第一百二十五条规定：“民事主体依法享有股权和其他投资性权利。”第一百二十七条规定：“法律对数据、网络虚拟财产的保护有规定的，依照其规定。”上述法律规定体现了我国民法所要保护的财产法律关系的具体法益。

正确区分人身法律关系与财产法律关系，具有如下重要的法律意义：

（1）这两类民事法律关系赖以产生的法律事实有别。人身法律关系的产生依据是民事主体实施的人身自由行为和法律认定的人身法律事实。例如，自然人的出生；决定、使用、变更或者许可他人使用自己的姓名；维持生命，保持健康；制作、使用、公开或许可他人使用自己的肖像；维护对民事主体品德、声望、才能、信用等的社会评价，即维护民事主体的名誉；维护自然人私人生活安宁和不愿为他人知晓的私密空间、私密活动、私密信息等，即维护自然人的隐私；记录、处理、查阅、复制、更正个人信息；自然人缔结婚姻、夫妻相互扶助、家事代理、亲属监护、离婚、恢复婚姻关系；收养。财产法律关系的发生依据则是民事主体实施的财产性法律行为和财产性事实行为，以及法律规定的事件。例如，民事主体之间发生的买卖、赠与、互易、租赁、承揽、运输、居间、借贷、保理、信托等法律行为；征收、征用、没收财产、国有化、无主财产归属、建造、添附、法定孳息等事实行为；拾得遗失物、漂流物，发现埋藏物或隐藏物、天然孳息等法定事件。

（2）调整这两类民事法律关系适用的法律原则不同。根据我国《民法典》总则编的规定，调整财产法律关系适用的法律原则包括平等原则、自愿原则、公平原则、诚信原则、公序良俗原则、生态文明原则等。调整人身法律关系适用的法律原则，除了民事主体应当遵循平等原则、自愿原则、公平原则、诚信原则、公序良俗原则等外，还应当包括人身自由和人格尊严原则，婚姻家庭受国家保护原则，婚姻自由原则，男女平等原则，一夫一妻原则，保护妇女、未成年人、老年人和残疾人合法权益原则，被收养人利益最大化原则等。

（3）这两类民事法律关系各自所设定的民事权利性质存在差异。人身法律关系设定的人身权利直接体现民事主体的人格利益和身份利益，与民事主体特定的人身存在和人格尊严不可分离，除法律允许法人和非法人组织可以转让名称权外，其他人格权和身份权均不可以转让。财产法律关系设定的财产权利所受保护的财产利益在市场经济中具有使用价值和交换价值，因而可以依法转让。

（4）这两类民事法律关系适用的民事权利保护方法有所不同。民法所确定的民事主体承担民事责任的方式，就是民事权利的保护方法。我国《民法典》第一百七十九条所规定的承担民事责任的方式中可以用于保护民事主体人身权利的民事责任方式有四种，即停止侵害，消除影响、恢复名誉和赔礼道歉。该条法律所规定的保护民事主体财产权利的民事责任方式则有九种，即停止侵害，排除妨碍，消除危险，返还财产，恢复原状，修理、重作、更换，继续履行，赔偿损失和支付违约金。

二、人格权法律关系与亲属身份权法律关系

以民事法律关系所保护的不同人身利益作为区分标准，可以把民事法律关系中的人身法律关系进一步划分为人格权法律关系与亲属身份权法律关系。

人格权法律关系是指以民事主体的人格利益为保护对象的民事法律关系，我国《民法典》的人格权编，全面、系统地规定了对人格利益进行民法保护的规则，将人格权法律关系具体细化为生命权法律关系、身体权法律关系、健康权法律关系、姓名权法律关系、名称权法律关系、肖像权法律关系、名誉权法律关系、荣誉权法律关系、隐私权法律关系、个人信息权法律关系，并赋予了民事主体在不同人格权法律关系中的具体人格利益。

亲属身份权法律关系是指以亲属身份利益为保护对象的民事法律关系。我国《民法典》的婚姻家庭编，科学规定了对基于婚姻家庭产生的民事关系进行法律调整的规则，把亲属身份权法律关系具体细分为夫妻关系、父母子女关系、祖孙关系、兄弟姐妹关系，并分别规定了不同的亲属身份权法律关系民事主体的身份利益。

准确区分人格权法律关系与亲属身份权法律关系，其法律意义在于如下方面：

（1）这两类民事法律关系所保护的民事权利的直接来源不同。人格权法律关系中的具体人格权的直接来源是民法的人格权法律制度，而亲属身份权法律关系中的具体身份权的直接来源是民法的亲属身份权法律制度。我国《民法典》人格权编确立的人格权法律制度与婚姻家庭编所规定的亲属身份权法律制度，就是我国人格权法律关系所保护的具体人格权利与亲属身份权法律关系所保护的具体亲属身份权利的直接法律来源。

（2）这两类民事法律关系所确认的民事权利适用不同的法律保护规则。根据我国《民法典》的相关规定，在人格权法律关系中，侵犯民事主体的人格权利所适用的法律保护规则主要是侵权责任编中的相关规范；在亲属身份权法律关系中，侵害亲属身份权利益所适用的法律保护规则主要是婚姻家庭编中的相关规范。

三、物权法律关系与债权法律关系

以民事法律关系主体取得和实现民事权利的方式作为区分标准，可将民事法律关系中的财产法律关系进一步划分为物权法律关系和债权法律关系。

物权法律关系，是指民事主体作为物权人依法享有对特定的物进行直接支配和排除他人干涉的权利，义务人依法承担不得妨碍和侵害物权人实现物权的义务的民事法律关系。我国《民法典》第一百一十四条规定：“民事主体依法享有物权。物权是权利人依法对特定的物享有直接支配和排他的权利，包括所有权、用益物权和担保物权。”

债权法律关系，是指民事主体作为债权人基于合同、侵权行为、无因管理、不当得利及法律的其他规定，有权请求特定义务人为或者不为一定行为的民事法律关系。我国《民法典》第一百一十八条规定：“民事主体依法享有债权。债权是因合同、侵权行为、无因管理、不当得利以及法律的其他规定，权利人请求特定义务人为或者不为一定行为的权利。”

严格区分物权法律关系与债权法律关系，其意义在于以下方面：

（1）这两类民事法律关系所设定权利的基本原则不同。物权法律关系的种类、内容和效力必须依法确定，适用物权法定原则，排除当事人自由意志的影响。我国

《民法典》第一百一十六条规定："物权的种类和内容，由法律规定。"债权法律关系的设立、变更、转让和终止，适用意思自治原则，由当事人协商确定。

（2）这两类民事法律关系中，民事主体的权利行使与义务承担各不相同。在物权法律关系中，物权人行使物权一般不需要义务人主动配合，义务人负有不作为的义务。在债权法律关系中，债权人要实现其债权必须得到债务人的支持与协助，债务人在绝大多数情况下均负有作为的义务。

四、绝对法律关系与相对法律关系

以民事法律关系的权利主体与义务主体是否特定化及权利实现是否依靠义务人的积极作为当作区分标准，可将民事法律关系划分为绝对法律关系与相对法律关系。

绝对法律关系，是指民事法律关系的权利主体是特定化的。例如，财产法律关系中的所有权人，人格权和亲属身份权法律关系中的自然人，均为特定化的民事主体；义务主体则为非特定化的其他任何民事主体，均负有不得妨碍、干涉权利主体实现物权或人格权及身份权的法定义务。

相对法律关系，是指民事法律关系的权利主体、义务主体均为特定化的民事主体，权利主体的权利实现必须依赖义务主体主动为一定民事行为。

恰当区分绝对法律关系与相对法律关系，具有如下法律意义和实践价值：

（1）有利于正确认定权利主体实现权利的方式。例如，在物权法律关系中，物权人是特定化的权利主体，其物权实现一般不需要义务主体主动实施具体物权行为。在债权法律关系中，债权人与债务人均为特定化的民事主体，债权人享有和实现债权必须由特定化的债权人和债务人相互配合才能实现。

（2）有利于在司法审判实践中正确处理物权纠纷与债权纠纷。例如，在审理相邻权纠纷案时，应当采用有利生产、方便生活、团结互助、公平合理的原则，正确处理相邻关系。在审理合同违约纠纷案时，人民法院不仅可以判令违约一方当事人承担违约责任，而且可以判令违约一方当事人承担合同终止后的通知、协助、保密、旧物回收等附随义务。

第三节 民事法律关系的要素

民事法律关系的要素，是指构成民事法律关系必不可少的基本因素。依照民法学原理，民事法律关系由主体、客体和内容三个要素构成。缺少任何一个要素都无法设立、变更、终止具体的民事法律关系。

一、民事法律关系的主体

民事法律关系的主体，又称民事主体或民事权利义务主体，是指参加民事法律关系，享有民事权利并承担民事义务的当事人。民事法律关系的主体构成了民事法律关系的核心主导要素。

根据我国《民法典》总则编的有关规定，民事法律关系的主体包括四类：自然人、法人、非法人组织和国家。

（一）自然人

自然人，是指生物学意义上的具有自然生命形式的人类社会成员，是最广泛的民事主体。依照我国《民法典》总则编的规定，应当从以下四个方面认识和理解自然人的民事主体资格。

（1）自然人从出生时起到死亡时止具有民事权利能力，依法享有民事权利，承担民事义务。

（2）尚未出生的胎儿，涉及遗产继承、接受赠与等胎儿利益保护的，视其具有民事权利能力。但是，胎儿在娩出时为死体的，自始不享有民事权利能力。

（3）自然人之间无论在年龄、性别、民族、职业、资产状况、文化教育程度等方面是否存在差异，其民事权利能力一律平等。

（4）自然人的民事行为能力受其年龄与智力差异的影响而有所区别：①18 周岁以上的自然人为成年人，具有完全的民事行为能力，可以独立实施民事法律行为。16 周岁以上的未成年人，如果能以自己的劳动收入为主要生活来源的，法律上视其为完全的民事行为能力人。②8 周岁以上的未成年人为限制民事行为能力人，实施民事法律行为由其法定代理人代理或者经其法定代理人同意、追认；但是，可以独立实施纯获利益的民事法律行为或者与其年龄、智力相适应的民事法律行为。③不能完全辨认自己行为的成年人为限制民事行为能力人，实施民事法律行为由其法定代理人代理或者经其法定代理人同意、追认；但是，可以独立实施纯获利益的民事法律行为或者与其智力、精神健康状况相适应的民事法律行为。④不满 8 周岁的未成年人为无民事行为能力人，由其法定代理人代理实施民事法律行为。⑤不能辨认自己行为的成年人为无民事行为能力人，由其法定代理人代理实施民事法律行为。8 周岁以上的未成年人不能辨认自己行为的，适用前款规定。⑥无民事行为能力人、限制民事行为能力人的监护人是其法定代理人。

（二）法人

法人，是具有民事权利能力和民事行为能力，依法独立享有民事权利承担民事义务的组织。我国《民法典》总则编对法人的民事主体资格作出了基本规范，可以概括如下：

1. 法人的分类

以法人从事的民事活动为区分标准，可将法人划分为三类：

（1）营利法人。按照我国《民法典》第七十六条的规定，以取得利润并分配给股东等出资人为目的成立的法人，为营利法人。营利法人包括有限责任公司、股份有限公司和其他企业法人等。

（2）非营利法人。根据我国《民法典》第八十七条的规定，为公益目的或者其他非营利目的成立，不向出资人、设立人或者会员分配所取得利润的法人，为非营利法人。非营利法人包括事业单位、社会团体、基金会、社会服务机构等。

（3）特别法人。我国《民法典》第九十六条规定，机关法人、农村集体经济组织法人、城镇农村的合作经济组织法人、基层群众性自治组织法人，为特别法人。

2. 法人的民事权利能力和民事行为能力

按照我国《民法典》第五十九条的规定，法人的民事权利能力和民事行为能力，从法人成立时产生，到法人终止时消灭。

3. 法人的民事责任承担

我国《民法典》第六十条规定，法人以其全部财产独立承担民事责任。

（三）非法人组织

我国《民法典》总则编对非法人组织的民事主体资格作出了一系列规定，可以概括如下：

1. 非法人组织的概念

非法人组织，是指不具有法人资格，但是能依法以自己的名义从事民事活动的组织。非法人组织包括个人独资企业、合伙企业、不具有法人资格的专业服务机构等。

2. 非法人组织的设立

非法人组织应当依照法律的规定设立登记。设立非法人组织，法律、行政法规规定须经有关机关批准的，应当依照其规定。

3. 非法人组织的债务承担

非法人组织的债务承担，首先应当以非法人组织的财产承担清偿责任。非法人组织的财产不足以清偿债务的，其出资人或者设立人承担无限责任。法律另有规定的，应当依照其规定。

（四）国家

国家在民事活动中具有独立的民事主体资格。第一，国家代表全民对矿藏、水流、海域、无人海岛、国有土地、国有自然资源、国有野生动植物资源、无线电频谱资源、国有文物、国防资产、国有基础设施等国有财产，依法享有国家所有权。第二，国家可以与其他民事主体从事广泛的民事活动，设立、变更、终止各种民事法律关系。第三，依照法律规定，国务院和其授权的国家机关、组织代表国家实施民事法律行为，取得民事利益，承担民事义务。

二、民事法律关系的客体

民事法律关系的客体，又称民事法律关系的标的，是指民事主体在民事法律关系中享有的民事权利和承担的民事义务所共同指向的具体对象。按照民法学原理，民事法律关系的客体构成了民事法律关系的必备要素。

我国《民法典》针对不同民事法律关系设定的民事权利和民事义务所共同指向的不同对象，分别规定了六类民事法律关系的客体：人身利益、物、行为、智力成果、遗产和投资性财产。

（一）人身利益

人身利益是人身法律关系的客体。我国《民法典》在总则编、人格权编和婚姻家庭编规定的民事主体的生命、身体、健康、姓名、名称、肖像、名誉、荣誉、隐私、个人信息、婚姻自主、夫妻身份利益、父母子女身份利益、祖孙身份利益、兄弟姐妹身份利益等，均属于人身法律关系的客体。

（二）物

物是物权法律关系的客体。按照我国《民法典》第一百一十五条规定，物包括不动产和动产。法律规定权利作为物权客体的，依照其规定。例如，担保物权的客体为物上已设定的所有权、用益物权等民事权利。

（三）行为

行为是债权法律关系的客体。我国《民法典》第一百一十八条规定，债权是因合同、侵权行为、无因管理、不当得利以及法律的其他规定，权利人请求特定义务人为或者不为一定行为的权利。债权人请求特定的债务人实施一定行为或者不实施一定行为，就构成了具体债权法律关系的客体。例如，买卖合同关系的客体，是出卖人请求买受人支付价款的行为和买受人请求出卖人交付标的物的行为；侵权责任关系的客体，是被侵权人请求侵权人承担损害赔偿责任的作为，以及停止侵害的不作为。

（四）智力成果

智力成果是知识产权法律关系的客体。我国《民法典》第一百二十三条规定，民事主体依法享有知识产权。知识产权的客体包括：①作品；②发明、实用新型、外观设计；③商标；④地理标志；⑤商业秘密；⑥集成电路布图设计；⑦植物新品种；⑧法律规定的其他客体。

（五）遗产

遗产是遗产继承法律关系的客体。根据我国《民法典》第一百二十四条的规定，自然人依法享有继承权。自然人合法的私有财产，可以依法继承，作为继承权的客体。

（六）投资性财产

投资性财产是投资性财产法律关系的客体。根据我国《民法典》第一百二十五条的规定，民事主体依法享有股权和其他投资性权利；所有投资性财产，均为股权和其他投资性权利的客体。

三、民事法律关系的内容

民事法律关系的内容，又称民事权义，是指民事主体在具体民事法律关系中享有的民事权利和承担的民事义务。每一类具体的民事法律关系中，都包含着特定民事主体享有的民事权利和承担的民事义务，并据此严格区分不同类型的民事法律关系。换言之，民事权利和民事义务的不同，构成了区分不同民事法律关系的客观标准。

对民事法律关系的内容，即民事权利和民事义务，应当从以下三个方面加以认识和理解。

第一，民事权利，是民法赋予民事主体享有实现其特定民事利益的可能性，即民事主体能够得到法律保障的具体利益。纵观各类具体的民事法律制度，法律规范的首要任务，是为具体的民事法律关系设立相应的民事权利。例如，我国《民法典》物权编的所有权制度，为所有权人实现物权利益具体规定了占有、使用、收益、处分财产的可能性。

第二，民事义务，是民法要求民事主体为实现民事法律关系相对人的特定民事利益而为或者不为一定行为的必要性，即民事主体的行为应当受到法律强制性的要求。例如，我国《民法典》合同编规定的承揽合同法律制度中的法律规范，就是要求负有承揽义务的承揽人应当按照承揽合同中明确约定的要求，完成约定的工作并交付工作成果，以保障定作人作为合同债权人实现其具体民事利益。

第三，民事权利与民事义务彼此相连，密不可分。在每一个民事法律关系中，民事主体享有的特定民事权利都是确定其承担特定民事义务的前提和基础；民事主体承担和履行的特定民事义务都是实现其享有的具体民事利益的法律保障。

第四节　民事法律事实

一、民事法律事实的概念

在民法学原理上，民事法律事实又称法律事实，是指民法所确定的能够引起民事法律关系设立、变更、终止的客观事实。理解民事法律事实应当把握如下三点：第一，民事法律事实的种类、内容及效力须由民法加以规定，排除了民事法律关系主体的自由选择，具有法定性；第二，民事法律事实发生的后果，能够引起民事法律关系的设立、变更和终止，具有效力性；第三，民事法律事实是客观发生的社会现象，具有客观性。

二、民事法律事实的分类

在民法学原理上，民事法律事实可以按照不同的标准区分为多类。我国《民法典》第一百二十九条规定：“民事权利可以依据民事法律行为、事实行为、法律规定的事件或者法律规定的其他方式取得。”根据该条法律规定，在我国民法上能够引起民事法律关系设立、变更和终止的法律事实包括如下四类：民事法律行为、事实行为、法律事件和国家强制。

（一）民事法律行为

民事法律行为，又称民事行为，是指民事主体以意思表示的方式实施的旨在设立、变更、终止民事法律关系的行为。我国《民法典》第一百三十三条规定：“民事法律行为是民事主体通过意思表示设立、变更、终止民事法律关系的行为。”

民事法律行为，是发生最广泛的民事法律事实，大多数民事法律关系都是民事主体通过实施民事法律行为而设立、变更或终止的。根据我国《民法典》总则编的相关规定，民事法律行为的成立、形式和生效都应当符合以下法律要求。

1. 民事法律行为依民事主体的意思表示而成立

民事法律行为可以基于民事主体双方或者多方的意思表示一致而成立，如合同当事人订立合同；也可以基于民事主体单方的意思表示而成立，如立遗嘱人单方设立书面遗嘱。需要特别指出的是，民事主体中的法人、非法人组织依照法律或者章程规定的议事方式和表决程序作出决议的，该决议行为便可被认定为合法成立。我国《民法典》第一百三十四条规定：“民事法律行为可以基于双方或者多方的意思表示一致成立，也可以基于单方的意思表示成立。法人、非法人组织依照法律或者章程规定的议事方式和表决程序作出决议的，该决议行为成立。”

2. 民事法律行为应当采用适当的形式

依照民事主体的意愿，民事法律行为可以采用书面形式如合同书，口头形式如口头遗嘱，或者其他形式如在网络平台上系统生成的订单。如果法律、行政法规或者当事人约定采用特定形式的，应当采用特定形式。例如，我国《民法典》第三百四十八条第一款规定：“通过招标、拍卖、协议等出让方式设立建设用地使用权的，当事人应当采用书面形式订立建设用地使用权出让合同。”

3. 民事法律行为的效力

关于民事法律行为的效力，我国《民法典》第一百三十六条规定：“民事法律行为自成立时生效，但是法律另有规定或者当事人另有约定的除外。行为人非依法律规定或者未经对方同意，不得擅自变更或者解除民事法律行为。”理解和适用该条法律规定时，应当把握如下三点：第一，一般情况下，民事法律行为一经成立即可生效。例如，顾客在商场购买商品，当事人双方经协商一致订立买卖合同时，该买卖合同即生效。第二，如果法律对民事法律行为的成立另有规定或者当事人另有约定的，应当按照法律规定或者当事人约定处理。例如，我国《民法典》第二百零九条规定："不动产物权的设立、变更、转让和消灭，经依法登记，发生效力；未经登记，不发生效力，但是法律另有规定的除外。依法属于国家所有的自然资源，所有权可以不登记。"第三，为了维护民事法律行为的法律效力，行为人非依法律规定或者未经对方同意，不得擅自变更或者解除已经实施的民事法律行为。

（二）事实行为

事实行为，是指民事主体未通过意思表示的方式所实施的符合法律相关规定并能够产生设立、变更、终止民事法律关系后果的行为。例如，我国《民法典》规定的无因管理行为、不当得利行为、拾得遗失物行为、发现埋藏物或隐藏物行为，这些行为都属于事实行为。理解和认识事实行为，应当把握以下两点：第一，事实行为的发生并不是由民事主体通过意思表示的方式作出的，即该行为的实施人并不具有设立、变更、终止某种民事法律关系的意图和愿望。行为人有无意思表示，是判断事实行为与民事法律行为的根本区别。第二，事实行为一经发生，依照法律规定，便在相关民事主体之间直接发生设立、变更、终止某种民事法律关系的后果。事实行为的法律后果取决于国家法律的明确规定，体现了我国《民法典》第三条关于对民事主体合法权益给予法律保护的立法原则。

（三）法律事件

法律事件，是指不以民事主体的主观意志为转移而发生的，由法律规定可以引起民事法律关系设立、变更、终止的客观法律事实。

法律事件大致可分为自然事件与社会事件两类。

1. 自然事件

自然事件是指基于自然规律而发生的法律事实。例如，人的自然出生会产生父母对子女的抚养和监护关系；自然人因疾病死亡会引起亲属关系的终止与遗产继承关系的开始；自然灾害如洪水、海啸、地震、山体滑坡、虫灾等事件的发生，会导致财产所有权消灭、违约责任免除等法律后果。

2. 社会事件

社会事件是指因社会活动而发生的法律事实。例如，发生战争会导致运输合同无法正常如约履行，自然人在战争期间下落不明等民事法律后果。

法律事件在民法意义上的理解和认识应当把握以下两点：第一，法律事件非因民事主体的主观意志而发生，在民法上属于不可抗力，因而不能将法律事件引发的法律后果归责于民事主体；第二，法律事件所引起的民事法律后果有积极效力与消极效力两种，前者会开启新的民事法律关系，后者则会变更或者终止原有的民事法律关系。

（四）国家强制

国家强制，是指国家为了社会公共利益的需要，依照法律规定的权限和法定程序，强制实施法律措施，从而导致民事法律关系发生、变更、终止的法律事实。例如，国家采用征收的法律措施将社会组织和自然人的不动产征为国家所有，人民法院判决没收刑事犯罪分子的个人财产，税务机关依法征税，无主财产收归国家所有等。

关于国家强制的民法意义，可以从以下三个方面理解：

（1）国家采用强制措施的前提必须是为了社会公共利益。例如，我国《宪法》第十三条第三款规定："国家为了公共利益的需要，可以依照法律规定对公民的私有财产实行征收或者征用并给予补偿。"我国《民法典》第二百四十三条中也规定了征收集体所有的土地和组织、个人的房屋以及其他不动产的先决条件，是"为了公共利益的需要"。

（2）国家机关采用强制措施的，必须符合法律规定的权限和程序。例如，依照《中华人民共和国土地管理法》（以下简称《土地管理法》）第四十六条规定："征收下列土地的，由国务院批准：（一）永久基本农田；（二）永久基本农田以外的耕地超过三十五公顷的；（三）其他土地超过七十公顷的。征收前款规定以外的土地的，由省、自治区、直辖市人民政府批准。"

（3）国家采用强制措施征收其他民事主体的土地、房屋，以及其他不动产，应当依法给予征收补偿，维护被征收人的合法权益。例如，我国《民法典》第二百四十三条第二款和第三款规定："征收集体所有的土地，应当依法及时足额支付土地补偿费、安置补助费以及农村村民住宅、其他地上附着物和青苗等的补偿费用，并安排被征地农民的社会保障费用，保障被征地农民的生活，维护被征地农民的合法权益。征收组织、个人的房屋以及其他不动产，应当依法给予征收补偿，维护被征收人的合法权益；征收个人住宅的，还应当保障被征收人的居住条件。"上述法律规定体现了我国《民法典》所贯穿的保护合法民事权益原则。

本章小结

民事法律关系，是指由民法调整的平等主体之间具有民事权利和民事义务内容的人身关系和财产关系。民事法律关系由主体、客体和内容三个要素构成。民事法律关系的主体，是指参加民事法律关系，享有民事权利并承担民事义务的当事人。民事法律关系的客体，是指民事主体在民事法律关系中享有的民事权利和承担的民事义务所共同指向的具体对象。民事法律关系的内容，是指民事主体在具体民事法律关系中享有的民事权利和承担的民事义务。在我国民法上能够引起民事法律关系设立、变更和终止的法律事实包括民事法律行为、事实行为、法律事件、国家强制。

简答题

1. 简述民事法律关系的分类。
2. 简述民事法律事实的分类。

案例①

（扫码查看案例解读）

兰某、甲汽车维修科技股份有限公司（以下简称甲公司）依法享有“小拇指”注册商标专用权，而乙汽车维修服务有限公司（以下简称乙公司）在汽车维修及通过网站进行招商加盟过程中，多处使用了“小拇指”标识，且存在单独或突出使用“小拇指”的情形，侵害了兰某、甲公司的注册商标专用权。乙公司辩称兰某、甲公司的经营范围并不包含许可经营项目及汽车维修类，也未取得机动车维修的许可，且不具备“两店一年”的特许经营条件，属于超越经营范围的非法经营，故其权利不应得到保护。

超越经营范围的行为可以受到民法保护吗？

① 最高人民法院．指导案例30号：兰建军、杭州小拇指汽车维修科技股份有限公司诉天津市小拇指汽车维修服务有限公司等侵害商标权及不正当竞争纠纷案［EB/OL］．（2014－07－05）．https://www.court.gov.cn/shenpan-xiangqing-13347.html.

第四章 自然人

学习目标

掌握：自然人民事权利能力与民事行为能力的概念和特征及监护的内容与分类。

熟悉：自然人民事权利能力的开始与终止，胎儿的民事权利能力，自然人住所的确定，宣告失踪和宣告死亡的条件与法律后果。

了解：个体工商户与农村承包经营户的概念，监护人的职责。

自然人，是指生物学意义上的具有自然生命形式的人类社会成员。自然人的生物学属性，使之与同样作为民事主体的法人、非法人组织、国家等相区别。

自然人，与公民又不尽相同。从宪法角度讲，公民是具有特定国家的国籍并按照该国法律享有公民身份的自然人。我国《宪法》第三十三条第一款规定："凡具有中华人民共和国国籍的人都是中华人民共和国公民。"根据该条法律规定，中国公民是指具有中华人民共和国国籍并享有公民权利和承担公民义务的自然人。具有中国公民身份的自然人与外国人、无国籍人在从事民事活动中并无民事主体资格的差别，都可以依法参加民事活动，享有相应的民事权利并承担相应的民事义务。

第一节 自然人的民事权利能力

一、自然人民事权利能力的概念和特征

（一）自然人民事权利能力的概念

自然人民事权利能力，是指法律赋予自然人依法从事各种民事活动并享有法律赋予的民事权利和承担民事义务的资格。自然人具有民事权利能力，标志着其具有独立的民事主体法律地位。

我国《民法典》总则编关于自然人民事权利能力的相关规定，为自然人从事各种合法的民事活动并享有民事权利和承担民事义务提供了基本的法律保障。

民事权利能力与民事权利既有联系又有区别。民事权利能力是民事主体从事民事活动并享有民事权利和承担民事义务的法律资格；民事权利则是民事主体参与到特定的民事法律关系中享有具体民事利益的可能性。

（二）自然人民事权利能力的特征

自然人的民事权利能力具有如下特征。

1. 自然人民事权利能力的取得和终止来源于法律规定，具有法定性

自然人的民事权利能力，是由法律直接赋予的，而不是基于民事主体的个人意志产生的，并不受自然人个人意志的影响。我国《民法典》第十三条规定："自然人从出生时起到死亡时止，具有民事权利能力，依法享有民事权利，承担民事义务。"依照该条法律规定，自然人从出生时开始到死亡时为止的全部生存期间，法律均赋予其民事权利能力的资格，可以依法享有各项民事权利，承担相应的民事义务。

2. 自然人的民事权利能力与其人身存在紧密相连，具有不可分性

自然人的民事权利能力，与自然人的人身存在密不可分，依附于自然人的人身。任何组织或个人均无权限制自然人的民事权利能力，自然人无权放弃也不得转让其民事权利能力。

3. 自然人的民事权利能力无根本差别，具有平等性

自然人的民事权利能力是法律赋予其从事民事活动，依法享有民事权利和承担民事义务的资格，基于我国宪法规定的“中华人民共和国公民在法律面前一律平等”（《宪法》第三十三条第二款）的原则，自然人的民事权利能力必然具有平等性。

我国《民法典》第十四条规定：“自然人的民事权利能力一律平等。”根据该条法律规定，自然人的民事权利能力，绝不因自然人的性别、种族、民族、宗教信仰、个人财富、家庭出身、教育程度的不同而有任何差别。

4. 自然人的民事权利能力资格内容统一，具有完整性

民法赋予自然人的民事权利能力资格，会伴随着自然人参与民事活动而依法享有特定的民事权利和负有相应的民事义务，甚至还要承担一定的民事责任。因此，自然人的民事权利能力既包括其享有民事权利的能力，也包括其负有相应民事义务的能力，还包括其承担民事责任的能力。

二、自然人民事权利能力的开始与终止

根据自然人的生命规律所要求的，自然人民事权利能力的开始与终止，应当与其生命存续期间保持一致，即自然人的民事权利能力开始于出生、终止于死亡。因此，我国《民法典》第十三条明确规定：“自然人从出生时起到死亡时止，具有民事权利能力，依法享有民事权利，承担民事义务。”

为保护胎儿出生后的成长利益，《民法典》第十六条规定：“涉及遗产继承、接受赠与等胎儿利益保护的，胎儿视为具有民事权利能力。但是，胎儿娩出时为死体的，其民事权利能力自始不存在。”

自然人的出生与死亡，都有具体时间，如何准确认定自然人的出生时间和死亡时间，事关自然人从何时开始具有民事权利能力及至何时终止民事权利能力，因此民法规定了自然人的出生时间和死亡时间，以准确保护自然人的民事利益。我国《民法典》第十五条规定：“自然人的出生时间和死亡时间，以出生证明、死亡证明记载的时间为准；没有出生证明、死亡证明的，以户籍登记或者其他有效身份登记记载的时间为准。有其他证据足以推翻以上记载时间的，以该证据证明的时间为准。”

根据该条法律规定和相关司法解释，自然人出生和死亡时间的认定应当注意以下三点：

（1）应当以合法开具的出生证明和死亡证明记载的时间为准。

（2）若无出生证明和死亡证明的，便以其户籍登记簿册或者其他有效身份登记记载的时间为准。其他有效身份登记包括户口簿、身份证、公民居住证、港澳同胞回乡证、台湾居民的有效旅行证件、外国人居留证等。

（3）如果自然人的出生证明、死亡证明、户籍登记簿册或者其他有效身份登记所记载的出生时间或者死亡时间因各种原因而出现错误，又有其他证据足以推翻以上记载时间的，则应该以该证据证明的时间为准。

三、胎儿的民事权利能力

关于胎儿的民事主体资格问题，世界各国的法律规定不尽相同。我国《民法典》为了全面保护胎儿出生后的成长利益，在第十六条规定："涉及遗产继承、接受赠与等胎儿利益保护的，胎儿视为具有民事权利能力。但是，胎儿娩出时为死体的，其民事权利能力自始不存在。"

理解该条法律规定时，应当把握以下三点：

（1）胎儿并不当然具有自然人的民事权利能力。

（2）只有在涉及遗产继承、接受赠与等与胎儿民事利益保护有关时，胎儿才被视为具有民事权利能力。

（3）胎儿具有民事权利能力的前提条件只能是活体出生。如果胎儿在娩出时已经为死体的，便自始不享有民事权利能力。

第二节　自然人的民事行为能力

一、自然人民事行为能力的概念

自然人民事行为能力，是指法律赋予自然人以独立的民事主体身份和民事行为参加民事法律活动，取得民事权利和承担民事义务的资格。根据民法学原理，民事权利能力和民事行为能力之间既有联系又有区别。首先，两者都是法律赋予民事主体从事民事活动并取得民事权利的资格，具有法定性。两者都不允许民事主体自由协商，也不允许民事主体放弃或转让。其次，民事权利能力是法律赋予民事主体从事民事活动并取得民事权利的合法前提；而民事行为能力则是法律赋予民事主体从事特定民事活动并取得相应民事权利和承担相应民事义务的行为条件。

理解自然人的民事行为能力，应当掌握如下内容：

自然人民事行为能力的取得和行使，必须由国家通过法律规定加以确认，或者在发生争议时经由人民法院通过民事诉讼程序根据自然人的智力、精神健康状况加以认定，而不能由自然人本人按其意愿自由决定或者由其近亲属或其他社会组织确定。因此，民事行为能力呈现出法定性。

自然人会因智力或精神健康状况的差异，而对本人实施的民事活动的社会性质及法律后果产生不同的认知，也会对其民事权利的实现产生影响。为此，我国《民法典》根据自然人的智力或精神健康状况的差异，将自然人的民事行为能力划分为三种类型，即完全民事行为能力、限制民事行为能力和无民事行为能力，并分别确定各类自然人可以实施的民事法律行为。

按照以人为本的民事立法思想，为保护限制民事行为能力人和无民事行为能力人的民事权益，我国《民法典》具体规定了限制民事行为能力人和无民事行为能力人从事民事活动的监督性措施，即限制民事行为能力人和无民事行为能力人实施民事法律行为必须由其法定代理人代理或经其法定代理人同意或追认。同时，我国《民法典》还规定了限制民事行为能力人和无民事行为能力人可以独立实施纯获利益的民事法律行为或者与其智力、精神健康状况相适应的民事法律行为。这些规定显示出《民法典》所贯穿的人文关怀的立法思想。

二、自然人民事行为能力的类型

按照自然人的年龄、智力及精神健康状况的差异，我国《民法典》将完全民事行为能力、限制民事行为能力和无民事行为能力对应的自然人划分为三种类型：完全民事行为能力人、限制民事行为能力人、无民事行为能力人。

（一）完全民事行为能力人

完全民事行为能力人，是指完全可以独立实施民事法律行为的成年人和达到一定年龄并以其收入作为主要生活来源的未成年人。我国《民法典》第十七条规定：“十八周岁以上的自然人为成年人。不满十八周岁的自然人为未成年人。”第十八条规定：“成年人为完全民事行为能力人，可以独立实施民事法律行为。十六周岁以上的未成年人，以自己的劳动收入为主要生活来源的，视为完全民事行为能力人。”按照以上法律规定，完全民事行为能力人的实质性法律行为资格在于：这类自然人在其实施民事法律行为时，并不存在任何关于其民事行为能力的法律限制。这类自然人享有法律赋予的完全按照自己的意愿依法从事民事活动的资格，可以自由实施民事法律行为，设立、变更、终止具体民事法律关系，取得相应的民事权利并承担相应的民事义务。

（二）限制民事行为能力人

限制民事行为能力人，是指民事法律行为依法受到一定限制的自然人。我国《民法典》第十九条规定："八周岁以上的未成年人为限制民事行为能力人，实施民事法律行为由其法定代理人代理或者经其法定代理人同意、追认；但是，可以独立实施纯获利益的民事法律行为或者与其年龄、智力相适应的民事法律行为。"第二十二条规定："不能完全辨认自己行为的成年人为限制民事行为能力人，实施民事法律行为由其法定代理人代理或者经其法定代理人同意、追认；但是，可以独立实施纯获利益的民事法律行为或者与其智力、精神健康状况相适应的民事法律行为。"根据以上法律规定，绝不是阻止限制民事行为能力人实施民事法律行为，而是在其实施民事法律行为时，必须由其法定代理人代为实施或者经其法定代理人同意或追认后实施。不仅如此，我国《民法典》还允许限制民事行为能力人独立实施纯获利益的民事法律行为或者与其智力、精神健康状况相适应的民事法律行为。

（三）无民事行为能力人

无民事行为能力人，是指完全不具有实施民事法律行为资格的自然人。我国《民法典》第二十条规定："不满八周岁的未成年人为无民事行为能力人，由其法定代理人代理实施民事法律行为。"第二十一条规定："不能辨认自己行为的成年人为无民事行为能力人，由其法定代理人代理实施民事法律行为。八周岁以上的未成年人不能辨认自己行为的，适用前款规定。"按照以上法律规定，无民事行为能力人根本不能独立实施民事法律行为，而只能由其法定代理人代理实施具体的民事法律行为，参加特定的民事法律关系，取得相应的民事权利和承担相应的民事义务。

第三节　监护

一、监护的概念

监护，是指由法律规定的民事主体对无民事行为能力人和限制民事行为能力人的人身和财产权利加以监督和保护的民事法律制度。在监护法律关系中，无民事行为能力人和限制民事行为能力人作为被监护的对象，即被监护人，依法履行监督和保护职责的民事主体是监护人。

监护制度的民法功能在于：第一，该制度可以有效地弥补被监护人的民事行为能力的短缺；第二，该制度可以充分保障被监护人取得民事权利与承担民事义务；第三，该制度有利于维护社会和经济秩序。

二、监护的类型及设定方式

按照民法学原理，监护的类型及设定方式主要有：法定监护、协议监护、意定监护、指定监护、遗嘱监护、国家与社会组织监护。我国《民法典》在总则编专门规定了监护的类型及设定方式的法律要求。

（一）法定监护

法定监护，是指由法律直接规定监护人的监护方式。根据法定监护的对象的差异，可以将法定监护进一步细分为：

1. 为未成年人设定的法定监护

我国《民法典》第二十七条规定：“父母是未成年子女的监护人。未成年人的父母已经死亡或者没有监护能力的，由下列有监护能力的人按顺序担任监护人：（一）祖父母、外祖父母；（二）兄、姐；（三）其他愿意担任监护人的个人或者组织，但是须经未成年人住所地的居民委员会、村民委员会或者民政部门同意。”由此条法律规定可知，对未成年人而言，法定监护的设定顺序是以近亲属优先，社会组织居次，国家兜底。

2. 为成年人设定的法定监护

我国《民法典》第二十八条规定：“无民事行为能力或者限制民事行为能力的成年人，由下列有监护能力的人按顺序担任监护人：（一）配偶；（二）父母、子女；（三）其他近亲属；（四）其他愿意担任监护人的个人或者组织，但是须经被监护人住所地的居民委员会、村民委员会或者民政部门同意。”根据该条法律规定，当成年人处于无民事行为能力或限制民事行为能力的状态时，可以直接按照法律规定为其确定法定监护人。

（二）遗嘱监护

遗嘱监护，是指在父母担任子女的监护人的情形下，父母通过设立遗嘱的方式为无民事行为能力或限制民事行为能力的未成年子女或成年子女选择其他具有监护能力的人担任监护人。我国《民法典》第二十九条规定：“被监护人的父母担任监护人的，可以通过遗嘱指定监护人。”通过设立遗嘱监护，既体现了我国《民法典》所贯穿的人伦正义、人性友善、人文关怀等立法思想，又有助于实现父母对无民事行为能力或限制民事行为能力的未成年子女或成年子女未来成长和生活的监督与保护的愿望。

（三）协议监护

协议监护，是指依法具有监护资格的人之间通过互相协商订立监护协议，为被监护人确定能够履行监护职责的具体监护人。在协议确定监护人时，必须充分尊重被监护人对为其协议确定监护人的真实意愿。我国《民法典》第三十条规定：“依法具有监护资格的人之间可以协议确定监护人。协议确定监护人应当尊重被监护人的真实意愿。”

（四）指定监护

指定监护，是指对监护人的确定发生争议时，由基层群众自治组织和国家民政部门或者人民法院指定监护人。我国《民法典》第三十一条规定：“对监护人的确定有争议的，由被监护人住所地的居民委员会、村民委员会或者民政部门指定监护人，有关当事人对指定不服的，可以向人民法院申请指定监护人；有关当事人也可以直接向人民法院申请指定监护人。居民委员会、村民委员会、民政部门或者人民法院应当尊重被监护人的真实意愿，按照最有利于被监护人的原则在依法具有监护资格的人中指定监护人。依据本条第一款规定指定监护人前，被监护人的人身权利、财产权利以及其他合法权益处于无人保护状态的，由被监护人住所地的居民委员会、村民委员会、法律规定的有关组织或者民政部门担任临时监护人。监护人被指定后，不得擅自变更；擅自变更的，不免除被指定的监护人的责任。”

按照该条法律规定，我国《民法典》所确定的指定监护制度，包括如下主要内容：

（1）指定监护的设定方式只能适用在有关当事人对监护人的确定有争议的情形之下。

（2）指定监护的设定顺序，首先是由被监护人住所地的居民委员会、村民委员会或者民政部门依法指定监护人；其次是有关当事人对指定不服的，可以向人民法院申请指定监护人或者有关当事人也可以直接向人民法院提出指定监护人的申请。

（3）设定指定监护的基本原则是，指定机构应当按照最有利于被监护人的原则，在依法具有监护资格的人中指定监护人。

（4）指定临时监护人，即在确定具体的指定监护人之前，应当由被监护人住所地的居民委员会、村民委员会、法律规定的有关组织或者民政部门担任临时监护人。

（5）指定监护的效力，即在监护人被指定后，监护人不得擅自变更其监护资格；如果擅自变更的，被指定监护人依法应当履行的监护职责并不免除。

（五）国家与社会组织监护

国家与社会组织监护，是指在没有依法具有监护资格的人的情形下，由国家或者法定的社会组织依法担任监护人。我国《民法典》第三十二条规定："没有依法具有监护资格的人的，监护人由民政部门担任，也可以由具备履行监护职责条件的被监护人住所地的居民委员会、村民委员会担任。"

适用该条法律规定时应当注意：

（1）设立国家与社会组织监护的法定情形，是指针对特定的被监护人而言，没有依法具有监护资格的人。

（2）国家与社会组织监护的设定顺序，首先是由民政部门担任监护人，其次是由监护人住所地的居民委员会、村民委员会担任监护人。

（六）意定监护

意定监护，是指具有完全民事行为能力的成年人与其近亲属和其他愿意担任监护人的个人或者社会组织事先经过相互协商，以书面形式为自己确定未来的监护人，并在该成年人全部丧失或者部分丧失民事行为能力时由该监护人履行监护职责的监护方式。我国《民法典》第三十三条规定："具有完全民事行为能力的成年人，可以与其近亲属、其他愿意担任监护人的个人或者组织事先协商，以书面形式确定自己的监护人，在自己丧失或者部分丧失民事行为能力时，由该监护人履行监护职责。"

按照该条法律规定，意定监护的设定条件是：

（1）被监护人在设立意定监护时尚属具有完全民事行为能力的成年人。

（2）意定监护的设定必须由被监护人与其近亲属和其他愿意担任监护人的自然人或社会组织在事先进行协商。

（3）意定监护的设定方式，必须由被监护人本人与其近亲属和其他愿意担任监护人的自然人或社会组织采用书面形式确定特定的监护人。

（4）意定监护的协议，应当是在被监护人全部丧失或者部分丧失民事行为能力时生效。

三、监护人的职责

（一）监护人职责的内容

在民法学原理上，监护人的职责是指对监护人行使监护权利和履行监护义务，以及在发生损害被监护人合法权益时应当承担民事责任的法律要求。我国《民法典》第三十四条规定："监护人的职责是代理被监护人实施民事法律行为，保护被监护人的人身权利、财产权利以及其他合法权益等。监护人依法履行监护职责产生的权利，受法律保护。监护人不履行监护职责或者侵害被监护人合法权益的，应当承担法律责任。因发生突发事件等紧急情况，监护人暂时无法履行监护职责，被监护人的生活处于无人照料状态的，被监护人住所地的居民委员会、村民委员会或者民政部门应当为被监护人安排必要的临时生活照料措施。"

理解该条法律规定时，应当把握如下四点：

（1）监护人的职责。代理被监护人实施民事法律行为，保护被监护人的人身权利、财产权利及其他合法权益等，是监护人的法定职责。

（2）监护人的权利。法律保护监护人履行监护职责时的基本权利。例如，监护人对被监护人财产的管理权和支配权，代理被监护人参与诉讼的权利等。

（3）监护人的法律责任。在监护人不履行其法定职责或者侵害被监护人合法权益的情形下，监护人应当依法承担相应的法律责任。

（4）对被监护人的临时生活照料。当监护人因遭遇突发事件等紧急情况而暂时无法履行监护职责，并导致被监护人的生活处于无人照料状态的情形时，被监护人住所地的居民委员会、村民委员会或者民政部门应当承担为被监护人安排必要的临时生活照料的职责。

（二）监护人履行监护职责应遵循的基本法律原则

为了维护被监护人的合法权益，监护人应当恪尽职守、兢兢业业地履行监护职责。我国《民法典》第三十五条规定："监护人应当按照最有利于被监护人的原则履行监护职责。监护人除为维护被监护人利益外，不得处分被监护人的财产。未成年人的监护人履行监护职责，在作出与被监护人利益有关的决定时，应当根据被监护人的年龄和智力状况，尊重被监护人的真实意愿。成年人的监护人履行监护职责，应当最大限度地尊重被监护人的真实意愿，保障并协助被监护人实施与其智力、精神健康状况相适应的民事法律行为。对被监护人有能力独立处理的事务，监护人不得干涉。"

按照该条法律规定，监护人履行监护职责应当遵循如下基本法律原则：

（1）最有利于被监护人的原则。

（2）尊重被监护人真实意愿的原则。

（3）保障并协助被监护人实施与其智力和精神健康状况相适应的民事法律行为的原则。

（4）禁止干涉被监护人独立自主处理事务的原则。

（三）撤销监护人资格

撤销监护人资格，是指法律所规定的情形出现时，为保护被监护人的合法权益，由人民法院依申请人的请求依法撤销监护人资格的民事法律制度。我国《民法典》第三十六条全面规定了撤销监护人资格制度。该制度包括如下基本内容：

1. 撤销监护人资格的法定事由

监护人有下列情形之一的，应当撤销其监护人资格：第一，监护人实施了严重损害被监护人身心健康的行为，如对被监护人实施家庭暴力；第二，监护人怠于履行监护职责，或者无法履行监护职责且拒绝将监护职责部分或者全部委托给他人，导致被监护人处于危困状态；第三，监护人实施了严重侵害被监护人合法权益的其他行为，如遗弃被监护人、侵吞被监护人财产等。

2. 撤销监护人资格的申请人范围

根据我国《民法典》第三十六条的规定，有权提出撤销监护人资格的申请人包括：第一，其他依法具有监护资格的人；第二，居民委员会、村民委员会；第三，学校、医疗机构、妇女联合会、残疾人联合会、未成年人保护组织、依法设立的老年人组织；第四，国家民政部门等。

3. 撤销监护人资格的法定机关和程序

按照我国《民法典》第三十六条的规定，人民法院是依法行使撤销监护人资格的法定司法机关。人民法院审理撤销监护人资格的民事案件时，应当根据有关个人或者社会组织提出的撤销监护人资格的申请，依照《中华人民共和国民事诉讼法》（以下简称《民事诉讼法》）的规定，经过审理，依法判决撤销监护人的监护资格。为了保障被监护人的生活和人身及财产安全，人民法院还应当为被监护人安排必要的临时监护措施。在撤销了监护人的监护资格后，人民法院应当按照最有利于被监护人的原则，为被监护人依法指定新的监护人。

4. 被撤销监护人继续履行依法承担的法定义务

为了保护被监护人的合法权益，我国《民法典》第三十七条规定：“依法负担被监护人抚养费、赡养费、扶养费的父母、子女、配偶等，被人民法院撤销监护人资格后，应当继续履行负担的义务。”理解该条法律规定时应当把握以下两点：第一，按照该条法律规定，撤销监护人资格后，并不当然免除其依法负担被监护人抚养费、赡养费、扶养费的法定义务；第二，承担该项法定义务的被撤销的监护人，仅限于被监护人的父母、子女、配偶等近亲属。

5. 恢复监护人资格

我国《民法典》所贯穿的人伦正义、人性友善、人本秩序、人文关怀等立法思想，对恢复监护人资格制度具有重要影响。我国《民法典》第三十八条规定：“被监护人的父母或者子女被人民法院撤销监护人资格后，除对被监护人实施故意犯罪的外，确有悔改表现的，经其申请，人民法院可以在尊重被监护人真实意愿的前提下，视情况恢复其监护人资格，人民法院指定的监护人与被监护人的监护关系同时终止。”按照该条法律规定，对恢复监护人资格的案件，只能由人民法院依照《民事诉讼法》的相关规定，经依法审理作出裁判。人民法院处理恢复监护人资格案件时，应当遵照如下法律要求：第一，被撤销监护人资格的人并未对被监护人实施故意犯罪行为；第二，被撤销监护人资格的人确有悔过改错的表现；第三，被撤销监护人资格的人主动向人民法院提出恢复监护人资格的申请；第四，人民法院在尊重被监护人真实意愿的前提条件下，根据案件具体情况，判决是否恢复申请人的监护人资格；第五，人民法院判决恢复监护人资格时，原经由人民法院指定的监护人与被监护人的监护关系同时终止。

6. 终止监护关系

监护关系是否存续，直接涉及被监护人合法民事权益的实现。因此民事法律明确规定了终止监护关系制度，我国《民法典》第三十九条规定：“有下列情形之一的，监护关系终止：（一）被监护人取得或者恢复完全民事行为能力；（二）监护人丧失监护能力；（三）被监护人或者监护人死亡；（四）人民法院认定监护关系终止的其他情形。监护关系终止后，被监护人仍然需要监护的，应当依法另行确定监护人。”该条法律明确规定了终止监护关系的法定情形和法律后果。同时，为保护被监护人的利益，在被监护人仍然需要监护时，应当依法另行为被监护人确定新的监护人。

第四节 自然人的住所

一、自然人住所的概念

自然人的住所，是指自然人长期居住生活和从事民事活动的中心处所。住所为自然人居住、日常生活和从事民事活动提供了基本的物质保障。在民法学上，住所与居所既有联系又有区别。这两者都是自然人居住、日常生活和从事民事活动的处所。但两者的区别在于：住所在法律上具有唯一确定性，它是自然人以长久居住的意思而利用的日常生活和民事活动中心处所；自然人可能拥有多处居所，除住所外，自然人对某些居所可能并非长期固定使用，更未成为其日常生活和从事民事活动的中心处所。

二、自然人住所的法律功能

根据我国《民法典》和相关法律规定，住所具有以下法律功能：第一，住所与自然人的出生地紧密相连；第二，住所可以作为确定自然人享有民事权利和履行民事义务的处所；第三，住所地的基层群众自治组织可以为自然人指定监护人；第四，自然人办理婚姻登记必须在其住所地的婚姻登记机关办理；第五，自然人离开住所地下落不明满一定时间可以作为申请宣告自然人失踪或宣告自然人死亡的法定条件；第六，在继承法律关系中，住所地可以成为遗产继承的开始地点；第七，住所地法律可以成为处理涉外民事法律纠纷案件的准据法；第八，住所地可以成为诉讼案件的法律文书送达地。

三、自然人住所的确定

我国《民法典》第二十五条规定："自然人以户籍登记或者其他有效身份登记记载的居所为住所；经常居所与住所不一致的，经常居所视为住所。"根据该条法律规定，确定自然人的住所应当符合下列法律要求：第一，自然人以户籍登记或者其他有效身份登记记载的居所为住所；第二，自然人的经常居住地与住所不一致的，经常居住地被视为住所。

第五节　宣告失踪和宣告死亡

一、宣告失踪

宣告失踪，是指自然人下落不明满一定期限，经利害关系人申请，由法院依照民事诉讼程序宣告该自然人为失踪人的民事法律制度。宣告失踪制度的设立，立法目的是及时、有效地调整失踪人与利害关系人之间既存的民事法律关系，切实保护失踪人与利害关系人的合法民事权益，维护社会和经济秩序的正常运行。

（一）宣告失踪的法定条件

宣告失踪涉及下落不明的自然人的切身利益，必须为之规定严格的法定条件。我国《民法典》第四十条规定："自然人下落不明满二年的，利害关系人可以向人民法院申请宣告该自然人为失踪人。"

根据该条法律规定，宣告失踪的法定条件是：

（1）自然人离开自己的住所下落不明已满两年的。下落不明，是指自然人离开其住所地后杳无音信，利害关系人无从知晓该自然人的现实状态。当这种状态已经届满两年时，法律赋予利害关系人向人民法院申请宣告该自然人为失踪人的请求权。对自然人下落不明的时间计算方法，我国《民法典》第四十一条明确规定："自然人下落不明的时间自其失去音讯之日起计算。战争期间下落不明的，下落不明的时间自战争结束之日或者有关机关确定的下落不明之日起计算。"

（2）利害关系人依法提出宣告失踪的申请。根据我国相关司法解释，此处的利害关系人，是指被宣告失踪人的配偶、父母、子女、兄弟姐妹、祖父母、外祖父母、孙子女、外孙子女，以及被宣告失踪人的债权人、债务人、共同经营的合伙人。

（二）宣告失踪的法律程序

根据我国《民事诉讼法》第一百九十二条和第一百九十三条的规定，宣告失踪的法律程序为：

（1）人民法院对符合宣告失踪法定条件的申请依法予以受理。

（2）人民法院应当及时发出寻找下落不明的自然人的公告，公告期为三个月。

（3）公告期间届满，人民法院应当根据被宣告失踪的事实是否得到确认，作出宣告失踪的判决或者驳回申请的判决。

（三）宣告失踪的法律后果

宣告失踪的判决生效后，并不终止失踪人原有的人身关系，但会发生如下财产性民事法律后果：

1. 确定失踪人的财产由他人代管

根据我国《民法典》第四十二条的规定，失踪人的财产由其配偶、成年子女、父母或者其他愿意担任财产代管人的人代管。对代管有争议的，如果没有上述近亲属或者其他愿意担任财产代管人的，或者上述自然人无代管能力的，由人民法院指定的人代管。

2. 失踪人财产代管人的法定职责

我国《民法典》第四十三条对此作了如下专门规定：

（1）财产代管人应当妥善管理失踪人的财产，维护其财产权益。

（2）失踪人所欠税款、债务和应付的其他费用，由财产代管人从失踪人的财产中支付。

（3）财产代管人因故意或者重大过失造成失踪人财产损失的，应当承担赔偿责任。

3. 变更财产代管人

当发生下列情形时，失踪人的利害关系人可以向人民法院申请变更财产代管人：

（1）财产代管人不履行其代管职责；

（2）财产代管人侵害失踪人的财产权益；

（3）财产代管人丧失代管能力。

如果财产代管人有正当理由，可以向人民法院申请变更财产代管人。

人民法院受理变更财产代管人的申请，并依法作出变更财产代管人的判决后，新任的财产代管人有权请求原财产代管人及时向其移交失踪人的有关财产，并报告财产代管情况。

（四）宣告失踪的撤销

如果失踪人重新出现，经本人或者利害关系人申请，人民法院应当依法撤销失踪宣告，并及时移交代管的财产。我国《民法典》第四十五条规定：“失踪人重新出现，经本人或者利害关系人申请，人民法院应当撤销失踪宣告。失踪人重新出现，有权请求财产代管人及时移交有关财产并报告财产代管情况。”

二、宣告死亡

宣告死亡，是指自然人下落不明满一定期限，经利害关系人申请，由法院依照民事诉讼程序宣告该自然人死亡的民事法律制度。宣告死亡制度的设立，立法目的是更好地贯彻我国《民法典》所奉行的“保护民事主体的合法权益，调整民事关系，维护社会和经济秩序”立法宗旨。

（一）宣告死亡的法定条件

我国《民法典》第四十六条明确规定了宣告死亡的法定条件：“自然人有下列

情形之一的，利害关系人可以向人民法院申请宣告该自然人死亡：（一）下落不明满四年；（二）因意外事件，下落不明满二年。因意外事件下落不明，经有关机关证明该自然人不可能生存的，申请宣告死亡不受二年时间的限制。”

（二）宣告死亡的法律程序

根据我国《民事诉讼法》第一百九十二条和第一百九十三条的规定，宣告死亡的法律程序是：

（1）人民法院依法受理符合宣告死亡法定条件的申请。

（2）人民法院立案后及时发出寻找下落不明的自然人的公告，公告期为一年。

（3）公告期间届满，人民法院应当根据被宣告死亡的事实是否得到确认，作出宣告失踪人死亡的判决或者驳回申请的判决。

（三）宣告死亡制度的特殊规定

根据我国《民法典》第四十七条的规定，对失踪的同一自然人，有的利害关系人申请宣告死亡，有的利害关系人申请宣告失踪，如果符合《民法典》所规定的宣告死亡的法定条件，人民法院应当宣告死亡。

我国《民法典》第四十八条规定了被宣告死亡的日期，即人民法院宣告死亡的判决作出之日视为其死亡的日期；因意外事件下落不明宣告死亡的，意外事件发生之日视为其死亡的日期。

关于被宣告死亡的自然人在被宣告死亡期间所实施的民事法律行为的效力，我国《民法典》第四十九条规定：“自然人被宣告死亡但是并未死亡的，不影响该自然人在被宣告死亡期间实施的民事法律行为的效力。”

（四）宣告死亡的法律后果

自然人被宣告死亡的，应当视为该自然人的民事权利能力和民事行为能力终止，与该自然人有关的婚姻关系因此而消除；该自然人的个人财产作为其遗产，依照继承法律制度的规定开始继承。我国《民法典》第五十一条中明确规定：“被宣告死亡的人的婚姻关系，自死亡宣告之日起消除。”第一千一百二十一条中规定：“继承从被继承人死亡时开始。”

（五）宣告死亡的撤销

自然人被依法宣告死亡，并不意味着该自然人已经真正终止了生命并成为死亡人。如果被宣告死亡的人重新出现，人民法院应当依法撤销对其作出的死亡宣告。

我国《民法典》第五十条规定：“被宣告死亡的人重新出现，经本人或者利害关系人申请，人民法院应当撤销死亡宣告。”

根据我国《民法典》第五十一条、第五十二条和第五十三条的规定，死亡宣告被撤销的，会产生如下法律后果：

被宣告死亡的人的婚姻关系，自撤销死亡宣告之日起自行恢复。但是，其配偶再婚或者向婚姻登记机关书面声明不愿意恢复的除外。

被宣告死亡的人在被宣告死亡期间，其子女被他人依法收养的，在死亡宣告被撤销后，不得以未经本人同意为由主张收养行为无效。

被撤销死亡宣告的人有权依照我国《民法典》继承编的相关规定请求取得其财产的民事主体返还财产；无法返还的，应当给予适当补偿。利害关系人隐瞒真实情况，致使他人被宣告死亡而取得其财产的，除应当返还财产外，还应当对由此造成的损失承担赔偿责任。

第六节　个体工商户和农村承包经营户

一、个体工商户

（一）个体工商户的概念和民事法律地位

我国《民法典》第五十四条规定了个体工商户的概念和民事法律地位。个体工商户，是指自然人从事工商业经营活动，经依法登记，取得个体工商户资格的民事主体。

个体工商户的民事法律地位体现在如下方面：

（1）个体工商户在本质上属于私营经济者。我国法律鼓励、引导和保护私营经济的发展，必然赋予个体工商户应有的民事法律地位。

（2）个体工商户与普通的自然人不同，其是独立的民事主体，依法以个体工商户的名义从事民事活动，享有民事权利和承担民事义务。

（3）个体工商户所从事的是各类有特色的工商业活动，按照自己的意愿依法经营。

（4）个体工商户的设立应当经依法登记程序，确立其独立的民事主体资格。

（5）个体工商户可以起字号并享有名称权，以区别其他商家。

（6）个体工商户从事工商业类民事活动所获得的商誉，可以享有荣誉权。

（二）个体工商户的债务承担

个体工商户从事广泛的工商业经营活动，必然与其他民事主体发生各种民事法律关系，包括债权债务关系。按照我国《民法典》第五十六条第二款的规定，个体工商户的债务承担应当分别依法处理：

个体工商户由自然人个人经营的，以该自然人的个人财产承担债务清偿责任。

个体工商户由家庭成员共同经营的，须以家庭共有财产清偿债务。无法区分的，以家庭财产承担。

二、农村承包经营户

（一）农村承包经营户的概念和民事法律地位

我国《民法典》第五十五条规定了农村承包经营户的概念和民事法律地位。农村承包经营户，是指农村集体经济组织的成员，依法取得农村土地承包经营权，从事家庭承包经营的民事主体。

理解和认识农村承包经营户的民事法律地位，应当把握如下内容：

（1）农村承包经营户与农村集体经济组织密不可分，承担着农村集体经济组织财产的分散经营责任。首先，农村承包经营户是由农村集体经济组织的成员所组成的，享有农村集体经济组织的成员权。其次，农村承包经营户的主要财产权即农村土地承包经营权，是从农村集体经济组织中依法取得的。

（2）农村承包经营户与普通自然人不同，其是独立的民事主体，依法以农村承包经营户的名义从事各类民事活动，取得相应民事权利，承担相应民事义务。

（3）农村承包经营户主要从事以家庭承包经营农村集体经济组织的土地等生产资料的商品经济活动，并纳入了社会主义市场经济体系。这是农村承包经营户同以从事工商业经营活动为主的个体工商户的根本区别。

（4）农村承包经营户的成立虽然并不需要办理登记，但其与农村集体经济组织之间订立土地承包经营权合同并依法取得土地承包经营权时，应当明确农户的成员，以保障农户成员的财产权利。

（二）农村承包经营户的债务承担

根据我国《民法典》第五十六条第二款的规定，农村承包经营户从事家庭承包经营活动时对外发生了债权债务关系的，应当区分以下不同情况承担清偿责任：

农村承包经营户的全体成员都从事了农村土地承包经营活动的，应当以该农村承包经营户的家庭共有财产清偿债务。

农村承包经营户户中的部分成员从事了农村土地承包经营活动的，应当以该部分农村承包经营户成员的共有财产或者个人财产清偿债务。

本章小结

自然人，是指生物学意义上的具有自然生命形式的人类社会成员。自然人从出生时起到死亡时止，具有民事权利能力，依法享有民事权利，承担民事义务。自然人民事行为能力是法律赋予自然人以独立的民事主体身份和民事行为参加民事法律活动，取得民事权利和承担民事义务的资格。我国《民法典》将自然人的民事行为能力划分为三种类型：完全民事行为能力、限制民事行为能力、无民事行为能力。为弥补自然人民事行为能力的不足，民法设立了监护制度。监护的类型及设定方式主要有：法定监护、遗嘱监护、协议监护、指定监护、国家与社会组织监护、意定监护。自然人还可能被宣告失踪或宣告死亡。宣告失踪，是指自然人下落不明满一定期限，经利害关系人申请，由法院依照民事诉讼程序宣告该自然人为失踪人的民事法律制度。宣告死亡，是指自然人下落不明满一定期限，经利害关系人申请，由法院依照民事诉讼程序宣告该自然人死亡的民事法律制度。

简答题

1. 简述自然人民事行为能力的类型。
2. 简述监护的类型及设定方式。

案例[①]

（扫码查看案例解读）

福建省仙游县榜头镇梧店村村民林某某（女）多次使用菜刀割伤年仅 9 岁的亲生儿子小龙（化名）的后背、双臂，用火钳鞭打小龙的双腿，经常让小龙挨饿。自 2013 年 8 月始，当地镇政府、村委会干部及派出所民警多次对林某某进行批评教育，但林某某拒不

① 最高人民法院网．最高人民法院关于侵害未成年人权益被撤销监护人资格典型案例［EB/OL］．（2016－05－31）．https://www.court.gov.cn/zixun-xiangqing-21481.html.

悔改。2014 年 1 月，共青团莆田市委、市妇联等部门联合对林某某进行劝诫教育，林某某书面保证不再殴打小龙，但其后林某某依然我行我素。同年 5 月 29 日凌晨，林某某再次用菜刀割伤小龙的后背、双臂。为此，仙游县公安局对林某某处以行政拘留 15 日，并处罚款人民币 1 000 元。6 月 13 日，申请人仙游县榜头镇梧店村村民委员会以林某某长期对小龙的虐待行为已严重影响小龙的身心健康为由，向法院请求依法撤销林某某对小龙的监护人资格，指定村民委员会作为小龙的监护人。在法院审理期间，法院征求小龙的意见，其表示不愿意随林某某共同生活。

林某某可以继续担任小龙的监护人吗?

第五章 法人

学习目标

掌握：法人的概念与特征，法人设立的条件，法人机关。

熟悉：法人的分类与登记，法人设立的民事责任，法人民事权利能力与民事行为能力的概念，法人的变更与终止。

了解：法人的设立原则。

第一节　法人制度概述

一、法人的概念与特征

（一）法人的概念

法人是指依法具有民事权利能力和民事行为能力，能够独立享有民事权利和承担民事义务的社会组织。《德国民法典》首先规定了法人制度，并逐渐发展为与自然人相对的另一类独立的民事主体。法人制度具有重要作用，其整合了自然人相对分散的资源，通过组织形式实现利益扩张。法人拥有独立财产，承担独立责任，法人成员仅在出资范围内承担责任，这大大激发了市场活力。

关于法人的本质，理论上有法人拟制说、法人否认说、法人实在说等诸多学说。我国民法通说采用法人实在说中的法人组织体说，认为法人不是法律虚构的，而是客观存在的。法人是具有区别于其成员个人利益的团体利益的组织体。

（二）法人的特征

法人与其他民事主体相比，具有以下几个特征：

1. 法人是独立组织

法人是一种社会组织，而自然人是一种生命体。法人以一定的人的结合或财产的结合为基础。只有有稳定的、独立的组织机构，才能形成法人意志，从而独立从事民事活动。因此，法人必须是独立的组织机构，但并不是所有的组织机构都能成为法人，只有得到法律认可或批准的组织机构，才能取得法人资格。

2. 法人拥有独立财产

法人要参与民事活动，需要有独立的财产作为基础。所谓独立财产，是指法人必须拥有独立归其所有、由其支配的财产。这些财产应当与其成员的个人财产相分离。这也是法人可以独立承担责任的财产保障。

3. 法人拥有独立名义

法人能够以独立名义参加民事活动。这说明法人是一种具有独立人格的社会团体，能依法享有民事权利能力和民事行为能力。法人可以自主决定从事民事活动、支配自己的民事行为。因此，法人的意志完全独立于成员的个人意志。

4. 法人承担独立责任

法人以其全部财产独立承担民事责任。这是因为，法人的财产与成员的财产相互独立，法人成员对法人的债务不承担责任。这与非法人组织不同，非法人组织虽然也是一种组织体，但其成员要承担无限责任。

二、法人的分类

（一）理论上法人的分类

1. 公法人和私法人

根据法人设立目的和职能的不同，法人可以分为公法人和私法人。公法人是指依据公法所设立的，履行公共职能或社会福利功能的法人，如机关法人就属于公法人。私法人是指履行私法职能的法人，私法人一般按照私法设立，依据章程运行，如有限责任公司即典型的私法人。

2. 社团法人和财团法人

根据法人成立标准的不同，法人可以分为社团法人与财团法人。社团法人是指以人的集合为主组成的法人，成立社团法人必须具有社员，社员在社团法人中拥有社员权，如有限责任公司即为社团法人。财团法人是指以财产集合为主组成的法人，财团法人中没有社员，设立人在完成设立后与财团法人没有必然联系，基金会为典型的财团法人。

（二）我国立法上法人的分类

《民法典》没有采用传统的法人分类方式，而是依法人成立目的的不同，将法人分为营利法人、非营利法人和特别法人。

营利法人是指以取得利润并分配给股东等出资人为目的成立的法人。营利法人包括有限责任公司、股份有限公司和其他企业法人等。

非营利法人是指为公益目的或者其他非营利目的成立，不向出资人、设立人或者会员分配所取得利润的法人。非营利法人包括事业单位、社会团体、基金会、社会服务机构等。其中，事业单位是指为适应经济社会发展需要，为提供公益服务而设立的法人；社会团体是指基于会员共同意愿，为公益目的或者会员共同利益等非营利目的设立的法人；基金会和社会服务机构都属于捐助法人①，是指为公益目的以捐助财产设立的法人。依法设立的宗教活动场所，符合法律规定的，也可以登记为非营利法人。

特别法人包括机关法人、农村集体经济组织法人、城镇农村的合作经济组织法人、基层群众性自治组织法人。其中，机关法人是指依法行使国家赋予的公权力，并因行使职权具备相应的民事权利能力和民事行为能力的国家机关。机关法人仅能在服务于其职权需要的范围内进行民事活动。农村集体经济组织法人、城镇农村的合作经济组织法人、基层群众性自治组织法人都可以取得法人资格，发挥组织服务和管理职能。

三、法人的登记

法人的登记，是指登记机关对法人成立、变更、终止的法律事实进行登记。登记机关应当依法及时公示法人登记的有关信息。法人的登记对法人的意义重大，第一，登记有公示作用，可以使其他人了解法人的信息，经过登记，法人的设立、变更才能产生法律效果。第二，登记便于行政机关对法人进行管理。

法人的登记分为设立登记、变更登记、注销登记。设立登记标志着法人完成了

① 捐助法人是指基于公益目的以捐助财产设立的，具备法人条件的基金会、社会服务机构等组织。

设立，正式成立，除了依法不需要登记的法人之外，法人设立原则上应该进行登记。法人在存续期间可以对其性质、名称等事项进行变更，但法人存续期间登记事项发生变化的，应当依法向登记机关申请变更登记。法人终止时，除了依法进行清算外，还要进行注销登记，在完成注销登记后，法人终止。

当法人的实际情况与法人登记机关的登记事项不一致时，可能会影响第三人与法人之间法律关系的效果。因此，《民法典》规定，法人的实际情况与登记的事项不一致的，不得对抗善意相对人。

第二节 法人的设立

一、法人设立的概念

法人设立是指依照法律规定，完成设立程序，使法人成立的行为。法人的设立与法人成立不同。法人设立是一个行为，通过设立行为，法人不一定会成立。而法人成立是一个结果，需要完成设立程序，符合法律规定的设立条件，最终成立法人。

二、法人设立的原则

由于历史原因，加之法人类型的不断发展，法人设立的原则也在不断变化，大致包含以下五种：

（1）自由设立主义。指国家对于法人的设立，不加任何干涉和限制，完全由当事人自由决定。

（2）特许设立主义。指法人的设立需有专门的法令或国家特别许可。

（3）许可设立主义。指法人设立时除了应符合法律规定的条件外，还要经主管部门批准，方可设立。

（4）准则设立主义。指法律预先规定法人成立的条件，一旦符合法人的成立条件，无须主管部门批准，就可直接登记成立法人。

（5）强制设立主义。指国家以法令规定某种情况下必须设立法人组织。

我国针对不同类型的法人，采用不同的设立原则。针对营利法人，一般采用准则设立主义，当法人符合法律规定时，便可以登记设立。如法律规定了需要依法办理审批，则采用许可设立主义设立。对于非营利法人，如需依照法律和行政命令的规定，在设立原则上通常采用特许设立主义。也有的法人设立采用许可设立主义，需要经主管部门批准。针对特别法人，如机关法人的设立采用特许设立主义。

三、法人设立的条件

根据《民法典》第五十八条的规定，法人应当依法成立。法人应当有自己的名称、组织机构、住所、财产或者经费。法人成立的具体条件和程序，依照法律、行政法规的规定。设立法人，法律、行政法规规定须经有关机关批准的，依照其规定。可见，法人设立的条件包括以下三项：

（1）依法成立。

依法成立是指法人的设立必须具有法律依据，符合法定程序。设立不同的法人应参照不同的法律进行。例如，设立公司法人应依据《中华人民共和国公司法》；设立社会团体法人应依据《社会团体登记管理条例》。同时，法人设立目的和宗旨要符合国家利益和社会公共利益的要求，它的组织机构、设立方式等要符合法律的要求。

（2）有必要的财产和经费。

必要的财产和经费是法人进行民事活动的物质基础，同时也是法人承担独立责任的保障。没有必要的财产和经费，不能取得法人资格。

（3）有自己的名称、组织机构和场所。

第一，法人必须拥有自己的名称，便于其在名称上与其他法人区分开。这既是其具有独立身份的外在表现，也是其从事民事活动的基本条件。第二，法人必须拥有一定的组织机构，比如权力机构、执行机构和监督机构。没有独立的组织机构，法人便不能以自己的意思进行民事活动。第三，法人应有固定的从事经营的场所。场所既是法人开展业务的地方，也便于行政机关的管理。法人以其主要办事机构所在地为住所，依法需要办理法人登记的，应当将主要办事机构所在地登记为住所。

四、法人设立的民事责任

设立人在设立法人的过程中需要进行民事活动，这时需要根据法人设立的结果区分民事责任。第一，当设立人以设立中法人的名义进行民事活动时，可能出现两种情况：在法人设立成功时，根据《民法典》第七十五条规定，设立人为设立法人从事的民事活动，其法律后果由法人承受。在法人没有设立成功时，其法律后果由设立人承受，设立人为二人以上的，享有连带债权，承担连带债务。第二，当设立人以自己的名义为设立法人进行民事活动时，如果法人设立成功，第三人有权选择请求法人或者设立人承担责任。如果法人没有设立成功，由设立人承担相关民事责任。

第三节 法人的民事能力

一、法人的民事权利能力

法人的民事权利能力，是指法人依法独立享有民事权利、承担民事义务的资格。法人具有民事权利能力意味着其具有独立的人格。法人的民事权利能力和民事行为能力，从法人成立时产生，到法人终止时消灭。与自然人的民事权利能力一样，法人的民事权利能力也是其独立作为民事主体的资格。但不同的是，法人的民事权利能力受自身性质限制。法人虽然与自然人一样是民事主体，但法人不可能享有自然人基于人身属性而享有的特殊民事权利能力，如结婚、收养、亲权、继承及肖像权等资格。

法人具有独立的人格，但这种独立的人格不能被滥用。当股东滥用法人的独立地位和有限责任时，可以在个案中否认法人的独立人格，理论上称这种做法为法人人格否认制度。《民法典》第八十三条第二款规定，营利法人的出资人不得滥用法人独立地位和出资人有限责任损害法人债权人的利益；滥用法人独立地位和出资人有限责任，逃避债务，严重损害法人债权人的利益的，应当对法人债务承担连带责任。法人人格否认制度并没有完全否认法人的独立人格，只是在个案中通过“揭开法人面纱”，使法人的成员承担连带责任。

二、法人的民事行为能力

法人的民事行为能力，是指法人以自己的意思从事民事活动，为自己取得民事权利、承担民事义务的资格。与自然人的民事行为能力一样，法人的民事行为能力也是一种独立行为资格。但不同的是，第一，法人的民事行为能力与其民事权利能力同时产生、同时消灭，有民事权利能力的法人必然有民事行为能力。第二，法人的民事行为能力与其民事权利能力的范围和内容完全一致，有多大范围的民事权利能力，就有多大范围的民事行为能力。第三，法人的民事行为能力由其机关或法定代表人来实现，法人机关或法定代表人的行为即法人的行为，法人应当承担由此产生的民事法律后果。

第四节　法人的机关及分支机构

一、法人的机关

法人的机关，是指在法人组织内部进行法人活动，外部代表法人的机构。法人机关可以分为权力机构、执行机构与监督机构。由于法人的类型多样，不同法人的机关也不相同。

营利法人一般由权力机构、执行机构和监督机构三部分构成。权力机构是法人意思的形成机构，如股东会。权力机构的职权是修改法人章程，选举或者更换执行机构、监督机构成员，以及法人章程规定的其他职权。执行机构是法人意思的实行机构，如董事会。执行机构的职权是召集权力机构召开会议，决定法人的经营计划和投资方案，决定法人内部管理机构的设置，以及法人章程规定的其他职权。监督机构是监督执行的机构，如监事会。监督机构的职权是检查法人财务，监督执行机构成员、高级管理人员、执行法人职务人员的行为，以及法人章程规定的其他职权。营利法人的权力机构、执行机构作出决议的会议召集程序、表决方式违反法律、行政法规、法人章程，或者决议内容违反法人章程的，营利法人的出资人可以请求人民法院撤销该决议。但是，营利法人依据该决议与善意相对人形成的民事法律关系不受影响。

非营利法人一般没有权力机构。例如，事业单位法人的理事会为其决策机构。而捐助法人应当设立理事会、民主管理组织等决策机构，并设立执行机构。理事长等负责人按照法人章程的规定担任法定代表人，但捐助法人应当设立监事会等监督机构。捐助法人的决策机构、执行机构或者法定代表人作出决定的程序违反法律、行政法规、法人章程，或者决定内容违反法人章程的，捐助人等利害关系人或者主管机关可以请求人民法院撤销该决定。但是，捐助法人依据该决定与善意相对人形成的民事法律关系不受影响。

法人的法定代表人是依照法律或者法人章程的规定，代表法人从事民事活动的负责人。执行机构为董事会或者执行董事的，董事长、执行董事或者经理按照法人章程的规定担任法定代表人；未设立董事会或者执行董事的，法人章程规定的主要负责人为其执行机构和法定代表人。

法定代表人与接受授权的工作人员不同。根据《民法典》第一百七十条的规定，执行法人或者非法人组织工作任务的人员，就其职权范围内的事项，以法人或者非法人组织的名义实施的民事法律行为，对法人或者非法人组织发生效力。但法定代表人不需要授权，根据《民法典》第六十一条第二款、第三款和第六十二条的规定，法定代表人以法人名义从事的民事活动，其法律后果由法人承受。法人章程或者法人权力机构对法定代表人代表权的限制，不得对抗善意相对人。法定代表人因执行职务造成他人损害的，由法人承担民事责任。法人承担民事责任后，依照法律或者法人章程的规定，可以向有过错的法定代表人追偿。

二、法人的分支机构

法人的分支机构是由法人设立的，在某一区域完成法人活动的机构。法人可以依法设立分支机构。法律、行政法规规定分支机构应当登记的，依照其规定。分支机构是法人的组成部分，不具有法人资格，但如果分支机构经过法人的授权，就可以进行登记，并能以自己的名义进行民事活动。由于分支机构具有一定的财产，所以在责任承担上，如果分支机构以自己的名义从事民事活动，产生的民事责任由法人承担；也可以先以该分支机构管理的财产承担，不足以承担的，由法人承担。

第五节 法人的变更与终止

一、法人的变更

法人的变更，是指在法人存续期间，法人的性质、名称、注册资金、经营范围及其分立、合并等重大事项的变动。法人在存续期间可以对其性质、名称等事项进行变更。法人存续期间登记事项发生变化的，应当依法向登记机关申请变更登记。法人的实际情况与登记的事项不一致的，不得对抗善意相对人。

法人的组织机构变更包括法人的分立和合并两种。法人的分立是指一个法人分成两个以上新的法人，包括新设分立与派生分立。新设分立是指将原来一个法人分割成两个或者两个以上新的法人，原法人资格消灭，分立后的新法人成立。派生分立是指将原来法人分出一部分，成立一个新的法人，原法人资格仍然存在，分立的法人成为新法人。

法人的合并是指两个以上的法人合并为一个法人，包括新设合并与吸收合并。新设合并是指两个以上的法人合并成一个新的法人，被合并的原法人全部归于消灭。吸收合并是指一个或多个法人归入一个现存的法人，被合并的法人主体资格消灭，存续的法人主体资格仍然存在。

当法人发生分立与合并时，会对债权、债务关系产生影响。根据《民法典》第六十七条的规定，法人合并的，其权利和义务由合并后的法人享有和承担。法人分立的，其权利和义务由分立后的法人享有连带债权，承担连带债务，但是债权人和债务人另有约定的除外。

二、法人的终止

法人的终止，是指法人民事主体资格的消灭。法人的终止需要有不能使法人继续存续的原因，并且需要进行清算。当法律、行政法规规定法人终止须经有关机关批准的，依照其规定。

1. 终止原因

根据《民法典》第六十八条的规定，法人终止的原因包括法人解散、法人被宣告破产及法律规定的其他原因。

根据《民法典》第六十九条的规定，法人解散的情形包括：(1) 法人章程规定的存续期间届满或者法人章程规定的其他解散事由出现；(2) 法人的权力机构决议解散；(3) 因法人合并或者分立需要解散；(4) 法人依法被吊销营业执照、登记证书，被责令关闭或者被撤销；(5) 法律规定的其他情形。

法人被宣告破产的，依法进行破产清算并完成法人注销登记的，法人终止。法人在其全部资产不足以清偿到期债务的情况下，经申请，由人民法院宣告法人破产。

2. 清算

法人终止时应当进行清算。清算的目的在于对法人的财产进行清理，对债权债务关系进行了结。针对因解散而进行的清算，《民法典》第七十条规定，法人解散的，除合并或者分立的情形外，清算义务人应当及时组成清算组进行清算。法人的董事、理事等执行机构或者决策机构的成员为清算义务人。法律、行政法规另有规定的，依照其规定。清算义务人未及时履行清算义务，造成损害的，应当承担民事责任；主管机关或者利害关系人可以申请人民法院指定有关人员组成清算组进行清算。针对因破产而终止的法人，应依破产程序进行清算，应适用《中华人民共和国企业破产法》的相关规定。

在清算过程中，法人人格依然存在，但是只能从事与清算有关的活动，如了结业务、收回债权、清偿债务等。法人清算后的剩余财产，按照法人章程的规定或者法人权力机构的决议处理。法律另有规定的，依照其规定。清算结束并完成法人注销登记时，法人终止；依法不需要办理法人登记的，清算结束时，法人终止。

本章小结

法人是指依法具有民事权利能力和民事行为能力，能够独立享有民事权利和承担民事义务的社会组织。法人是独立组织，拥有独立财产，能够以独立名义参加民事活动，承担独立责任。我国《民法典》将法人分为营利法人、非营利法人和特别法人。法人成立、变更、终止都应进行登记。法人机关是指在法人组织内部进行法人活动，外部代表法人的机构。法人机关可以分为权力机构、执行机构与监督机构。由于法人的类型多样，不同法人的机关也不相同。法人终止需要有不能使法人继续存续的原因，并且需要进行清算。

简答题

1. 简述法人的分类。
2. 简述营利法人与非营利法人的区别。

案例

原告甲某机械股份有限公司（以下简称甲公司）诉称：乙某工贸公司（以下简称乙公司）拖欠其货款未付，而其与丙某机械公司（以下简称丙公司）、丁某建设公司（以下简称丁公司）人格混同，此三家公司的实际控制人王某及乙公司股东等人的个人资产与公司

（扫码查看案例解读）

资产混同，均应承担连带清偿责任。王某等人辩称：其个人财产与乙公司的财产并不混同，不应为乙公司的债务承担清偿责任。丙、丁两家公司辩称：三家公司虽有关联，但并不混同，丙公司、丁公司不应对乙公司的债务承担清偿责任。经查明，乙、丙、丁三家公司的经理、财务负责人、出纳会计、工商手续经办人均相同。三家公司实际经营中均涉及工程机械相关业务，经销过程中存在共用销售手册、经销协议的情形。三家公司还使用共同账户。

甲公司可以请求丙公司、丁公司承担连带责任吗?

第六章 非法人组织

学习目标

掌握：合伙的概念，普通合伙，有限合伙。

熟悉：非法人组织的概念与特征。

了解：其他非法人组织。

第一节 非法人组织的概念与特征

一、非法人组织的概念

非法人组织，是指不具有法人资格，但是能够依法以自己的名义从事民事活动的组织。非法人组织包括个人独资企业、合伙企业、不具有法人资格的专业服务机构等。

作为一种组织，非法人组织应当依照法律的规定登记，并根据《中华人民共和国合伙企业法》（以下简称《合伙企业法》）、《中华人民共和国个人独资企业法》（以下简称《个人独资企业法》）的规定设立。非法人组织不具有法人资格，非法人组织的财产不足以清偿债务的，其出资人或者设立人承担无限责任。法律另有规定的，依照其规定。根据《民法典》第一百零六条的规定，当章程规定的存续期间届满或者章程规定的其他解散事由出现，或出资人或者设立人决定解散，或者有法律规定的其他情形时，非法人组织解散。同法人一样，非法人组织解散的，应当依法进行清算。由于非法人组织在结构上与法人类似，因此非法人组织可以参照适用法人的规定。

二、非法人组织的特征

非法人组织作为一种新的民事主体，具有以下特征：

（1）非法人组织是一种组织形式。与法人组织类似，非法人组织具有自己的名称、组织结构及规则，也需要有自己的财产以便开展民事活动。与法人不同的是，非法人组织中的合伙人或出资人承担无限责任。

（2）非法人组织有自己独立的名义。非法人组织不同于自然人或者个人的合伙，拥有独立的民法名义，其不是临时性的个人结合。

（3）非法人组织有明确的目的。非法人组织可以是营利性的，可以进行经营活动；也可以是非营利性的，从事其他非营利活动。

第二节　合伙

一、合伙的概念

合伙是指自然人、法人或非法人组织订立合伙合同，共同出资、合伙经营、共享收益、共担风险的营利性组织。合伙企业属于非法人组织，普通合伙人对企业债务承担无限连带责任。按照《合伙企业法》的规定，合伙企业分为两种类型，即普通合伙企业和有限合伙企业。

二、普通合伙

普通合伙是指由普通合伙人组成，合伙人对合伙企业债务承担无限连带责任的组织。在普通合伙中，合伙人承担无限连带责任。为保护公共利益，国有独资公司、国有企业、上市公司及公益性事业单位、社会团体不得成为普通合伙人。合伙人可以用货币、实物、知识产权、土地使用权或者其他财产权利出资，也可以用劳务出资。

在普通合伙内部，合伙人向合伙人以外的人转让其在合伙企业中全部或部分财产份额时，须经其他合伙人的一致同意，合伙人之间转让在合伙企业中的全部或者部分财产份额时，应当通知其他合伙人。合伙人以其在合伙企业中的财产份额出质的，须经其他合伙人一致同意；未经其他合伙人一致同意，其行为无效，由此给善意第三人造成损失的，由行为人依法承担赔偿责任。除一致同意或另有约定外，合伙人不得自我交易。合伙人不得自营或者同他人合作经营与本合伙企业相竞争的业务。合伙企业的利润和亏损由合伙人依照合伙协议约定的比例分配和分担；合伙协议未约定利润分配和亏损分担比例的，由各合伙人平均分配和分担。合伙协议不得约定将全部利润分配给部分合伙人，或者由部分合伙人承担全部亏损。

对于合伙企业外部，原则上合伙人都有对外代表企业执行合伙事务的权利，但合伙如果委托一名或数名合伙人执行合伙事务，那么执行合伙事务的合伙人有对外代表合伙的权利，合伙内部对合伙人执行合伙事务及对外代表合伙权利的限制，不得对抗善意第三人。合伙对善意第三人的债务应先以全部合伙财产进行清偿，合伙财产不足清偿到期债务的，各合伙人应当承担无限连带清偿责任。

三、有限合伙

有限合伙是指由普通合伙人和有限合伙人组成的合伙企业，其中普通合伙人对合伙企业的债务承担无限连带责任，有限合伙人仅以其认缴的出资额为限，对合伙企业的债务承担有限责任。有限合伙人不能以劳务出资。

在有限合伙内部，除合伙协议另有约定外，不得将全部利润分配给部分合伙人。有限合伙人可以将其在有限合伙企业中的财产份额出质。但是，合伙协议另有约定的除外，有限合伙人可以按照合伙协议的约定向合伙人以外的人转让其在有限合伙企业中的财产份额，但应当提前30日通知其他合伙人。

对于有限合伙外部，有限合伙人不执行合伙事务，不得对外代表有限合伙企业。第三人有理由相信有限合伙人为普通合伙人并与其交易的，该有限合伙人对该笔交易承担与普通合伙人同样的责任。有限合伙人未经授权以有限合伙企业名义与他人进行交易，给有限合伙企业或者其他合伙人造成损失的，该有限合伙人应当承担赔偿责任。

第三节 其他非法人组织

一、个人独资企业

根据《个人独资企业法》的规定，个人独资企业，是指依照本法在中国境内设立，由一个自然人投资，财产为投资人个人所有，投资人以其个人财产对企业债务承担无限责任的经营实体。个人独资企业是非法人组织，虽然不具有法人资格，但能以自己的名义从事民事活动，具有民事权利能力和民事行为能力。

根据《个人独资企业法》第八条的规定。设立个人独资企业应当具备下列条件：①投资人为一个自然人；②有合法的企业名称；③有投资人申报的出资；④有固定的生产经营场所和必要的生产经营条件；⑤有必要的从业人员。

在清偿债务时，个人独资企业财产不足以清偿债务的，投资人应当以其个人的其他财产予以清偿，投资人此时承担无限责任，不仅以出资为限，还包括投资人个人的其他财产。

二、不具有法人资格的专业服务机构

不具有法人资格的专业服务机构，是指《合伙企业法》第五十五条第一款规定的“以专业知识和专业技能为客户提供有偿服务的专业服务机构”。与普通合伙企业相比，这种合伙被称为特殊的普通合伙。民法规定特殊的普通合伙是非法人组织，是为适应市场需求，特别是为律师事务所、会计师事务所等具有特殊专业要求的行业提供符合其需求的组织形式。

在责任承担方式上，特殊的普通合伙与普通合伙不同。在特殊的普通合伙中，一个合伙人或者数个合伙人在执业活动中因故意或者重大过失造成合伙企业债务的，应当承担无限责任或者无限连带责任，其他合伙人以其在合伙企业中的财产份额为限承担责任。合伙人在执业活动中非因故意或者重大过失造成的合伙企业债务及合伙企业的其他债务，由全体合伙人承担无限连带责任。

本章小结

非法人组织是指不具有法人资格，但是能够依法以自己的名义从事民事活动的组织。非法人组织包括个人独资企业、合伙企业、不具有法人资格的专业服务机构等。非法人组织是一种组织形式，具有自己的名称、组织结构及规则，也需要有自己的财产以便开展民事活动。非法人组织中的合伙人或出资人承担无限责任。合伙是指自然人、法人或非法人组织订立合伙合同，共同出资、合伙经营、共享收益、共担风险的营利性组织。合伙分为普通合伙与有限合伙，以及以专业知识和专业技能为客户提供有偿服务的专业服务机构。

简答题

1. 论非法人组织的特征？
2. 论普通合伙和有限合伙的区别？

案例

（扫码查看案例解读）

2011 年，张某与李某登记设立起点合伙事务所。双方签订了企业合伙协议，约定：经营期限为长期，注册资本为 10 万元，其中李某出资 9 万元，张某出资 1 万元；合伙人对执行合伙企业事务享有同等的权利，对合伙企业事务实行一人一票的表决办法；经全体合伙人协商，委托李某为合伙企业事务执行人；出现全体合伙人决定解散、合伙人已不具备法定人数、合伙协议约定的合伙目的已经实现或无法实现等情形，合伙企业可以解散；在不给合伙企业事务执行造成不利影响的情况下，合伙人可以退伙。

2014 年，张某和李某产生矛盾。双方相互将对方除名。张某起诉，认为合伙人已经不具备法定人数，合伙目的无法实现，且知情权被侵犯，请求解散起点合伙事务所。

张某的诉讼请求能否得到满足？

第七章 民事权利

学习目标

掌握：民事权利的概念与特征，民事权利的分类。

熟悉：民事权利的保护。

了解：民事权利的行使。

第一节 民事权利的概念与特征

一、民事权利的概念

民事权利是民法的核心概念，但对于民事权利的概念，学界一直有不同的认识。有人主张“意志说”，认为利的本质是意思自由，即人的意思能够自由活动或能够任意支配的范围。有人主张“法力说”，认为权利的本质为法律上之力。所谓“法律上之力”，是由法律所赋予的一种力量，凭借此力量，既可以支配标的物，也可以支配他人。也有人主张“利益说”，认为权利的本质就是法律保护的利益。我们认为，民事权利是一个具有多种层次、多重本质的概念。总的来说，民事权利是指权利主体可依法自主实现的一种法定利益。

二、民事权利的特征

民事权利的特征有以下三个：

（1）民事权利以利益实现为内容。

民事主体行使民事权利，是为了满足某种利益的需要，并不是所有的利益都可以成为民事权利的内容。一种利益得到法律的认可，才会类型化而成为民事权利。

（2）民事权利以个人意志为范围。

民事主体要实现某种利益，并不是毫无限制的。法律保障的利益是在民事主体意志范围之内的利益，也只有在这种范围之内，民事主体才能实现真正的权利自由。

（3）民事权利以法律之力为保障。

民事权利是由法律所赋予的，没有法律保障的权利不是权利。民事主体可以借助法律的保障，实现自己的利益，排除非法干涉，获得法律救济。

第二节　民事权利的分类

一、财产权与人身权

根据民事权利的内容不同，可将其划分为财产权和人身权。财产权是指以财产利益为内容的民事权利，主要包括物权、债权等。财产权原则上不具有专属性，可以转让和继承。人身权是指以人格利益或身份利益为内容的民事权利，主要包括生命权、健康权、姓名权、肖像权、名誉权等人格权，以及亲属权等身份权。人身权一般具有专属性，与权利主体的人身不可分离，大多不能转让和继承。知识产权和继承权中既包含财产利益又包含人身利益，因而是一种综合性的民事权利。

二、绝对权与相对权

根据民事权利义务主体是否特定，可将民事权利划分为绝对权和相对权。绝对权又称对世权，其权利主体具有特定性，义务主体不具有特定性，权利主体外的任何人都是其义务主体，如物权是典型的绝对权。相对权又称对人权，是指权利人只能请求特定义务主体作为或不作为的权利。相对权的权利主体和义务主体均具有特定性，权利主体只有要求特定的义务主体履行义务，才能最终实现权利，如债权是典型的相对权。

三、支配权、请求权、形成权、抗辩权

根据民事权利的作用不同，可将其划分为支配权、请求权、形成权和抗辩权。支配权是指权利人可以对权利客体直接进行排他性支配的权利，如物权是一种支配权。请求权是指权利人可以要求他人为一定行为或不为一定行为的权利，如债权是一种请求权。形成权是指仅依权利人单方的意思就能使民事法律关系发生、变更、消灭的权利，如追认权、撤销权、解除权等。抗辩权是指权利人依法对抗对方请求权的权利，如合同法中规定的同时履行抗辩权、先履行抗辩权、不安抗辩权、先诉抗辩权等。

四、主权利与从权利

以民事权利之间是否存在主从关系为标准，可以将民事权利分为主权利和从权利。主权利是指不依赖于其他民事权利而独立存在的权利。从权利是指依赖其他民事权利的存在才能存在的权利。从权利的发生以主权利已经发生为前提，权利人对主权利的处分原则上及于从权利，主权利消灭其从权利随之消灭。

五、既得权与期待权

以权利是否实际取得为标准，可以将民事权利分为既得权和期待权。既得权是指权利人已经实际取得的民事权利。期待权是指权利人享有的，尚未现实地取得而于将来可能取得的权利。期待权不同于单纯的期待，期待权可以对民事主体产生效力，而期待不能对民事主体产生效力。

第三节　民事权利的行使和保护

一、民事权利的行使

民事权利的行使就是民事主体通过实施一定行为，实现权利所追求的价值，满

足自身的需要。民事主体可以自己行使权利，也可以授权他人行使权利。在行使权利的过程中要注意以下三点：

（1）自我决定。

《民法典》第一百三十条规定，民事主体按照自己的意愿依法行使民事权利，不受干涉。自我决定对民事权利的实现有重要意义。民法是私法，以民事主体意思自治为基本出发点，只有民事主体按照自己的意愿对权益进行支配，才能满足自身的利益需求，实现自我的价值。

（2）权利与义务相一致。

《民法典》第一百三十一条规定，民事主体行使权利时，应当履行法律规定的和当事人约定的义务。在民事法律关系中，民事权利和民事义务是相互对立、相互联系的。民事主体在享有权利的同时也负有法律规定的或者当事人约定的义务。如没有履行义务，则要承担相应的民事责任。所以，权利的行使不仅是满足自身需要的过程，也是履行相应民事义务的过程。

（3）权利不得滥用。

《民法典》第一百三十二条规定，民事主体不得滥用民事权利损害国家利益、社会公共利益或者他人合法权益。虽然民事主体可以按照自己意愿行使权利，但不得滥用民事权利损害国家利益、社会公共利益或者他人合法权益。滥用民事权利可构成侵权，要承担侵权责任。

二、民事权利的保护

民事权利的保护，可以分为自我保护和国家保护两种。自我保护是指权利人通过合法手段保护自己的权利不受侵害。我国规定的自我保护方式包括正当防卫、紧急避险和自助行为。国家保护是指通过国家公权力对自己的权利进行的保护，国家保护可通过向法院提起诉讼进行。

（一）自我保护

自我保护主要包括正当防卫、紧急避险和自助行为。

1. 正当防卫

正当防卫是指为了使本人或他人的人身或财产免遭正在进行的不法侵害，对侵权行为人采取的必要防卫行为。正当防卫必须针对正在进行的不法侵害，并且不能违反比例原则，否则会构成防卫过当。根据《民法典》第一百八十一条的规定，因正当防卫造成损害的，不承担民事责任。正当防卫超过必要的限度，造成不应有的损害的，正当防卫人应当承担适当的民事责任。对于正当防卫是否超过必要的限度，人民法院应当综合不法侵害的性质、手段、强度、危害程度和防卫的时机、手段、强度、损害后果等因素判断。

2. 紧急避险

紧急避险是指为了使本人或者他人的财产、人身免受正在发生的危险，不得已采取的致他人较小财产损害的行为。紧急避险也要遵守比例原则，超过必要限度，造成不应有的损害的，紧急避险人应当承担适当的民事责任。《民法典》第一百八十二条第一款、第二款规定，因紧急避险造成损害的，由引起险情发生的人承担民事责任。危险由自然原因引起的，紧急避险人不承担民事责任，可以给予适当补偿。可见，立法对于人为原因和自然原因引起的危险进行了区分。在人为原因引起危险的情况下，由引起危险的人承担责任；在自然原因引起危险的情况下，避险人不承担责任。人民法院可以根据受害人所受损失和已获赔偿的情况、受益人受益的多少及其经济条件等因素确定受益人承担的补偿数额。

3. 自助行为

自助行为是指权利人为实现权利，在不能及时获得国家机关救助的情况下，在必要范围内控制侵权人财物或对人身自由限制的行为。《民法典》第一千一百七十七条规定，合法权益受到侵害，情况紧迫且不能及时获得国家机关保护，不立即采取措施将使其合法权益受到难以弥补的损害的，受害人可以在保护自己合法权益的必要范围内采取扣留侵权人的财物等合理措施，但是，应当立即请求有关国家机关处理。受害人采取的措施不当造成他人损害的，应当承担侵权责任。

（二）国家保护

权利人受到侵害，可以依法请求有关行政机关给予保护，也可以诉请人民法院或仲裁机关予以判决或仲裁。权利人提起诉讼的，可依据诉讼的目的和要求，分别提起确认之诉、给付之诉与形成之诉，人民法院应根据当事人的请求进行裁判。

本章小结

民事权利是民法的核心概念。其是指权利主体可依法自主实现的一种法定利益。民事权利的保护，可以分为自我保护和国家保护两种。自我保护是指权利人通过合法手段保护自己的权利不受侵害。我国规定的自我保护方式包括正当防卫、紧急避险和自助行为。国家保护是指通过国家公权力对自己的权利进行的保护，国家保护可通过向法院提起诉讼进行。

简答题

1. 简述民事权利的分类。
2. 简述民事权利的保护方式。

案例①

2013 年，洪某在网上发表《狼牙山五壮士有多处不实》一文。文章通过援引不同来源、不同内容、不同时期的报刊资料等，对“狼牙山五壮士”事迹中的细节提出质疑。葛某为狼牙山五壮士的后人，认为该文以历史考据、学术研究为幌子，以细节否定英雄，企图达到抹黑“狼牙山五壮士”英雄形象和名誉的目的，请求判令洪某停止侵权、公开道歉、消除影响。洪某辩称：该文章是学术文章，没有侮辱性的言辞，关于事实的表述有相应的根据，不是凭空捏造或者歪曲，不构成侮辱和诽谤，不构成名誉权的侵害。

（扫码查看案例解读）

洪某的行为需要承担民事责任吗?

① 最高人民法院．指导案例 99 号：葛长生诉洪振快名誉权、荣誉权纠纷案［EB/OL］.（2018－12－19）［2022－9－1］. https://www.court.gov.cn/shenpan-xiangqing-136381.html.

第八章 民事法律行为

学习目标

掌握：民事法律行为的概念与特征，民事法律行为的分类，民事法律行为的成立与生效，民事法律行为的效力。

熟悉：意思表示的概念，意思表示的构成要素，意思表示瑕疵，附条件与附期限的民事法律行为。

了解：意思表示的分类，意思表示的解释。

第一节 民事法律行为的概念与特征

一、民事法律行为的概念

民事法律行为是民事主体通过意思表示设立、变更、终止民事法律关系的行为。民事法律行为是法律事实的一种类型，它是行为人有意识进行的活动。民事法律行为是实现私法自治的工具，是民事主体实现个人自由的重要手段。民事法律行为可以是积极的作为，也可以是消极的不作为。民事法律行为可以基于双方或者多方的意思表示一致成立，也可以基于单方的意思表示成立。民事法律行为可以采用书面形式、口头形式或者其他形式。法律、行政法规规定或者当事人约定采用特定形式的，应当采用特定形式。当事人未采用书面形式或者口头形式，但是实施的行为本身表明已经作出相应的意思表示，并符合民事法律行为成立条件的，人民法院可以认定为采用其他形式实施的民事法律行为。

二、民事法律行为的特征

民事法律行为与其他法律事实相比，具有下述基本特征：

（1）民事法律行为是人为的法律事实。与事件不同，民事法律行为是人的行为，具有目的性；而事件不是人有意进行的。

（2）民事法律行为是一种表意行为。与事实行为不同，民事法律行为是主体通过自己的意思进行的行为，希望发生自己意图发生的结果；而事实行为虽然也是行为，但却不是主体有意识要发生法律后果的行为。

（3）民事法律行为以意思表示为核心要素。与准法律行为不同，民事法律行为所引起的法律效果是主体通过意思表示实现的；而准法律行为虽然也是表意行为，但其法律效果不是依主体的意思表示实现的。

第二节　民事法律行为的分类

一、单方民事法律行为、双方民事法律行为与多方民事法律行为

根据成立民事法律行为需要意思表示的数量不同，可以将民事法律行为分为单方民事法律行为、双方民事法律行为与多方民事法律行为。单方民事法律行为是指仅需一方的意思表示即可成立的民事法律行为，如遗嘱行为、抛弃行为等。双方民事法律行为是指需要双方意思表示一致才能成立的民事法律行为，如合同行为。多方民事法律行为是指需要多方意思表示一致才能成立的民事法律行为，如合伙行为、章程行为等。

二、有偿民事法律行为与无偿民事法律行为

根据民事法律行为的双方是否承担相应对价，可以将民事法律行为划分为有偿民事法律行为与无偿民事法律行为。有偿民事法律行为是指双方承担互为对待给付

义务的民事法律行为。当事人取得权利必须以支付相应对价为条件。买卖行为、租赁行为均属此类。无偿民事法律行为是指一方当事人承担给付义务，而对方当事人不承担给付义务的民事法律行为。当事人取得权利无须支付相应对价，如赠与、无偿借用行为即为无偿行为。

三、诺成性民事法律行为与实践性民事法律行为

根据民事法律行为是否以一定财物的交付为条件，可以将民事法律行为分为诺成性民事法律行为与实践性民事法律行为。诺成性民事法律行为是指当事人双方意思表示一致即可成立的民事法律行为，其不以一定财物的交付为要件。实践性民事法律行为是指除当事人意思表示一致外，还需要交付标的物才能成立的民事法律行为，如保管行为就属于实践行为。

四、要式民事法律行为与不要式民事法律行为

根据民事法律行为是否必须采用特定形式要求的不同，可以将民事法律行为分为要式民事法律行为与不要式民事法律行为。要式民事法律行为是指依法必须采取特定形式的民事法律行为，如公证遗嘱行为。不要式民事法律行为是指依法不必须采用特定形式的民事法律行为。对于不要式民事法律行为，当事人可自主选择行为方式。大多数民事法律行为均为不要式民事法律行为。

五、主民事法律行为与从民事法律行为

根据民事法律行为之间的相互依从关系的不同，可以将民事法律行为分为主民事法律行为与从民事法律行为。主民事法律行为是指不需要有其他民事法律行为的存在就可独立成立的民事法律行为。从民事法律行为是指从属于其他民事法律行为而存在的民事法律行为。

六、有因民事法律行为与无因民事法律行为

根据民事法律行为与其原因的关系，可以将民事法律行为分为有因民事法律行为和无因民事法律行为。有因民事法律行为是指行为与其原因在法律上相互结合、不可分离的民事法律行为。当原因不存在时，民事法律行为即不存在或不发生效力。

无因民事法律行为是指行为与其原因可以分离的民事法律行为。对于无因民事法律行为，即使原因不存在了，民事法律行为的存在或效力仍不受影响。

第三节 意思表示

一、意思表示的概念

意思表示是民事法律行为的重要组成部分。其是指表意人将其期望发生某种法律效果的内心意思以一定方式表现于外部的行为。第一，意思表示是私人的表示。具有公法上意义的表示，如行政行为，都不是意思表示。第二，意思表示包括两个必要阶段，即内心意思和外部表达。单纯的内心主观意思，没有外部表达不能成立意思表示。

二、意思表示的构成要素

意思表示的构成是意思表示的基本问题。一个意思表示要具备哪些条件才能成立，学者们的观点并不统一。关于意思表示的构成要素，有五要素说、四要素说、三要素说、两要素说，等等。但总的来说，意思表示包括两个方面，即主观构成要件——意思，客观构成要件——表示。这两者是意思表示的基础，缺少任何一个都不是意思表示。

从客观角度来说，表示是将引起某一法律效果的意思表示出来的行为。表示可以是明示的，也可以是间接的。沉默作为一种不作为，通常情况下不应该被推断为意思表示。只有在有法律规定、当事人约定或者符合当事人之间的交易习惯时，才可以视为意思表示。

从主观角度来说，意思表示包含三个要素，即行为意思、表示意识和法律效果意思。

行为意思，是指一个人有意识地进行某种行为的意思。所以，发生在无意识情况下的行为，如梦中，或受刺激下的行为或受强迫下的行为，都欠缺行为意思。

表示意识，是指行为人愿意做出有法律意义的表示。也就是说，行为人意识到自己的行为可以被理解成在法律上有意义的表示。如果行为人的行为不具有法律意义，那么就不存在表示意识，在法律上就没有约束力，如邀请别人吃饭等。

法律效果意思，是指行为人愿意以表示来引起特定法律效果的意思。具备了法律效果意思，意味着行为人要有意识地追求设立、变更或终止某一特定民事法律关系的法律效果。

在意思表示中行为意思是必不可缺的，没有行为意思，肯定不存在意思表示。对于表示意识和法律效果意思，学者有两种观点。一种观点认为，从表意人内心出发，没有表示意识和法律效果意思，就不存在意思表示，这被称为意思说。另一种观点认为，从意思的外观表示出发，即使表意人内心没有表示意识和法律效果意思，如果行为造成了他人的合理信赖，也要承认其对自己的效力。这意味着意思表示在没有表示意识的情况下依然存在，这被称为表示说。

三、意思表示的分类

（一）有相对人的意思表示和无相对人的意思表示

根据意思表示是否需要受领，可将意思表示分为有相对人的意思表示和无相对人的意思表示。有相对人的意思表示是指当事人做出的意思表示需要受领，当意思表示到达相对人时生效。无相对人的意思表示是指当事人做出的意思表示无须受领，一经做出就发生效力。

（二）以对话方式做出的意思表示和以非对话方式做出的意思表示

以对话方式做出的意思表示，就是表意人通过对话方式向相对人发布意思表示，马上能到达相对人的意思表示。以非对话方式做出的意思表示，就是意思表示不能马上到达相对人的意思表示。

区分有相对人、无相对人的意思表示，以及以对话方式与非对话方式做出的意思表示的意义在于，针对不同方式做出的意思表示，其到达生效的时间不同。

以对话方式做出的意思表示，相对人知道其内容时生效。以非对话方式做出的意思表示，意思表示到达相对人时生效。以非对话方式做出的采用数据电文形式的意思表示，相对人指定特定系统接收数据电文的，该数据电文进入该特定系统时生效；未指定特定系统的，相对人知道或者应当知道该数据电文进入其特定系统时生效。当事人对采用数据电文形式的意思表示的生效时间另有约定的，按照其约定。

无相对人的意思表示，表示完成时生效。法律另有规定的，依照其规定。以公告方式做出的意思表示，公告发布时生效。

四、意思表示的解释

（一）意思表示的解释的概念

当对意思表示的内容有不同理解的时候，需要通过解释方法对意思表示进行解释。对于意思表示的解释立场，有意思主义、表示主义、折中主义三种。基于意思主义的立场，意思表示的解释应站在表意人的角度，探究表意人的内心真意。基于表示主义的立场，意思表示的解释应站在相对人的角度，探究相对人理解的意思。折中主义理论认为当内在意思与表示出来的意思不一致时，要兼顾意思主义理论和表示主义理论的合理因素。

我国通说认为，对于意思表示的解释立场，采取折中主义。对于有相对人的意思表示的解释，应当按照所使用的词句，结合相关条款、行为的性质和目的、习惯及诚信原则，确定意思表示的含义，这采取的是表示主义立场。对于无相对人的意思表示的解释，不能完全拘泥于所使用的词句，而应当结合相关条款、行为的性质和目的、习惯及诚信原则，确定表意人的真实意思，这采取的是意思主义立场。

（二）意思表示的解释的分类

根据《民法典》第一百四十二条的规定，我国意思表示的解释方法包括以下五种：

1. 文义解释

所谓文义解释，是指依据普通人的一般理解，按照常规的语法、词义等对合同文本所载文字、词句进行解释的方法。

2. 体系解释

所谓体系解释，是指把意思表示的全部内容看作一个统一的整体，从各个条款及构成部分的相互关联、所处地位的总体联系上阐明有争议内容的含义。

3. 目的解释

所谓目的解释，是指根据意思表示使用的文字有多种解释时，应采取最适合意思表示目的的解释。

4. 习惯解释

所谓习惯解释，是指意思表示所使用的文字词句有疑义时，应参照当事人的交易习惯。

5. 诚信解释

所谓诚信解释，是指对意思表示进行解释时应遵循诚信原则。

五、意思表示瑕疵

（一）意思表示瑕疵的概念

意思表示由主观构成要件和客观构成要件两部分构成。意思表示可以分为有瑕疵的意思表示和无瑕疵的意思表示。所谓无瑕疵的意思表示，是指表意人的内心真实意思和外在表示一致的意思表示。有瑕疵的意思表示，是指表意人的内心真实意思和外在表示存在不一致的意思表示。无瑕疵的意思表示具有完整的法律效力，有瑕疵的意思表示则不然。由于有瑕疵的意思表示的构成有瑕疵，所以其效力不完整。根据瑕疵情况，有瑕疵的意思表示可能有效，可能无效，也可能是可撤销的。表意人的意思表示有瑕疵，可以出现在意思形成时，也可以出现在表示做出时。在前者，表意人可能从错误的动机出发，形成了错误的意思；在后者，可能是表意人在做出表示时发生了错误，表达了与内心不同的意思。

（二）意思表示瑕疵的分类

意思表示瑕疵可以分为意思表示的不真实与意思表示的不自由两种情况。

1. 意思表示的不真实

意思表示的不真实，是指表意人内心意思与表达的意思不一致。这种不一致可以分为两种，一种是表意人有意做出的不一致，另一种是表意人无意做出的不一致。

有意做出的不一致包括真意保留的意思表示、戏谑表示和虚伪表示。真意保留的意思表示是指表意人做出的意思表示并不意欲，心中做出了保留。相对人知道与否并不影响真意保留的成立。当相对人不知道表意人有保留时，意思表示有效；当相对人知道表意人有保留时，意思表示无效。戏谑表示是指表意人做出的意思表示也不是意欲的，但是表意人期待自己真意的欠缺被别人知晓，并认为不会产生误解。戏谑表示是无效的意思表示。虚伪表示，是指表意人与相对人通谋，虚伪地做出一个意思表示。虚伪表示是无效的。以虚假的意思表示隐藏的民事法律行为的效力，依照有关法律规定处理。

无意做出的不一致，是指表意人在意思表示中发生了错误。错误包括动机的错误、内容的错误、表达的错误、传达的错误等。动机的错误产生于意思形成阶段。在一般情况下，动机的错误对意思表示的效力不产生影响。内容的错误是指表意人表达的内容有错误。例如，关于法律行为性质的错误，关于当事人本身的错误，关于标的本身的错误，关于当事人资格或标的物性质的错误。表达的错误是指表意人没有表达出他所想要的意思表示，如口误、笔误等。传达的错误是指传达意思表示的人错误地传达了意思表示。

2. 意思表示的不自由

意思表示的不自由，是指表意人受到非自身因素的影响做出的、违背内心真意的意思表示。其包括受欺诈的意思表示、受胁迫的意思表示和显示公平的意思表示。

欺诈是指行为人故意欺骗相对人，使对方陷入错误判断，并基于此错误判断做出意思表示。构成欺诈需符合以下要件，第一，行为人故意告知虚假事实或者故意隐瞒真实事实。第二，对方因欺诈而陷入错误认识。第三，受欺诈人因错误认识做出不真实的意思表示。欺诈须有两个因果关系，即因欺诈行为而陷入错误认识，因错误认识而做出不真实的意思表示。

胁迫是指行为人以将来发生的损害或生理上的强迫，迫使对方当事人做出意思表示。构成胁迫要符合以下要件，第一，行为人基于胁迫故意预告实施危害。第二，受胁迫方陷入恐惧。第三，受胁迫方因恐惧而做出意思表示。

显示公平是指行为人利用他人的危难处境或缺乏判断力，使对方接受明显不公平条件而做出的意思表示。

第四节　民事法律行为的成立与生效

一、民事法律行为的成立

民事法律行为的成立旨在强调该民事法律行为是否完成，属于一种事实判断。确定民事法律行为是否有效的第一步，应是确定该民事法律行为是否已成立。一般来讲，民事法律行为的成立通常包括三个要件：第一，行为主体确定。在单方民事法律行为中，存在一方当事人即可；在双方民事法律行为中，需要有双方当事人；在决议行为中，需要有某一组织的成员或内部机构参与表决。第二，意思表示完成。行为人必须以一定的方式将自己的内心意思表现于外部，才能由他人客观地加以识别。仅仅存在于内心，而未表达于外部的意思，不能成立法律行为。第三，特别要素。有些法律行为除了意思表示完成之外，还需要一些特别要素。例如，实践性民事法律行为除当事人意思表示外，还必须辅以财物交付行为才能成立；要式民事法律行为则应采用法定的意思表示方式或履行特定的审核、登记程序才能成立。

二、民事法律行为的生效

民事法律行为的生效，是指已经成立的民事法律行为产生当事人预期的法律效力。民事法律行为之所以能够具有法律拘束力，是民事法律行为符合法律价值取向的结果。民事法律行为的生效是对成立的民事法律行为进行价值判断。《民法典》第一百四十三条规定，具备下列条件的民事法律行为有效。

（1）行为人具有相应的民事行为能力。

实施民事法律行为的人必须具有相应的民事行为能力。无民事行为能力人不具有意思能力，无法进行意思表示，其实施的民事行为当然无效。限制民事行为能力人只能实施与其年龄、智力和精神状况相适应的民事法律行为，其他民事法律行为应由其监护人代理或经其监护人同意，否则亦应无效。只有完全民事行为能力人实施的民事法律行为才可能有效。

（2）意思表示真实。

意思表示真实要求意思表示没有瑕疵。意思表示的瑕疵分为意思表示的不真实与意思表示的不自由。民事法律行为能依法产生行为人预期的民事法律后果，必然要求行为人的意思表示真实。因此，意思表示不真实的行为，不具备民事法律行为的有效条件。意思表示是否真实，他人往往难以知晓。为了保障交易安全，保护善意第三人的合法权益，法律通常将意思表示不真实的行为视为可撤销的民事行为。如果相对人认为行为人的意思表示不真实，可以在法定期间内行使变更权和撤销权。

（3）不违反法律、行政法规的强制性规定，不违背公序良俗。

民事法律行为要生效，第一，不得违反法律或行政法规的强制性规定。这里的法律、行政法规是指全国人大及其常委会通过，由国家主席签发的立法文件；以及以国务院令的形式颁布，由国务院总理签发的立法文件。所谓不违反法律或行政法规，并非指民事法律行为必须符合法律或行政法规的所有规定，而是指民事法律行为没有违反与其效力相关的法律或行政法规的规定，主要是指禁止当事人采用特定行为模式的效力性强制性规定。第二，不得违背公序良俗。公序良俗是民法的基本原则。民事法律行为当然应当遵守公序良俗。倘若损害了全体社会成员的共同利益，违背了公共秩序，这样的民事法律行为无效。

第五节 民事法律行为的效力

民事法律行为的效力是指经过对已成立的民事法律行为进行价值判断，对该法律行为是否发生主体意欲发生的法律效果的判断。如果符合法律的价值判断标准，这个行为就是有效的行为；如果不符合某项标准，将会产生无效、可撤销或效力待定的后果。

一、无效的民事法律行为

从主体角度看，无民事行为能力人实施的民事法律行为无效。

从内容角度看，违反法律、行政法规的强制性规定的民事法律行为无效。但是，该强制性规定不导致该民事法律行为无效的除外。违背公序良俗的民事法律行为无效。行为人与相对人恶意串通，损害他人合法权益的民事法律行为无效。

从意思表示真实的角度看。行为人与相对人以虚假的意思表示实施的民事法律行为无效。

无效的民事法律行为自始没有约束力，产生当然无效、绝对无效、确定无效的后果。其既不能生效后可变更、可撤销，也不能经权利人追认后生效，而是自始不可能生效。无效的民事法律行为发生后，无论当事人是否主张无效，也无论是否经人民法院或仲裁机构确认无效，该行为均被视为当然自始无效。与可撤销的民事法律行为不同，对无效的民事法律行为，当事人可主张无效，当事人以外的其他人亦可主张无效。原因是该民事法律行为直接违反了国家法律、法规，严重损害了国家、集体、他人或社会公共利益。但要注意，民事法律行为部分无效，不影响其他部分效力的，其他部分仍然有效。

民事法律行为无效、被撤销或者确定不发生效力后，行为人因该行为取得的财产，应当予以返还。不能返还或者没有必要返还的，应当折价补偿。有过错的一方应当赔偿对方由此所受到的损失。各方都有过错的，应当各自承担相应的责任。法律另有规定的，依照其规定。

二、可撤销的民事法律行为

可撤销的民事行为，是指民事法律行为虽已成立并生效，但因意思表示瑕疵，因行为人撤销权的行使，使其自始不发生效力的民事法律行为。可撤销的民事法律行为在撤销前已经发生效力，撤销后行为无效。可撤销的民事法律行为包括以下四项：

（1）受欺诈的行为可撤销。

一方以欺诈手段，使对方在违背真实意思的情况下实施的民事法律行为，受欺诈方有权请求人民法院或者仲裁机构予以撤销。受欺诈而做出的意思表示不自由，属于意思表示有瑕疵，故可以撤销。第三人实施欺诈行为，使一方在违背真实意思的情况下实施的民事法律行为，对方知道或者应当知道该欺诈行为的，受欺诈方有权请求人民法院或者仲裁机构予以撤销。

（2）受胁迫的行为可撤销。

一方或者第三人以胁迫手段，使对方在违背真实意思的情况下实施的民事法律行为，受胁迫方有权请求人民法院或者仲裁机构予以撤销。受胁迫方做出的行为属于意思表示不自由，可以请求撤销。

（3）基于重大误解实施的行为可撤销。

基于重大误解实施的民事法律行为，行为人有权请求人民法院或者仲裁机构予以撤销。重大误解是指在意思表示过程中出现了错误。实践中认为，行为人对行为的性质、对方当事人或者标的物的品种、质量、规格、价格、数量等产生错误认识，按照通常理解，如果不发生该错误认识，行为人就不会做出相应的意思表示，人民法院就可以认定为重大误解。重大误解的判断应从主客观两个方面进行。从主观上判断，若表意人知悉这种错误，是否会做出该行为。从客观上判断，以一般人的理解为标准，行为人是否会做出该行为。

（4）显失公平的行为可撤销。

一方利用对方处于危困状态、缺乏判断能力等情形，致使民事法律行为成立时显失公平的，受损害方有权请求人民法院或者仲裁机构予以撤销。判断是否显失公平行为，要从主观与客观两方面入手。主观上，要判断表意人非迫于危难，会不会做出此意思表示；客观上，当事人之间的利益关系在民事法律行为成立时是否明显失衡。

对于可撤销的法律行为，有撤销权的一方可以请求人民法院或者仲裁机构予以撤销。撤销权是一种形成权，受到除斥期间的限制，撤销权是形成诉权，只能通过向法院或仲裁机构申请撤销。根据《民法典》第一百五十二条的规定，有下列情形之一的，撤销权消灭：①当事人自知道或者应当知道撤销事由之日起一年内、重大误解的当事人自知道或者应当知道撤销事由之日起九十日内没有行使撤销权；②当事人受胁迫，自胁迫行为终止之日起一年内没有行使撤销权；③当事人知道撤销事由后明确表示或者以自己的行为表明放弃撤销权。当事人自民事法律行为发生之日起五年内没有行使撤销权的，撤销权消灭。

三、效力待定的民事法律行为

效力待定的民事法律行为，是指民事法律行为虽已成立，但是否生效尚不确定，只有经由特定当事人的行为，才能确定生效或不生效的民事法律行为。效力待定的民事法律行为，既存在转变为确定不生效民事法律行为的可能，也存在转变为有效民事法律行为的可能。至于效力如何变化，有赖于当事人自己的选择。效力待定的民事法律行为包括以下两项：

（一）限制民事行为能力人依法不能独立实施的行为

限制民事行为能力人实施的纯获利益的民事法律行为或者与其年龄、智力、精神健康状况相适应的民事法律行为有效；实施的其他民事法律行为经法定代理人同意或者追认后有效。相对人可以催告法定代理人自收到通知之日起 30 日内予以追认。法定代理人未作表示的，视为拒绝追认。民事法律行为被追认前，善意相对人有撤销的权利。撤销应当以通知的方式做出。

对于此类效力待定的民事法律行为，法定代理人及时追认的，民事法律行为确定有效。法定代理人未及时追认的，民事法律行为确定不发生效力。善意相对人在法定代理人追认前行使撤销权，撤销其生效意思表示的，民事法律行为确定不发生效力。

（二）无权代理

无权代理，是指不具有代理权的当事人所实施的代理行为。广义的无权代理包括表见代理。狭义的无权代理仅指一般没有代理权的无权代理。

对于此类效力待定的民事法律行为，被代理人追认的，产生与有权代理同样的法律效果；被代理人不追认的，对被代理人不发生效果。相对人可以向被代理人发出催告，要求其在相当期限内做出是否追认的意思表示。相对人可以催告被代理人自收到通知之日起 30 日内予以追认。被代理人未作表示的，视为拒绝追认。善意相对人可以催告被代理人追认，还可以在被代理人追认前行使撤销权。

第六节　附条件与附期限的民事法律行为

一、附条件的民事法律行为

附条件的民事法律行为，是指民事法律行为效力的开始或终止取决于将来不确定事实的发生或不发生的民事法律行为。《民法典》第一百五十八条规定，民事法律行为可以附条件，但是根据其性质不得附条件的除外。附生效条件的民事法律行为，自条件成就时生效。附解除条件的民事法律行为，自条件成就时失效。

一般情况下，民事法律行为可以附条件，但如果与行为的性质不符，或违背公序良俗原则，则不可附条件，比如结婚就不得附条件。还有一些行为依法律规定不得附条件。例如，在《中华人民共和国票据法》中，票据背书不得附条件。

这里说的条件应具有如下特征：

（1）条件是将来发生的事实。已经发生的事实，无论当事人是否知晓，都不能作为条件。

（2）条件是不确定发生的事实。当事人无法预料该事实是否发生。发生的事实不能作为条件，确定不能发生的事实也不能作为条件。民事法律行为所附条件不可能发生，当事人约定为生效条件的，人民法院应当认定民事法律行为不发生效力；当事人约定为解除条件的，应当认定为未附条件。

（3）条件必须合法。不能以违反法律的事实作为条件。如果所附条件违背法律规定，应当认定该民事法律行为无效。

（4）条件必须是由当事人意定的。条件不能是由法律规定的。

（5）条件不能与民事法律行为的主要内容矛盾。如果条件与民事法律行为的主要内容矛盾，会造成民事法律行为无法施行。

根据条件是限制民事法律行为效力的发生还是决定民事法律行为效力的丧失，可以将条件分为生效条件与解除条件。

生效条件是指民事法律行为效力的发生取决于所附条件的成就。在条件成就之前，民事法律行为已经成立，但民事法律行为的效力处于停止的状态。在生效条件成就之前，该民事法律行为业已产生相应的法律拘束力。这种拘束力不是合同本身效力的体现，而是基于诚信原则产生的。条件一旦成就，民事法律行为即产生效力。

解除条件是指民事法律行为中所确定的民事权利和民事义务在所附条件成就时失去法律效力的条件。在条件成就与否确定前，民事法律行为业已生效。一旦解除条件成就，民事法律行为的效力即终止。解除条件成就时，合同并非溯及于成立之时归于消灭，而是从解除条件成就之时，不再具有法律拘束力。

条件的发生与否应该随其自然进程而发展。为了防止人为干扰条件的发展，保护附条件的民事法律行为的法律效力。《民法典》第一百五十九条规定，附条件的民事法律行为，当事人为自己的利益不正当地阻止条件成就的，视为条件已经成就；不正当地促成条件成就的，视为条件不成就。

二、附期限的民事法律行为

附期限的民事法律行为，是指以一定期限的到来作为效力开始或终止原因的民事法律行为。期限和条件不同，用作期限的事实是将来确定发生的事实，而条件成就与否并不确定。期限是约定的而不是法定的。《民法典》第一百六十条规定，民事法律行为可以附期限，但是根据其性质不得附期限的除外。附生效期限的民事法律行为，自期限届至时生效。附终止期限的民事法律行为，自期限届满时失效。

根据期限是限制民事法律行为效力的发生还是决定民事法律行为效力的丧失，可以将期限分为延缓期限与解除期限。

延缓期限也称为始期，是指民事法律行为效力的发生以特定期限的到来为条件。期限到来，民事法律行为所约定的民事权利和民事义务就开始发生法律效力，债权人有权请求债务人履行义务，债务人开始承担履行债务的责任。

解除期限又称终期，是指业已生效的民事法律行为于特定期限到来时，效力终止。在期限到来之前，民事法律行为已经发生法律效力。该民事法律行为所约定的效力一直在延续，直至所约定的期限到来，民事法律行为的效力就终止。

本章小结

民事法律行为是民事主体通过意思表示设立、变更、终止民事法律关系的行为。意思表示是民事法律行为的重要组成部分。其是指表意人将其期望发生某种法律效果的内心意思以一定方式表现于外部的行为。当对意思表示的内容有不同理解的时候，需要通过解释方法对意思表示进行解释。我国通说认为，对于意思表示的解释立场，采取折中主义。民事法律行为的成立旨在强调该民事法律行为是否完成，属于一种事实判断。民事法律行为生效，是指已经成立的民事法律行为产生当事人预期的法律效力。民事法律行为的效力类型可分为无效的民事法律行为、可撤销的民事法律行为、效力待定的民事法律行为。

简答题

1. 论意思表示瑕疵?
2. 论民事法律行为的效力?

案例①

（扫码查看案例解读）

2007 年 3 月 1 日，张女士从某汽车销售公司购买轿车一辆，价格为 150 000 元，双方签有汽车销售合同，并在合同第七条约定："卖方保证买方所购车辆为新车，在交付之前已作了必要的检验和清洁，车辆里程表的公里数为 18 公里且符合卖方提供给买方的随车交付文件中所列的各项规格和指标。"合同签订当日，张女士向汽车销售公司交付了购车款 150 000 元，同时支付了车辆购置税 12 400 元、"一条龙"服务费 500 元、保险费 6 060 元。同日，汽车销售公司将轿车交付给张女士，张女士为该车办理了机动车登记手续。2007 年 5 月 10 日，张女士在保养车时发现该车曾于 2007 年 1 月 17 日进行维修。汽车销售公司承认该车在运输过程中曾划伤并进行维修，在销售时告诉了张女士维修情况，并给予了较大优惠。为证明上述事实，汽车销售公司提供了车辆维修记录及有张女士签字的车辆交接验收单一份，在车辆交接验收单备注一栏中注有"加 1/4 油，此车右侧有钣喷修复，按约定价格销售"。张女士手中并无此单据，且备注一栏内容由该公司不同人员书写。张女士表示汽车销售公司在销售时并未告知车辆曾有维修，其在签字时备注一栏中没有"此车右侧有钣喷修复，按约定价格销售"的字样。

张女士可以要求退款并赔偿吗?

① 最高人民法院．指导案例 17 号：张莉诉北京合力华通汽车服务有限公司买卖合同纠纷案［EB/OL］．(2013－11－16)．https://www.court.gov.cn/shenpan-xiangqing-6003.html.

第九章 代理

学习目标

掌握：代理的概念与特征，表见代理，代理权的概念，无权代理的概念。

熟悉：代理的分类，无权代理的效力。

了解：代理权的产生、行使、消灭及禁止代理权滥用。

第一节　代理的概念与特征

一、代理的概念

代理，是指以他人的名义或以自己的名义独立与第三人实施民事法律行为，由此产生的法律效果直接归属于该他人的法律制度。在代理制度中，以他人名义或以自己名义为他人实施民事法律行为的人，称为代理人。由他人代为实施民事法律行为的人，称为被代理人，也称本人。与代理人实施民事法律行为的人，称为第三人。《民法典》第一百六十一条第一款规定，民事主体可以通过代理人实施民事法律行为。并不是所有的民事法律行为都可以被代理，依照法律规定、当事人约定或者民事法律行为的性质，应当由本人亲自实施的民事法律行为，不得代理。例如，结婚行为就不能被代理。

二、代理的特征

代理有以下特征：

（1）代理人以被代理人的名义或自己的名义进行活动。

代理有直接代理和间接代理之分。狭义的代理仅指直接代理，即代理人须以被代理人的名义进行代理行为，大陆法系国家一般仅承认狭义的代理。广义的代理不仅包括直接代理，而且包括间接代理。所谓间接代理，就是代理人以自己的名义代替被代理人实施民事法律行为。

（2）代理人在代理权限内独立进行意思表示。

代理人进行代理行为，是为了代替被代理人实施民事法律行为。代理人须在代理权限内代替被代理人实施民事法律行为。超出代理权范围的则构成广义的无权代理。同时代理人的职责不仅仅是传达被代理人的意思表示，而是以自己的意思表示独立实施民事法律行为。

（3）代理行为的法律效果归属于被代理人。

在代理关系中，代理人在代理权限内，以被代理人名义实施的民事法律行为，对被代理人发生效力。在这种结构中，要特别注意被代理人承担法律效果的条件，即判断一个人为他人行为承担后果的正当性与合理性。

第二节　代理的分类

一、委托代理与法定代理

根据代理权产生的根据不同，代理可以分为委托代理与法定代理。委托代理又称意定代理，是指基于被代理人的委托授权所发生的代理。法定代理是指基于法律的直接规定而发生的代理。

二、一般代理与特别代理

根据代理权是否被限定，代理可以分为一般代理与特别代理。一般代理是指代理权范围及于代理事项的全部，故又称概括代理、全权代理。特别代理是指代理权被限定在一定的范围内或一定事项的某个方面的代理，故又称部分代理、限定代理。

三、本代理与复代理

根据代理人代理权来源的不同，代理可以分为本代理与复代理。本代理是指代理人的代理权来源于被代理人直接授予或来源于法律规定的代理。复代理是指代理人为了实施代理行为，以自己的名义选定他人担任被代理人的代理人，由此形成的代理关系。在复代理中，被选定的代理人称为复代理人，其代理行为产生的法律效果直接归属于被代理人。代理人选择他人担任复代理人的权利，称为复任权。

根据《民法典》第一百六十九条的规定，代理人需要转委托第三人代理的，应当取得被代理人的同意或者追认。转委托代理经被代理人同意或者追认的，被代理人可以就代理事务直接指示转委托的第三人，代理人仅就第三人的选任及对第三人的指示承担责任。转委托代理未经被代理人同意或者追认的，代理人应当对转委托的第三人的行为承担责任；但是，在紧急情况下，代理人为了维护被代理人的利益需要转委托第三人代理的除外。

四、直接代理与间接代理

根据代理人进行代理活动方式的不同，代理可以分为直接代理与间接代理。直接代理是指以被代理人的名义进行代理活动，法律效果直接由被代理人承受的代理制度。间接代理是指以自己的名义进行代理活动，法律效果并不当然由被代理人承受的代理制度。

代理一般以显名为原则，即代理人应向第三人表明被代理人的身份。在间接代理的情况下，代理人以自己的名义进行代理活动，无须向第三人表明被代理人的存在。因此，间接代理在法律效果上与直接代理不同。间接代理又分为显名的间接代理与隐名的间接代理。

根据《民法典》第九百二十五条的规定，受托人以自己的名义，在委托人的授权范围内与第三人订立的合同，第三人在订立合同时知道受托人与委托人之间的代理关系的，该合同直接约束委托人和第三人，但是，有确切证据证明该合同只约束受托人和第三人的除外。该条法律规定了显名的间接代理。在显名的间接代理情况下，合同原则上约束被代理人和第三人，例外地只约束代理人和第三人。

根据《民法典》第九百二十六条的规定，受托人以自己的名义与第三人订立合同时，第三人不知道受托人与委托人之间的代理关系的，受托人因第三人的原因对委托人不履行义务，受托人应当向委托人披露第三人，委托人因此可以行使受托人对第三人的权利，但是第三人与受托人订立合同时如果知道该委托人就不会订立合同的除外。

受托人因委托人的原因对第三人不履行义务，受托人应当向第三人披露委托人，第三人因此可以选择受托人或者委托人作为相对人主张其权利，但第三人不得变更选定的相对人。

委托人行使受托人对第三人的权利的，第三人可以向委托人主张其对受托人的抗辩。第三人选定委托人作为其相对人的，委托人可以向第三人主张其对受托人的抗辩及受托人对第三人的抗辩。

该条规定的是隐名的间接代理。在隐名的间接代理情况下，合同原则上约束代理人和相对人。例外的是，在委托人行使介入权或第三人行使选择权时，合同才会约束被代理人和相对人。

第三节　代理权

一、代理权的概念

代理权是代理人进行代理活动的基础。关于代理权的性质，理论上有不同见解。“权利说”认为代理权是一项民事权利，是由当事人根据自己意思创设的。“资格说”认为代理权是由于被代理人的委托行为而使代理人所具有的一种资格。“权力说”认为代理权是法律授予代理人的权力，是一种法律上之力，通过法律行为将其效果直接归属于本人身上。

通说认为，“权力说”更符合代理的本质。因为代理制度是为被代理人的利益而设，不是为了代理人的利益而设，不能把它看作一种权利。代理人行使代理权，是为被代理人谋取利益。代理人有权排除他人对于代理事务的干扰，这都体现了代理权的权力属性，所以我们把代理权看作私法上的权力，比较有说服力。

二、代理权的产生

根据代理的不同类型，代理权的产生主要有以下原因：

（一）委托代理

在委托代理中，代理权基于被代理人的授权行为而发生。所谓授权行为，是指被代理人对代理人授予代理权的行为。授予代理权是以发生代理权为目的的单方行为。在实践中，授权行为常与某种基础法律关系相结合。这类基础法律关系包括委托合同关系、合伙合同关系、劳动合同关系及企业内部组织关系等，但授予代理权行为和基础行为是两个独立的行为。一方面，代理权来源于授权行为而不是基础法律关系。例如，委托合同是产生委托代理权的基础关系。委托授权行为是被代理人将代理权授予代理人的行为，是委托代理产生的直接根据。委托合同是产生委托代理授权的前提和基础，但委托合同的成立和生效，并不当然地产生代理权，只有在委托人作出授予代理权的单方行为后，代理权才发生。委托合同仅仅规定了代理人的义务。另一方面，授予代理权行为与基础法律关系之间具有无因性。基础法律关系的效力不影响授予代理权行为的效力。

授权行为可以采用明示的方法，如采用书面的授权书；也可以采用默示的方法，如在职务代理中，依所任职务取得授权。但沉默不能视为授权。

（二）法定代理

在法定代理中，法定代理权的发生基于法律直接规定。法定代理适用于被代理人为无民事行为能力人或者限制民事行为能力人的情况。法律规定法定代理可以保障无民事行为能力人或者限制民事行为能力人的利益不受侵害。同时，可以保障与之发生交易的第三人的交易安全。

三、代理权的行使

行使代理权要注意以下问题：

（1）代理人应在代理权限范围内行使代理权。

代理人在代理权限内，以被代理人名义实施的民事法律行为，对被代理人发生效力。没有代理权包括没有代理权、超越代理权，以及代理权终止后仍然实施代理行为三种情况。在无权代理的情况下，代理人进行的民事法律行为不对被代理人发生效力，除非该行为构成表见代理。

（2）代理人应亲自行使代理权，不得任意转托他人代理。

在代理中，代理人与被代理人之间，通常具有人身信赖关系。被代理人之所以委托特定的代理人为自己服务，是基于对该代理人的信赖。因此，代理人必须亲自实施代理行为，才符合被代理人的愿望。除非经被代理人同意或有不得已的事由发生，代理人不得将代理事务转委托给他人处理。

（3）代理人应谨慎、勤勉、忠实地行使代理权。

代理人进行代理行为，应从被代理人的利益出发，谨慎、勤勉、忠实地处理好被代理人的事务。代理人不履行或者不完全履行职责，造成被代理人损害的，应当承担民事责任。如果代理人和相对人恶意串通，损害被代理人合法权益的，代理人和相对人应当承担连带责任。同时，代理人不能代理违法事项。代理人知道或者应当知道代理事项违法仍然实施代理行为，或者被代理人知道或者应当知道代理人的代理行为违法未作反对表示的，被代理人和代理人应当承担连带责任。

四、代理权的消灭

根据《民法典》第一百七十三条的规定，委托代理的代理权消灭的原因有以下几项：

（1）代理期限届满或者代理事务完成。

被代理人的授权行为，在期限届满时，代理权归于消灭；确定有完成特定的代理事务的，代理权应在事务完成时消灭。

（2）被代理人取消委托或者代理人辞去委托。

代理关系建立在一定的信赖关系基础上，如果这一基础丧失，被代理人取消委托，或代理人辞去委托，代理关系消灭。

（3）代理人丧失民事行为能力。

代理人进行代理活动需要依自己的意思表示进行，如果代理人丧失了民事行为能力，无法开展代理活动。代理关系只能消灭。

（4）代理人或者被代理人死亡。

代理人或被代理人死亡，代理关系当然消灭。但在被代理人死亡后，有下列情形之一的，委托代理人实施的代理行为有效：①代理人不知道且不应当知道被代理人死亡；②被代理人的继承人予以承认；③授权中明确代理权在代理事务完成时终止；④被代理人死亡前已经实施，为了被代理人的继承人的利益继续代理。这是针对被代理人死亡的特殊规定。

（5）作为代理人或者被代理人的法人、非法人组织终止。

无论是作为代理人的法人、非法人组织，还是作为被代理人的法人、非法人组织终止，代理关系失去一方主体，便不再存在。但作为被代理人的法人、非法人组织终止的，参照被代理人死亡时的特殊规定。

根据《民法典》第一百七十五条的规定，法定代理消灭的原因有以下几项：

（1）被代理人取得或者恢复完全民事行为能力。此时因被代理人可以独立进行法律行为，故法定代理消灭。

（2）代理人丧失民事行为能力。法定代理人的职责在于照看、管理被代理人。若代理人自己丧失民事行为能力，便不能履行职责，所以法定代理消灭。

（3）代理人或者被代理人死亡。

（4）法律规定的其他情形。

五、禁止代理权滥用

滥用代理权，是指代理人利用代理权进行损害被代理人利益的民事活动。滥用代理权违背了诚信原则，损害了被代理人的利益，因而是法律所不允许的。如果滥用代理权的行为给被代理人造成了损失，应当承担民事责任。滥用代理权主要有以下三种情况：

（一）自己代理

自己代理，是指代理人以被代理人名义同自己实施民事法律行为。在这种情况下，代理人同时为代理关系中的代理人和第三人，交易双方的交易行为实际上只由一个人决定，很难避免代理人为了自己的利益牺牲被代理人利益的情况。因此，《民法典》规定，代理人不得以被代理人的名义与自己实施民事法律行为，但是被代理人同意或者追认的除外。

（二）双方代理

双方代理，又称同时代理，是指一个代理人同时代理双方当事人实施民事法律行为的情况。在交易中，当事人双方的利益不可能完全一致，只有通过协商，才能使双方的利益达到平衡，而由一个人同时代表两种利益，难免会出现利益不平衡的现象。因此，《民法典》规定，代理人不得以被代理人的名义与自己同时代理的其他人实施民事法律行为，但是被代理的双方同意或者追认的除外。

（三）恶意代理

恶意代理，是指代理人与第三人恶意串通损害被代理人利益的代理。这种行为侵害了被代理人的利益，应当无效。代理人和第三人恶意串通，损害被代理人合法权益的，代理人和第三人应当承担连带责任。

第四节 无权代理

一、无权代理的概念

无权代理，是指不具有代理权的当事人所实施的代理行为。广义的无权代理包括表见代理。狭义的无权代理仅指一般没有代理权的无权代理。无权代理与有权代理相比，只是缺少了代理权。因此，第一，无权代理首先要符合代理的形式要件。第二，无权代理包括没有代理权、超越代理权，以及代理权终止后仍然实施代理行为三种情况。第三，狭义的无权代理属于效力待定的民事法律行为，其效力需要结合被代理人是否追认进行判断。

二、无权代理的效力

《民法典》第一百七十一条规定了狭义的无权代理的效力，根据无权代理的结构特征，其效力可以从以下四个部分判断。

（1）被代理人的追认权与拒绝权。

无权代理未经被代理人追认的，对被代理人不发生效力。通过被代理人行使追认权，可弥补缺少代理权的瑕疵，使无权代理转化为有权代理，发生与有权代理同样的法律效果。被代理人追认权的行使，有明示和默示两种方式。明示的方式，是指被代理人以明确的意思表示对无权代理行为予以承认。默示的方式，是指被代理人虽没有明确的意思表示承认无权代理行为对自己的效力，但以特定的行为，如以履行义务的行为对无权代理行为予以承认。沉默不能视为对无权代理的追认。追认权只需要被代理人单方的意思表示就可以发生效力，因此属于形成权。若被代理人明确表示拒绝追认，代理行为即不发生效力。

被代理人追认权的行使，可以向交易相对人作出，也可以向无权代理人作出。一经作出追认，无权代理行为即获得如同有权代理行为同样的法律效力，因为追认的意思表示具有溯及力，无权代理行为自始有效，被代理人应承担因无权代理发生的法律效果。

（2）交易相对人的催告权。

所谓交易相对人的催告权，是指交易相对人在被代理人行使追认权之前，须向被代理人发出催告，要求其在相当期限内作出是否追认表示的权利。交易相对人可以催告被代理人自收到通知之日起30日内予以追认。被代理人未作表示的，视为拒绝追认。

（3）善意相对人的撤销权。

善意相对人可以催告被代理人追认，还可以在被代理人追认前行使撤销权。只有善意相对人才可以行使撤销权。恶意相对人只能催告，不能撤销。这是因为，善意相对人不知行为人没有代理权，法律规定其可以行使撤销权，能够避免其承受因等待追认所产生之不利益。善意相对人行使撤销权，应在被代理人行使追认权之前。被撤销的无权代理行为，被代理人不得再为追认。

（4）无权代理人的责任。

行为人实施的行为未被追认的，善意相对人有权请求行为人履行债务或者就其受到的损害请求行为人赔偿。但是，赔偿的范围不得超过被代理人追认时相对人所能获得的利益。相对人知道或者应当知道行为人无权代理的，相对人和行为人按照各自的过错承担责任。

三、表见代理

表见代理为无权代理的一种，属于广义的无权代理，其是指行为人没有代理权，但相对人基于权利外观，有理由相信行为人有代理权的无权代理。如构成表见代理，该无权代理可发生与有权代理同样的法律效果。表见代理是基于保护交易安全，对无权代理之善意第三人提供信赖保护的制度。当无权代理人拥有代理权的法律外观，足以令人相信其有代理权时，被代理人应为此负授权之责。

《民法典》第一百七十二条规定，行为人没有代理权、超越代理权或者代理权终止后，仍然实施代理行为，相对人有理由相信行为人有代理权的，代理行为有效。可见，要构成表见代理须符合如下要件：

（1）行为人须无代理权。

行为人首先应构成无权代理，即没有代理权、超越代理权，以及代理权终止后仍然实施代理行为。除此之外，要符合代理的其他构成要件，如不构成无权代理，当然也不构成表见代理。

（2）存在使相对人相信行为人有代理权的法律外观。

法律外观，一般是指行为人与本人之间具有某种事实上或法律上的联系，并且依照交易习惯，这种联系足以使相对人相信行为人就是本人的代理人。例如，行为人持有本人发出的证明文件，如本人的介绍信、盖有合同专用章或盖有公章的空白合同书，或者持有本人向相对人作出的授予其代理权的通知或公告等，这些事实尽管不是直接的授权行为但客观上足以使相对人相信行为人与本人之间存在代理关系。行为人与本人之间的亲属关系、雇用关系、合伙关系等，也可以成为使相对人相信行为人有代理权的法律外观。根据司法解释的规定，相对人应就存在代理权的法律外观承担举证责任。

（3）相对人善意。

相对人有理由相信行为人有代理权，这意味着相对人不知道或不应当知道行为人所为行为没有代理权。表见代理中相对人的善意要求更高，为没有抽象的轻过失。非善意相对人与无权代理人实施民事法律行为属自涉风险，无特别保护价值。被代理人应当就相对人不知道行为人没有代理权且无过失承担举证责任。

（4）本人存在过失。

本人存在过失，即权利外观的形成可归责于被代理人。本人因自己的过失行为而使第三人确信行为人有代理权。本人行为与权利外观形成有牵连性，表现为本人应当预见自己的行为会使第三人误认为行为人有代理权而未预见，或虽预见但没有采取适当措施加以避免。例如，被代理人以书面或口头形式直接或间接地向第三人表示以他人为自己的代理人。被代理人与代理人之间的委托合同不成立、无效或被撤销，但尚未收回代理证书，交易相对人基于对代理证书的信赖，与行为人进行交易。

表见代理发生和有权代理一样的法律后果。表见代理对本人产生有权代理的效力，即在相对人与本人之间产生民事法律关系，本人受到表见代理人与相对人之间实施的民事法律行为的约束，享有该行为设定的权利和履行该行为设定的义务。本人不得以无权代理进行抗辩。

代理人擅自以被代理人的名义实施民事法律行为，被代理人承受表见代理后果而遭受损失的，有权要求代理人赔偿。

本章小结

代理，是指以他人的名义或以自己的名义独立与第三人实施民事法律行为，由此产生的法律效果直接归属于该他人的法律制度。代理权是代理人进行代理活动的基础，代理权可以通过委托授权取得，也可以法律规定取得。无权代理，是指不具有代理权的当事人所实施的代理行为。狭义的无权代理仅指一般没有代理权的无权代理。狭义的无权代理，不产生代理的法律效果，无权代理人应承担相应的法律责任。表见代理为无权代理的一种，属广义的无权代理，其是指行为人没有代理权，但相对人基于权利外观，有理由相信行为人有代理权的无权代理。表见代理发生和有权代理一样的法律后果。

简答题

1. 论代理的分类?
2. 论表见代理的构成要件?

案例

（扫码查看案例解读）

李某曾为山海公司业务员，于 2010 年被山海公司解聘。2011 年 5 月，李某利用自己私自配制的钥匙盗取盖有山海公司公章的空白合同书两份。2011 年 6 月，李某使用该空白合同，以山海公司的名义与大河公司订立买卖合同。合同约定山海公司向大河公司出售货值 10 万元的产品，货到付款，并收取 1 万元定金。到交货日，大河公司未收到产品，遂起诉山海公司。

山海公司需要履行合同吗?

第十章 时效制度和期间

学习目标

掌握：时效的概念，诉讼时效的概念，除斥期间的概念。

熟悉：诉讼时效的起算、中止、中断与延长，除斥期间与诉讼时效的区别。

了解：诉讼时效的适用范围，诉讼时效期间，期间的概念，期间的计算。

第一节 时效制度概述

一、时效的概念与特征

时效，即时间在法律上的效力。其是指一定的事实状态存续一定时间后，就产生一定法律后果的法律制度。①

其具有以下特征：

（1）时效以一定时间的经过为要素。

时效就是时间的效力。在民法中，民事法律关系不是一成不变的。一定时间的经过，会影响民事法律关系的产生、消灭与变更。时效即是对这种变化的规定。

（2）时效是一种法律事实。

民事法律行为以民事主体的意思表示为核心。与之不同的是，时效不依赖于

---

① 龙翼飞．不动产登记法律原理［M］．北京：地质出版社，2022：75.

民事主体的意思表示，而是事实状态的持续时间，因此，时效属于一种法律事实。

（3）时效以一定事实状态为基础。

单纯时间的经过，并不会产生民事法律关系的变化。只有当一种事实状态持续存在，并稳定存在时，时间经过才会产生法律上的意义。

时效是民法中的重要制度。其有利于维护现有法律秩序的稳定，并且可以督促权利人及时行使权利，促进对权利的救济。时效一般可以分为取得时效和诉讼时效。我国立法中只规定了诉讼时效，没有规定取得时效。

二、诉讼时效与取得时效

（一）诉讼时效

诉讼时效又称消灭时效，是指权利人在一定期间内不行使请求权，从而丧失请求法院保护的权利。依据诉讼时效，在一定期间内不行使请求权，将会使义务人获得不履行抗辩的权利。

（二）取得时效

取得时效又称占有时效，是指占有他人财产的事实状态持续经过一段期间后，占有人即取得该项财产权的制度。依据取得时效，只要占有人自主、和平、持续占有他人财产，就可以取得财产权利。这种制度主要在物权法中适用，并不适用于人格权等绝对权利。

第二节 诉讼时效

一、诉讼时效的概念与特征

诉讼时效是指权利人在法定期间内不行使权利，导致义务人取得了拒绝履行抗辩权的制度。

其具有下述基本特征：

（1）诉讼时效具有法定性。

诉讼时效不能由当事人约定，禁止当事人通过约定排除时效规范的适用，也禁止当事人违反时效的规定约定延长或缩短诉讼时效期间。

（2）诉讼时效具有强制性。

时效期间一旦届满，必然引起一定法律后果的发生。权利人丧失了请求法院依诉讼程序强制义务人履行义务的权利，义务人因此可以不履行义务，继而获得其本来不应该获得的利益。

（3）诉讼时效具有可变性。

诉讼时效期间是可变期间，在符合法律规定的条件下，可以中止、中断或延长。

（4）诉讼时效不能由法院主动援用。

诉讼时效期间届满后，权利人的实体权、请求权、起诉权等并不消灭，只是义务人依法取得了抗辩权。而义务人是否主张诉讼时效抗辩，由义务人自己决定，法院不能主动援用。

根据《民法典》第一百九十二条的规定，诉讼时效期间届满的，义务人可以提出不履行义务的抗辩。由此，义务人获得了因时效而产生的利益，但该种时效利益，义务人亦可以抛弃。诉讼时效期间届满后，义务人同意履行的，不得以诉讼时效期间届满为由抗辩；义务人已经自愿履行的，不得请求返还。法律允许诉讼时效届满后时效利益的抛弃，但对于诉讼时效届满前对时效利益的抛弃予以禁止。因为诉讼时效具有强制性，如果允许预先对时效利益的抛弃，将使这种强制性形同虚设。

当事人抛弃时效利益可以表现为两种形式。第一种是实际履行债务。诉讼时效期间届满后，债权并没有消灭。债权人仍可以请求债务人履行，如果债务人实际履行了债务，债权人当然有权受领。此时债务人不能再主张诉讼时效抗辩，也不能请求对方返还不当得利。第二种是债务人同意履行债务。比如，双方签订了履行债务的协议，此时，债务人不能违反诚信原则，再提出诉讼时效抗辩。

二、诉讼时效的适用范围

诉讼时效适用于请求权，但并不是所有的请求权都适用诉讼时效，只有债权请求权适用诉讼时效，其他诸如物权请求权、人格权请求权等绝对权请求权都不适用诉讼时效。根据《民法典》第一百九十六条的规定，不适用诉讼时效的请求权包括以下方面：

（1）请求停止侵害、排除妨碍、消除危险。

当绝对权受到侵害或有侵害之虞时，不适用诉讼时效。比如，物权请求权中请求停止侵害、排除妨碍、消除危险的情况，此时，侵害行为一直处于持续状态，适用诉讼时效会导致绝对权得不到保护。类似的还有《民法典》第九百九十五条，人格权受到侵害的，受害人有权依照本法和其他法律的规定请求行为人承担民事责任。受害人的停止侵害、排除妨碍、消除危险、消除影响、恢复名誉、赔礼道歉请求权，不适用诉讼时效的规定。

（2）不动产物权和登记的动产物权的权利人请求返还财产。

不动产物权的变动需要登记的，第三人应该相信登记记载的权利人。所以，就已经登记的不动产物权，单纯的占有不能使第三人产生信赖，无适用诉讼时效的必要。针对已经登记的动产，由于登记的存在，同样产生公信力，占有人不能提出诉讼时效抗辩；针对没有登记的不动产，诉讼时效仍然可以适用。

（3）请求支付抚养费、赡养费或者扶养费。

抚养费，是指义务人因抚养义务而应当支付的费用；赡养费，是指义务人因赡养义务而应当支付的费用；扶养费，是指义务人因扶养义务而应当支付的费用。以上这些费用都关系到权利人的基本生活保障，如果可以适用诉讼时效，可能造成权利人的基本生活困难。本着保护相对弱势一方的原则，不适用诉讼时效有利于维护家庭关系。

（4）依法不适用诉讼时效的其他请求权。

根据《最高人民法院关于审理民事案件适用诉讼时效制度若干问题的规定》第一条的规定，下列债权请求权提出诉讼时效抗辩的，人民法院不予支持：①支付存款本金及利息请求权；②兑付国债、金融债券以及向不特定对象发行的企业债券本息请求权；③基于投资关系产生的缴付出资请求权。以上几种情况，均涉及特殊行业。例如，对于储蓄行为，储户不一定会在三年内行使债权，如要适用诉讼时效，既不符合生活实际，也可能会造成经济秩序的混乱。

三、诉讼时效期间

《民法典》对于诉讼时效期间规定了三种类型：普通诉讼时效期间、特别诉讼时效期间与最长诉讼时效期间。

（一）普通诉讼时效期间

《民法典》第一百八十八条第一款规定，向人民法院请求保护民事权利的诉讼时效期间为三年。法律另有规定的，依照其规定。普通诉讼时效期间是指适用于普通法律关系的时效期间。如没有法律的特别规定，诉讼时效期间为3年。

（二）特别诉讼时效期间

特别诉讼时效期间是指依据法律特别规定，对某些法律关系适用的诉讼时效期间。比如，《民法典》第五百九十四条规定，因国际货物买卖合同和技术进出口合同争议提起诉讼或者申请仲裁的期限为4年。按照特别法优先于普通法的一般规则，如果符合法律特别规定情况的，应当适用特别诉讼时效期间。

（三）最长诉讼时效期间

最长诉讼时效期间是指当事人可以行使请求权的最长诉讼时效期间，也称绝对时效期间。《民法典》第一百八十八条第二款中规定，自权利受到损害之日起超过20年的，人民法院不予保护。可见，最长诉讼时效期间为请求权行使设立了一个最长保护期。我国民法上的最长诉讼时效期间为20年，且不适用中止、中断，只能在特殊情况下适当延长。

四、诉讼时效的起算、中断、中止与延长

（一）诉讼时效的起算

诉讼时效的起算，是指诉讼时效期间开始计算的时间点，即从何时起开始计算诉讼时效期间。根据《民法典》第一百八十八条的规定，诉讼时效期间的起算分为主观主义的起算和客观主义的起算。

主观主义的起算，是指自权利人知道或者应当知道权利受到损害及义务人之日起计算。权利人知道自己的权利受到侵害，或者根据一般人的情况判断应当知道权利受到侵害，应该主动向义务人行使请求权。在这里，除了知道权利受到侵害外，还应知道具体的义务人。

客观主义的起算，是指从权利受到侵害之日起计算诉讼时效期间。最长诉讼时效期间依客观主义的起算来计算。自权利被侵害之日起计算，不管权利人是否知道或者是否应当知道其权利被侵害。如果权利人事后知道或者应当知道其权利被侵害时，其普通诉讼时效或者特殊诉讼时效亦开始计算。

除此之外，《民法典》还规定了以下几种特殊情形下的时效起算：

《民法典》第一百八十九条规定，当事人约定同一债务分期履行的，诉讼时效期间自最后一期履行期限届满之日起计算。分期履行的债务必须是同一债务，而不是多个独立的债务，只是采用了分期的方式进行履行。在这种情况下，为了方便计

算诉讼时效，便于债权人主张权利，应当从最后一期债务的履行期届满之日起算。

《民法典》第一百九十条规定，无民事行为能力人或者限制民事行为能力人对其法定代理人的请求权的诉讼时效期间，自该法定代理终止之日起计算。针对无民事行为能力人或者限制民事行为能力人对其法定代理人的请求权的诉讼时效期间起算进行特别规定，主要是因为无民事行为能力人或者限制民事行为能力人与其法定代理人之间有代理关系。在代理期间，无民事行为能力人或者限制民事行为能力人可能无法知晓其权利是否受到侵害，即使知晓也碍于代理关系而难以主张。从保护无民事行为能力人或者限制民事行为能力人权利的角度出发，应当从法定代理终止之日起计算。

《民法典》第一百九十一条规定，未成年人遭受性侵害的损害赔偿请求权的诉讼时效期间，自受害人年满 18 周岁之日起计算。该条特殊规定主要是为了保护未成年人的利益，因为未成年人在 18 岁之前，对遭受性侵害的程度还难以做出合理判断，即使代理人行使了请求权，受害人对处理不满意的，在成年后仍然可以提出请求。所以，诉讼时效从受害人年满 18 周岁之日起计算。

（二）诉讼时效的中断

诉讼时效的中断，是指在诉讼时效期间内，因法定事由的发生，而使已经进行的时效期间归于无效，重新起算诉讼时效的制度。诉讼时效中断是时效进行中的根本性障碍，实际上是时效计算失去了赖以存在的基础。根据《民法典》第一百九十五条的规定，导致诉讼时效中断的事由有以下四种：

（1）权利人向义务人提出履行请求。

此时，权利人积极行使了请求权，从而导致诉讼时效期间中断。权利人积极行使权利既可以采用书面形式，也可以采用口头形式。只要该请求能够到达义务人，就可以从到达之日起中断诉讼时效。除此之外，权利人向义务人的代理人、财产代管人或者遗产管理人等提出履行请求的，也可以发生诉讼时效的中断。

（2）义务人同意履行义务。

义务人同意履行义务意味着认可双方之间的权利义务关系。义务人的同意既可以是明示的，也可以是默示的。比如，义务人做出部分履行，提供担保等，都可以看作是同意履行义务，诉讼时效中断。

（3）权利人提起诉讼或者申请仲裁。

权利人提起诉讼或申请仲裁意味着权利人积极主张行使请求权。这里的提起诉讼是指民事诉讼，包括本诉、反诉、刑事附带民事诉讼。一旦提起诉讼，便发生时效中断。

（4）与提起诉讼或者申请仲裁具有同等效力的其他情形。

与起诉或者申请仲裁性质类似的行为，如申请支付令、申请宣告破产、申请强制执行、申请仲裁、申请调解或者向有关单位提出民事权利保护等，都会引起与诉讼或仲裁同样的时效中断效果。

诉讼时效的中断意味着权利人行使了请求权，故时效中断后，原来经过的时效期间统归无效。该诉讼时效应从中断、有关程序终结时起重新开始计算。在新的诉讼时效期间内，再次出现中断事由，可以认定为诉讼时效再次中断。可见，中断的发生，实际上使得权利人可以超越时效期间的制约。但也要注意，诉讼时效虽可连续中断，但其时效期间自权利受到侵害时起最长不得超过20年。

（三）诉讼时效的中止

诉讼时效的中止，是指在诉讼时效期间进行中，因发生一定的法定事由使权利人不能行使权利，从而暂停计算时效期间，待中止时效的事由消除后，诉讼时效期间继续计算的制度。该制度的目的是避免因不可归责于权利人的原因，造成诉讼时效期间届满的后果，保证权利人具有积极行使权利的足够时间。

《民法典》第一百九十四条规定，在诉讼时效期间的最后六个月内，因下列障碍，不能行使请求权的，诉讼时效中止：①不可抗力；②无民事行为能力人或者限制民事行为能力人没有法定代理人，或者法定代理人死亡、丧失民事行为能力、丧失代理权；③继承开始后未确定继承人或者遗产管理人；④权利人被义务人或者其他人控制；⑤其他导致权利人不能行使请求权的障碍。自中止时效的原因消除之日起满6个月，诉讼时效期间届满。

可见，诉讼时效的中止应具备以下条件：

（1）不能行使请求权的障碍发生在诉讼时效期间的最后6个月。

如果该事由发生在最后6个月之前且未持续到最后6个月内，则不能引起诉讼时效的中止。

（2）必须发生引起诉讼时效中止的法定事由。

这些法定事由包括以下三个方面：

第一，发生不可抗力。不可抗力是指不能预见、不能避免并不能克服的客观情况，如战争、地震、海啸等。在发生不可抗力的情形下，权利人因为意志以外的原因而无法主张权利，如果时效不中止，将导致不公平的后果。

第二，无民事行为能力人或者限制民事行为能力人没有法定代理人，或者法定代理人死亡、丧失民事行为能力、丧失代理权。此时，由于权利人自身行为能力的不足，只能依赖法定代理人代其主张权利。如果法定代理人死亡、丧失民事行为能力、丧失代理权，必须中止时效，以便无民事行为能力人或限制民事行为能力人成为完全民事行为能力人或者重新为其设立法定代理人。

第三，继承开始后未确定继承人或者遗产管理人。继承开始后，如果继承人尚未确定或遗产管理人不明确，那么无论是债权人还是债务人都不能进行诉讼。因此，需先行确定继承人或遗产管理人，再提出权利主张，诉讼时效因此中止。

第四，权利人被义务人或者其他人控制。如果权利人被义务人或者其他人控制，将导致权利人客观上无法行使权利，诉讼时效中止。

第五，其他导致权利人不能行使请求权的障碍。该项是对诉讼时效中止的事由作出的兜底规定。权利行使障碍的事由复杂多样，应当允许人民法院根据实际情况裁定时效中止。

诉讼时效的中止是时效进行中的暂时性障碍。因此，自中止之日起时效期间暂停计算，以前已经过的时效期间仍然有效，待引起中止的事由消除后，不论诉讼时效期间中止前还剩多少，诉讼时效期间都再计算 6 个月。

（四）诉讼时效的延长

诉讼时效的延长，是指在诉讼时效期间届满后，法院根据特殊情况，依法适当延长其时效期间的制度。一般情况下，权利人在诉讼时效期间内不行使权利，于时效期间届满后向法院要求保护权利的，法院不予支持。但不排除因正当原因，无法在诉讼时效期间内行使权利的情形，如果坚持严格的诉讼时效期间，会造成不公平。因此，诉讼时效在特殊情形下可以延长，适用诉讼时效的延长应注意：第一，只有人民法院才有权决定是否延长，这赋予了人民法院一定的自由裁量空间，以弥补成文法的不足。第二，人民法院只能在特殊情况下，才能决定延长。人民法院的自由裁量权也应从严掌握，不得滥用。特殊情况一般指权利人由于客观障碍在法定期间内无法行使请求权的情况。第三，仅适用于诉讼时效期间届满后，在时效期间届满前，不存在预先延长诉讼时效的情况。

第三节　除斥期间

一、除斥期间的概念与特征

除斥期间，是指法律对某种权利所规定的存续期间。《民法典》第一百九十九条规定：“法律规定或者当事人约定的撤销权、解除权等权利的存续期间，除法律另有规定外，自权利人知道或者应当知道权利产生之日起计算，不适用有关诉讼时效中止、中断和延长的规定。存续期间届满，撤销权、解除权等权利消灭。”该条法律规定确立了除斥期间的基本规则，具有以下特征：

（1）除斥期间是不变期间。

除斥期间不发生中止、中断和延长。由于除斥期间会发生使权利消灭的法律效果，如果其可以中止、中断或延长，可能使法律关系长期处于不确定的状态。因此，只要除斥期间届满，就发生相应的权利消灭效果。

（2）除斥期间可以由法律规定，也可以由当事人约定。

除斥期间的目的是通过预设权利行使期间，以促使法律关系尽快确定。因此，从尊重当事人意思自治的角度出发，允许当事人约定除斥期间。

（3）除斥期间应从权利人知道或者应当知道权利产生之日起计算。

原则上，权利人如无法律上的障碍，就应积极行使权利，开始计算除斥期间。但若权利人未必知道其权利存在，法律规定自权利人知道或应当知道其权利存在之时起开始计算。

（4）除斥期间届满后，权利消灭。

如果一项权利适用除斥期间，就意味着权利人应在除斥期间内行使该权利；一旦期间届满而未行使该权利，那么该权利就归于消灭。

二、除斥期间的适用范围

除斥期间主要适用于撤销权、解除权等形成权。特殊情况下也适用于某些请求权。由于形成权的行使仅依一方当事人的意思就可以使法律关系产生、变更、消灭，如果没有期间的限制，则会使法律关系一直处于不确定状态，因此形成权的行使要适用除斥期间。例如，《民法典》第一百四十五条第二款规定的相对人催告后法定代理人行使追认权的期限；第一百七十一条第二款规定的相对人催告后被代理人行使追认权的期限；第五百四十一条规定的债权人行使撤销权的期限；第五百六十四条规定的解除权期间；第五百七十四条第二款规定的债权人领取提存物权利的期限；第六百二十一条第二款规定的买受人对买卖标的物异议权行使的期限；第六百六十三条第二款规定的赠与人撤销权行使的期限；第六百六十四条第二款规定的赠与人的继承人或法定代理人行使撤销权的期限等。

随着市场经济的发展，为维护经济秩序，针对一些法律规定的特殊情况，也可以适用除斥期间。例如，《民法典》第四百六十二条第二款规定的占有人返还原物请求权，自侵占发生之日起 1 年内未行使的，该请求权消灭；第六百九十二条规定的保证期间，一般也认为适用除斥期间。

三、除斥期间与诉讼时效的区别

除斥期间与诉讼时效的区别表现在以下五点：

（1）两者的适用对象不同。

除斥期间主要适用于形成权，特殊情况下，也适用于某些请求权。诉讼时效适用于债权请求权。因此，诉讼时效具有高度抽象的可能性，可以在民法总则中统一规定，而除斥期间的规定比较分散。

（2）能否由当事人约定不同。

诉讼时效由法律明确规定，属于强制性规范，当事人不能通过约定加以改变。除斥期间不但可以由法律规定，也可以由当事人约定。

（3）两者期间届满后的法律效果不同。

除斥期间届满后，则直接发生权利消灭的法律效果。诉讼时效期间届满后，并不直接消灭请求权，而只是使义务人拥有了抗辩的权利。

（4）期间可变性不同。

除斥期间是不变期间，不适用中止、中断或延长。诉讼时效是可变期间，可适用中止、中断或延长。

（5）是否允许法院主动援用不同。

除斥期间届满后，权利将会消灭，故法院可以主动援用除斥期间，以判断权利是否丧失。诉讼时效期间届满，只是赋予了义务人抗辩的权利，至于义务人是否提出抗辩，依靠义务人是否主张，法院不能直接援用。

第四节 期间

一、期间的概念

期间，是指从某一时间点到另一时间点所经过的一段时间。在民法上，有期间与期日的区别。期间是指某一时间段，而期日是指某一时间点。期间是一种法律事实，并可以产生相应的法律后果。如前文所述，除斥期间制度就是期间的一种效力表现，当某一个权利存续有期间要求时，该期间完成，该民事权利消灭。从广义上讲，时效制度也属于期间，其都是使民事法律关系产生、变更、消灭的时间。

依据期间是否发生变化，可以将期间分为可变期间和不变期间。所谓可变期间，是指期间的长短可以发生变化。诉讼时效一般属于可变期间，可以适用中止、中断的规定。所谓不变期间，是指通过法定或约定的方式确定一个不可变更的期间，除斥期间一般属于不变期间。

除此之外，期间还可以分为法定期间、意定期间和指定期间三种类型。所谓法定期间，是指由法律直接规定的期间。所谓意定期间，是指当事人通过一定的意思表示而设定的期间。所谓指定期间，是指由法院或其他机关在法律允许的范围内指定的期间。

二、期间的计算

根据《民法典》第二百零四条的规定，期间的计算方法依照本法的规定，但是法律另有规定或者当事人另有约定的除外。可见，期间的计算方法原则上应按照法律规定，但并不排除当事人的约定。当事人可以通过约定改变法定的期间计算方法。法定的期间计算方法分为两种，即历法计算法和自然计算法。

（一）历法计算法

历法计算法是指以日历所定的年、月、日为依据的计算方法。按照历法计算法，期间是从下一日开始计算，而开始的当日不计入。关于期间的截止，按照年、月计算期间的，到期月的对应日为期间的最后一日；没有对应日的，月末日为期间的最后一日。期间的最后一日是法定休假日的，以法定休假日结束的次日为期间的最后一日。期间的最后一日的截止时间为24时。

（二）自然计算法

自然计算法是指以实际时间，即时、分、秒为依据的计算方式。按照自然计算法，期间的开始是自法律规定或者当事人约定的时间开始计算。如约定24小时还款，那么应从约定的时间点开始计算24小时。但如果有业务时间的，停止业务活动的时间为截止时间。

本章小结

时效即时间在法律上的效力。其是指一定的事实状态存续一定时间后，即产生一定法律后果的法律制度。诉讼时效是指权利人在法定期间内不行使权利，导致义务人取得了拒绝履行抗辩权的制度。诉讼时效具有法定性、强制性、可变性。诉讼时效不能由法院主动援用。除斥期间是指法律对某种权利所规定的存续期间。除斥期间是不变期间。其可以由法律规定，也可以由当事人约定。除斥期间届满后，权利消灭。

简答题

1. 简述诉讼时效的分类。
2. 简述诉讼时效与除斥期间的区别。

案例

（扫码查看案例解读）

2006 年 12 月 21 日，张某某向刘某某提供借款 100 万元，2006 年 12 月 29 日又向刘某某提供借款 30 万元，刘某某分别出具了借条，并对还款期限和借款利息进行了约定。刘某某曾分三次向张某某还款共计 10 万元，分别为 2010 年 2 月 12 日还款 4 万元、2010 年 8 月 10 日还款 3 万元、2010 年 12 月 3 日还款 3 万元，余款本金 120 万元及相应利息至今仍未偿还。刘某某于 2011 年 1 月 4 日去世，张某某要求刘某某继承人子女刘某、配偶周某偿还剩余本金及利息。刘某和周某辩称，张某某的诉讼请求已经超过诉讼时效期间。

刘某和周某应履行债务吗？

第二编

物权

第十一章 物权总论

学习目标

掌握：物权的概念与特征，物权法的基本原则，物权变动。

熟悉：物权的分类。

了解：物权的保护。

第一节 物权的概念与特征

民法最基本的财产权制度包括物权制度与债权制度两大部分。物权是特定社会人与人之间对物的占有关系在法律上的表现，是法律确认的主体对物依法享有的支配权利，即权利人在法定范围内直接支配一定的物，并排斥他人干涉的权利。

"物权"一词最早起源于罗马法，1900 年《德国民法典》第一次在法律上正式使用此术语。现在，多数国家的民法典都规定了物权制度，物权法已成为各国民法理论的重要组成部分。我国于 2007 年颁布的《物权法》，2020 年颁布的《民法典》第二编"物权编"，均系统规定了物权法律制度。

一、物权的概念

物权，是指民事主体依法直接支配特定的物、享受特定的权益，并排除他人干涉的民事权利。根据《民法典》第一百一十四条第二款的规定：“物权是权利人依法对特定的物享有直接支配和排他的权利，包括所有权、用益物权和担保物权。”

物权作为一个法律范畴，是由法律确认的民事主体对物依法享有的支配性权利。例如，所有权人对其财产享有支配权利。物权这一概念包括以下四方面的含义：

（1）物权是法定的，民事主体应当依法行使。

物权法定主义是物权法的基本原则之一，物权的种类、内容、效力、行使方式等均是由法律明确规定的，不允许当事人任意创设或以协商的方式随意加以改变。物权制度确立了一国民事法律制度的基础，人们必须在一定的物权制度上才可进行进一步的经济交往，从而形成各种财产流转关系，一国的民事法律关系继而在这样的经济交往中发展繁荣起来，从而促进了整个民事法律制度的发展。民事主体依法行使物权，也是保证一国财产制度体系稳定存在的前提与基础。

（2）物权是以物为权利客体的民事权利。

作为物权客体的“物”，是指有体物，包括动产和不动产。关于“物”的有关内容，本书已在总论中提到，此处不再赘述。需要注意的是，物权虽是以物为权利客体，但不能把物权仅仅视为人对物的权利，与其他人无关。在社会生活中，人对物的关系，实质上就是人与人之间的关系的反映。人不是孤立的个人，而是社会的人，单个的民事主体对物享有的权利，只有在人与人之间的社会关系中才得以体现和形成。因此，物权同样存在权利主体和义务主体之分，只是物权作为一种绝对权，其义务主体通常是权利主体之外的所有不特定人。

（3）物权是直接支配标的物并享受其利益的权利。

所谓直接支配，是指权利主体得依自己的意思径行对标的物加以使用、收益、处分。这就是说，权利人无须借助他人的行为，就能行使自己的物权。权利人既可以依据自己的意志直接依法占有、使用其物，也可以采取其他的支配方式。同时，物权人对物独立进行支配完全依自己的意志，无须得到他人的同意。所有权人使用其财产，并在其财产之上获取收益，不需要借助任何人的行为便可以实现。

（4）物权人有权排除他人对其享有物权和行使物权的干涉。

任何人非经权利人的同意，不得侵害权利人的权利或加以干涉。物权具有不容他人侵犯的性质。但是有一种特殊情况，即当某物被他人因占有时效或善意取得制度而取得对该物的所有权时，即使在此物之上已存在法律上的所有权，先前的所有权也将因此而消灭，而且不得对抗后一个所有权。物权的支配性和排他性源自物的权利归属，即法律确认某物归某人所有，使其对物的利益享有独占的支配并排他的权利。

二、物权的特征

物权和债权构成了市场经济社会最基本的财产权利。物权是和债权相对应的一种民事权利，民法关于物权和债权的规定构成了商品经济运行的基本规则。在商品经济条件下，人和财产的结合表现为物权，当财产进入流通领域后，在不同民事主体之间的交换则体现为债权。民事主体享有物权是交换的前提，交换过程则表现为债权，交换的结果往往导致物权的让渡和移转。但是，虽然物权与债权的联系十分密切，但物权作为一项独立的民事权利，和债权相比有其自身的特征，主要具体表现在以下方面：

（1）物权是绝对权。

物权的义务主体是权利人之外的不特定的一切人。绝对权是与相对权相对的概念，它是指权利的主体特定，而义务主体为权利人之外的不特定的一切人的权利。绝对权也称“对世权”，物权的权利主体是特定的，其他任何人都负有不得非法干涉和侵害权利人所享有的物权的义务。而债权就不同，它只是发生在债权人和债务人之间的关系，债权的权利主体和义务主体都是特定的。债权人的请求权只对特定的债务人发生效力，因此债权是相对权，也是“对人权”。例如，甲对其房屋享有所有权，则除甲之外的所有权人都必须尊重甲的所有权，不得非法侵害甲对其房屋的占有、使用、收益和处分的权利。

（2）物权属于支配权。

物权的权利人不必依赖他人的帮助就能行使权利，从而实现自己的利益。所有权人享有对物的最全面、最广泛的支配，任何对物的不违反法律强制性规定或不违背公序良俗的支配方式都应归属于所有权人。[①] 物权的权利人可以自由地根据自己的意志行使自己的权利，无须他人给予协助，更不需要征得他人的同意。而债权则与物权相反，债权人一般不直接支配一定的物，而是请求债务人依照债的规定为一定行为或不为一定行为。所以，债权必须有相对的债务人给予协助方可顺利实现。

（3）物权是法定的，物权的设定采用法定主义。

物权的种类和基本内容由法律规定，不允许当事人自由创设物权种类。物权设

---

① 王利明，等. 民法学：上［M］. 北京：法律出版社，2020：317.

定时必须公示，动产所有权以动产的占有为权利象征。动产质权、留置权亦以占有为权利象征，不动产则以登记为权利象征。而债权只是在特定的当事人之间存在，并不具有公示性，设立债权亦不需要公示。另外，债权特别是合同债权，主要由当事人自由确定。当事人只要不违反法律的禁止性规定和公共道德，则可以根据自己的意思设定债权，还可依法自己决定债的内容和具体形式。

（4）物权的客体一般为物。

行为、智力成果和人身利益均不能成为物权的客体。物权关系是民事主体之间对物质资料的占有关系，所以，物权的标的是物而不是行为。物权的标的在范围上是十分广泛的，但必须是特定物。如果物没有特定化，权利就无法确定，权利人也就无从行使其权利。此外，作为物权客体的物必须是独立物和有体物，而不可能是行为。而债权的标的可因债权的种类不同而各不相同。债权一般直接指向的是行为，而间接涉及物。在债权关系存续期间，债权人一般不直接占有债务人的财产，只有在债务人交付财产以后，债权人才能直接支配物。

（5）物权具有优先权和追及力。

物权的优先权即指存在于同一物上的物权和债权之间，物权具有优先于债权的效力。在同一物上，数个物权并存时，先设立的物权优先于后设立的物权。具体而言，物权的优先效力包括以下两个方面：

第一，同一标的物上物权与债权并存时，物权优先于债权。首先，所有权优先于一般债权。在“一物二卖”的情形中，通过交付取得动产所有权或通过登记取得不动产所有权的物权人优先于一般债权人。即便一般债权人订立合同在先，也不得对抗所有权人。其次，用益物权优先于一般债权。同一标的物上同时存在用益物权和以给付为内容的一般债权时，用益物权优先于一般债权。再次，担保物权优先于一般债权。设定有担保物权的债权人就债务人的特定物受清偿的顺序优先于一般债权人。债务人破产时，如果债务人的财产上已经被设定了担保物权，则该担保物权人享有别除权，有权就该物优先于债权人获得清偿。值得注意的是，物权效力优先于债权效力并不是绝对的，如“买卖不破租赁”原则。买卖不破租赁是指租赁物所有权转移或在租赁物上设定其他类型的物权不影响成立在先的租赁权。

第二，同一标的物上数个内容或者性质相同的物权并存时，设立或登记在先的物权优先于设立或登记在后的物权。首先，设立在先，权利优先。设立在先的物权具有优先于设立在后的物权的效力。根据《民法典》第三百四十六条的规定，新设立的建设用地使用权，不得损害已设立的用益物权。其次，登记在先，效力优先。根据《民法典》第四百一十四条的规定，同一财产向两个以上债权人抵押的，拍卖、变卖的价款由已登记的抵押权人优先受偿。未登记的抵押权人即便设定抵押权在先，受清偿的顺位也滞后于在后登记的抵押权人。均已登记的数个抵押权人，按照登记的先后顺序受到清偿；顺序相同的，按照债权比例受到清偿。债权不具有类似的优先效力，在同一标的物上可以设立多个债权，各个债权具有平等的效力，债权人平等受偿。

值得注意的是，物权之间的优先效力并非绝对。例如，在同一不动产上，虽然用益物权或担保物权设立于所有权之后，但设立在后的用益物权和担保物权具有优先于所有权的效力。部分法律还规定了物权效力的特殊顺位，数个物权的效力顺位由法律规定确定。《中华人民共和国海商法》第二十五条第一款规定：“船舶优先权先于船舶留置权受偿，船舶抵押权后于船舶留置权受偿。”

物权的追及力，是指无论物权的标的物辗转至何处及何人之手，物权人均有权追及标的物之所在直接对物行使权利，请求不法占有人返还原物。《民法典》第三百一十一条第一款规定：“无处分权人将不动产或者动产转让给受让人的，所有权人有权追回；除法律另有规定外，符合下列情形的，受让人取得该不动产或者动产的所有权：（一）受让人受让该不动产或者动产时是善意；（二）以合理的价格转让；（三）转让的不动产或者动产依照法律规定应当登记的已经登记，不需要登记的已经交付给受让人。”依据该条法律规定，除非存在善意取得的情形，所有物被他人转让的，所有权人有权追回。这就确认了物权的追及性。而债权原则上不具有追及的效力。债权的标的物在没有移转所有权之前，债务人非法转让并由第三人占有时，债权人不得请求物的占有人返还财产，只能请求债务人履行债务和承担违约责任。物权的保护方法大多偏重于“物上请求权”的方法，如返还原物、排除妨碍等。由于物权的特殊之处，法律为保障物权人对其物的支配权，也赋予权利人不同于一般债权的保护方法，物权主体具有请求他人返还原物、排除妨碍、恢复原状的权利。这些权利在民法上统称物上请求权。债权是债权人请求债务人为一定行为或不为一定行为的权利，而并非对物的支配权，因此，在债权受到侵害时，要使债权人的损失得到补救和恢复，一般宜采取损害赔偿的方法。

第二节 物权的分类

物权的种类均是由各国法律具体确定的，根据不同的分类标准可以将物权分为不同的类型。

一、自物权与他物权

这是根据物权的权利人行使权利的范围不同而对物权所作的分类。

（一）自物权与他物权的概念

自物权，是指权利人对自己所有的标的物依法进行全面支配的物权。“全面支配”意味着支配范围的全面性和支配时间的无限性，只有所有权符合这一特征，故自物权就是所有权，它是物权中最完整、最充分的权利。

他物权，是指权利人在他人所有的标的物上享有的被限定于某一特定方面或某一特定期间的物权。它是在所有权权能与所有权人发生分离的基础上产生的，由非所有权人对物享有一定程度的支配权。他物权被称为“与所有权有关的财产权”。他物权与自物权一样，都具有直接支配物并排斥他人干涉的性质，同样能产生物权的各种效力。

（二）自物权与他物权的区别

自物权与他物权的区别表现在以下方面：

1. 权利主体不同

自物权的权利主体是所有权人；而他物权的权利主体一般是非所有权人，即除所有权人以外的其他民事主体。所有权人没有必要在自己的财产上享有他物权，他物权只能由非所有权人享有。尽管非所有权人享有所有权人的部分权能，但非所有权人并不能取代所有权人的地位而成为所有权人。对于所有权人来说，尽管在财产之上设定他物权而使其在一定程度上脱离了所有权的权能，但他仍然对其财产享有最终的处分权。

2. 权利的内容不同

他物权不过是从自物权权能中分离出来的部分权能。自物权是“完全物权”，而他物权只在一定程度上具有所有权的权能，没有法律依据和所有权人的授权，他物权人不能行使处分权。所以，他物权的权利内容是受限制的、不完全的，表现在非所有权人享有他物权后，一般只能对标的物享有占有、使用和收益的权利，没有法律依据和所有权人的授权，不能行使处分权。非所有权人行使财产的处分权，既受到法律的限制，也受到所有权人意志的限制。非所有权人必须依据法律的规定正当行使其权利，如果其他物权是通过合同的方式确立的，并且合同对权利的行使规定了明确的限制，则非所有权人还必须依据合同的规定行使权利。由于他物权在内容上受到法律和所有权人意志的限制，因此它又被称为“限制物权”。

3. 权利存在的期限不同

自物权的存在通常不受时间限制。也就是说，自物权不因法律事实的产生或终止而绝对地消灭。他物权则不同，如果他物权是通过合同的方式取得的，只能在合同的有效期内存在。

二、主物权与从物权

根据物权有无从属性，可以将物权分为主物权与从物权。

主物权是可以独立存在的物权，它与其他权利没有从属关系。所有权、地上权、永佃权、采矿权、取水权等属于主物权。

从物权是从属于其他权利而存在的物权。抵押权、质权和留置权从属于债权而存在，属于从物权；地役权从属于需役地而存在，属于从物权。

具体而言，主物权能够独立存在，而从物权的命运取决于主权利，主权利消灭，从权利便随之消灭。

三、动产物权与不动产物权

根据标的物是动产还是不动产，可以将物权分为动产物权与不动产物权。

动产物权是指以动产为标的物的物权。动产所有权、动产质权和留置权属于动产物权。

以不动产为标的物的物权，是不动产物权。不动产所有权、不动产抵押权和地役权属于不动产物权。

区分动产物权、不动产物权的意义在于，由于物权变动要件和公示方法的不同，一般情况下动产以占有、不动产以登记公示。

四、有期限物权与无期限物权

以物权之存续有无期限为标准，可以将物权分为有期限物权与无期限物权。

有期限物权是指有存续期限的物权。抵押权、质权、留置权属于有期限物权。无期限物权是指没有期限限制的物权。所有权和永佃权属于无期限物权。二者区别之实益在于，有期限物权的存续期间届满时，即当然归于消灭，而无期限物权则除抛弃、标的物灭失或其他原因外，永存不灭。[①]

第三节 物权法的基本原则

物权制度体系是民法理论的基础体系，由于物权所具有的特殊特点，在物权法领域有着与其他基础民法领域不同的基本原则。物权法的基本原则是指贯穿于物权法立法、执法、司法、守法的始终，作为物权法的核心原则。物权法的基本原则是物权法律规范抽象凝练的结果，能够弥补物权法律规范的不足，克服物权法律规范的局限性。具体而言，物权法的基本原则主要包括物权法定原则、一物一权原则、平等保护原则和公示公信原则。

一、物权法定原则

（一）物权法定原则的概念

物权法定原则，是指物权的种类和内容应当由法律直接规定，不允许由法律以外的其他规范性文件规定，也不允许当事人自由创设或以协商的方式随意加以变更。《民法典》第一百一十六条规定："物权的种类和内容，由法律规定。"物权具有排他性和绝对性等特征，为保障交易安全，发挥物之效用，法律需要对物权的种类、内容、效力、得丧变更及保护方法等直接进行规定，排除当事人自由创设或随意变更。这与合同债权明显不同，在不违反法律法规强制性规定及公序良俗的情况下，合同当事人可以自由创设或变更合同债权。

（二）物权法定原则的内容

物权法定原则的具体内容包括以下五项：

1. 物权种类法定化

非经法律准许，当事人不得创设新类型的物权。意思是当事人在其协议中不得明确规定其通过合同设定的权利为物权，也不得设定与法定物权不相符合的物权。例如，法律规定动产质权必须移转占有，则当事人不得设立不移转占有的动产质权。

① 陈华彬．物权法论［M］．北京：中国政法大学出版社，2018：101.

2. 物权内容法定化

物权制度的所有内容均是由法律直接规定的。例如，国有土地使用权就是我国法律规定的一种用益物权，其具体内容由国家法律加以规定，不能由当事人双方通过协商随意改变法律规定的内容。

3. 物权效力法定化

物权效力法定化，即物权的法律后果源自法律的直接规定。例如，设立抵押权时，该权利从何时开始生效，须依照法律规定办理相应的手续后才能生效，不能由当事人通过协议加以设定。

4. 物权的变更规则法定化

非经法定程序，不得取得、变更和消灭物权。由于物权具有的特殊性质，决定了物权的取得、变更和消灭都必须依照法律规定的条件和程序方可实现。例如，房屋的所有权变更必须依照法律规定进行过户变更登记方可实现，否则即使交易双方已经通过协商达成了一致意见，也不能导致所有权的移转。

5. 物权保护方法法定化

物权保护方法和债权保护方法均为法定的物权保护方法。当物权主体的权利受到侵害时，可依法采取相应的法律措施保护自己的权利，法律未加以规定的救济措施，即使双方当事人同意，也不得采用。

二、一物一权原则

（一）一物一权原则的概念

一物一权原则，即指一物之上只能存在一个所有权，不得有互不相容的两个以上的物权同时存在同一标的物上。

（二）一物一权原则的内容

一物一权原则的具体内容包括以下两项：

（1）一个特定的标的物上只有一个所有权。

根据一物一权原则，一个所有权的客体仅为一个独立物，集合物原则上不能成为一个所有权的客体，而只能成为多个所有权的客体。物权的客体仅为独立的特定的物。只有在作为物权的客体的物具有独立性和特定性的情况下，才能明确物权的支配范围，使物权人能够在客体之上形成物权并排斥他人的干涉。但是一个所有权的客体仅为一个特定物，并不是说一个特定物上的所有权人不能为多人，事实上数个人对同一物享有所有权，并不指所有权也成为多重所有权，所有权仍然是一个，只不过主体存在多人而已。共有，就是指数个人对同一个物享有一个独立的所有权，而不是每一个共有人各自都有一个独立的所有权。

（2）同一物上不得设有两个以上相互冲突和矛盾的物权。

根据一物一权原则，同一物上可以并存数个物权，但各个物权之间不得相互矛盾。可以同时并存的物权主要有以下几种情况：一是所有权与他物权同时并存。所有权人虽享有占有、使用、收益和处分的权能，但这些权能可以根据法律的规定和所有权人的意志移转给非所有权人享有，从而在权能分离的基础上使非所有权人享有他物权。例如，在土地所有权上设定土地使用权、地役权等。二是在同一物上设定数个担保物权。我国担保法并不禁止在同一物上设定数个担保物权，但这数个担保物权不得相互矛盾。例如，根据我国法律规定，动产质权必须移转质物的占有，这样在一个动产上就不能设定两个质权人不同的质权。三是用益物权与担保物权同时并存。例如，所有权人可将其房屋租赁给他人使用，从而在此基础上产生租赁权，同时也可以在该房屋上设置抵押权。同样，在此种情况下，也不得存在相互冲突的权利。例如，质权要移转占有，因此质权与移转占有的用益物权就不能并存。

三、平等保护原则

（一）平等保护原则的概念

平等保护原则，是指不同类型的物权主体法律地位平等，其享有的物权受到物权法的平等保护。平等保护原则是民法平等原则在物权法中的体现，是具有中国特色的物权法原则。

（二）平等保护原则的内容

平等保护原则主要包括以下内容：

1. 物权主体的法律地位平等

物权主体的法律地位平等是民事主体法律地位平等在物权法领域的具体体现。物权主体具有多样性，既可以是个人，也可以是集体，还可以是国家。不同类型的物权主体在享有物权的范围上可能不同。例如，土地所有权只能归属于国家或者集体，个人不能享有土地所有权。但是，不同类型的物权主体在法律地位上具有平等性。《民法典》第二百零六条第三款明确规定：“国家实行社会主义市场经济，保障一切市场主体的平等法律地位和发展权利。”在市场经济领域，作为市场主体的国家、集体和个人具有平等的法律地位，其权利受到法律的平等保护。国家、集体没有优越于个人的特殊地位和权利，个人也不具有超越国家、集体的特殊地位和权利。

2. 物权的设定和移转适用共同的规则

除非法律另有规定，物权的设定和移转，应当适用共同的规则。物权主体的同等法律地位决定了其在物权设定和移转方面应当按照同样的规则进行，无论是国家、集体还是个人都不能有优越于他人的权利。例如，在国家所有权上设定他物权应当遵循在私人所有权上设定他物权同样的规则。国家、集体在取得私人财产权时，应当与其他主体一样，不具有优越的地位，适用共同的法律规则。

3. 发生物权纠纷时，物权主体受到平等保护

物权主体发生权属争议时，国家、集体并不具有优越于个人的权利。各个当事人均有权依据物权法的规定，行使确权请求权，确认物权的归属。《民法典》第二百零七条明确规定：“国家、集体、私人的物权和其他权利人的物权受法律平等保护，任何组织或者个人不得侵犯。”依据该条法律规定，无论主体为国家、集体还是个人，其物权都受到物权法的保护。公有财产和私人财产受到侵害或者有侵害之虞时，物权人都有权行使物权请求权予以排除，恢复权利的圆满状态。物权法对国家、集体、个人的权利保护在程度上是相同的，在救济方式和承担的责任等方面没有区别。

（三）平等保护原则的意义

《民法典》规定平等保护原则的意义如下：

1. 体现了社会主义基本经济制度的要求

《宪法》规定，我国将长期处于社会主义初级阶段，在所有制形态上实行公有制为主体、多种所有制经济共同发展的基本经济制度。党的二十大报告明确指出：“坚持和完善社会主义基本经济制度，毫不动摇巩固和发展公有制经济，毫不动摇鼓励、支持、引导非公有制经济发展。”物权法的平等保护原则符合以公有制为主体、多种所有制经济共同发展的需要。公有制为主体、多种所有制经济共同发展并不意味着在国家、集体、私人之间存在高低贵贱的等级差别。相反，不同主体应当具有同等的法律地位，受到法律同等保护，才能保障多种所有制共同发展。

2. 维护社会主义市场经济制度

《宪法》规定，国家实行社会主义市场经济制度。市场经济要求平等，因而，在市场中进行交易的前提是主体平等。倘若主体之间不平等，则正常的交易无法进行，市场经济的性质也就遭到否定。物权法的平等保护原则体现了市场经济要求主体之间平等的原则，让国家、集体、私人等各个物权主体具有同等竞争的前提条件，能够真正促进市场经济的发展。

3. 体现现代法治的基本精神

平等原则是现代法治精神的重要特征。法律面前人人平等，必然要求不同物权主体所享有的物权受到法律平等保护。《民法典》以法律的形式确认了国家、集体、个人在物权的享有和行使方面具有平等的地位，体现了现代法治精神的要求。我国长期存在公权力过于强大、私人财产权过于弱小的情况，物权法的平等保护原则有助于增强公民的权利意识，强化对私有财产权的保护。

4. 促进社会财富增长

“有恒产者有恒心”（《孟子·滕文公上》），对物权的平等保护是鼓励人民创造财富的根本动力。[①] 倘若缺乏对私有财产权的平等保护，则人们对财产权利的实现和利益的享有不具有确定的可预期性，也就不会产生投资的信心和创造财富的动力。反之，如果对物权进行平等保护，私人财产权利有确定的保障，物权人就会充分发挥个人的潜能，促进社会财富的增长。

四、公示公信原则

（一）公示原则

公示原则，是指物权发生变动时，需要以一定的公示方法将物权变动的事实向社会公开，使第三人知晓物权变动的情况，避免第三人遭受损害，降低交易成本，维护交易安全。[②] 物权具有对抗第三人的效力，因而，通常需要进行公示，以一定的“权利外观”表征权利的存在及范围。债权存在于特定主体之间，不产生对抗第三人的效力，无须进行公示。物权公示制度的建立有利于明确物之归属，避免民事主体之间发生权利纠纷，维护交易安全和秩序。

物权公示原则，是指民事主体对物权的享有和变动都应当采用可取信于社会公众的外部表现方式的原则。一般而言，动产物权变动以交付作为公示方法，不动产物权及权利质权变动以登记作为公示方法。

---

① 杨立新. 中国物权法研究［M］. 北京：中国人民大学出版社，2018：36.

② 施蒂尔纳. 德国物权法：上册［M］. 张双根，译. 北京：法律出版社，2004：8.

（二）公信原则

1. 公信原则的概念

公信原则，是指相对人有理由信赖依据法律规定进行公示的权利外观，即便该权利外观与实质权利状态不一致，法律也应当保护信赖该权利外观的相对人，从而保护交易安全。公信原则是公示原则的延续和扩展。《民法典》第二百一十六条规定："不动产登记簿是物权归属和内容的根据。"第二百一十七条规定："不动产权属证书是权利人享有该不动产物权的证明。不动产权属证书记载的事项，应当与不动产登记簿一致；记载不一致的，除有证据证明不动产登记簿确有错误外，以不动产登记簿为准。"上述规定体现了公信原则。

2. 公信原则的内容

公信原则包括两方面的内容：

（1）动产占有人和登记记载的权利人在法律上被推定为真正的权利人。

其一，动产占有的权利推定效力。动产占有具有权利推定的效力。占有的权利推定，是指基于占有的存在，推定占有人对占有物享有权利。占有的背后通常有本权的存在，因而基于权利存在的盖然性，现代各国均承认占有的权利推定效力。例如，《德国民法典》第一千零六条规定，为有利于动产占有人，推定占有人为物的所有权人。上述规定不适用于其物被盗、遗失或者以其他方式丢失的前占有人，但占有物为金钱或者无记名证券的除外。一般而言，动产占有人被推定为合法的权利人，其他人倘若要主张其并非权利主体，应当负担相应的举证责任。我国司法实践中对动产占有的权利推定效力持肯定态度。

其二，不动产登记的权利推定效力。根据《民法典》第二百一十六条和第二百一十七条的规定，当事人就物权的权属状况和内容存在争议，应当以不动产登记簿所记载的内容为依据，不动产登记簿所记载的权利人被推定为真实权利人，有相反主张的，应当对登记错误承担举证责任。

（2）法律保护信赖公示的交易相对方。

公信原则目的在于保护交易相对方的信赖利益，维护交易安全和交易秩序。正如学者所言："无论不动产公信原则抑或动产公信原则，均以保护交易的动的安全为其旨趣，并以此实现交易便捷。"① 信赖不动产登记簿而进行交易的善意第三人，即便登记有错误或者遗漏，其所取得的利益也受到法律保护。类似地，即便占有动

① 梁慧星，陈华彬．物权法［M］．7 版．北京：法律出版社，2020：103.

产的占有人无权处分占有物，但是，为了保护善意第三人的利益，应当对善意取得动产的第三人的利益予以保护。

公信原则对善意第三人和财产动的安全的保护，有利于鼓励交易。信赖不动产登记和动产占有等公示方法的善意第三人所得到的利益受到法律保护，因而，交易当事人不需要对标的物的权利状态花费过多的时间和精力进行调查，只需要对登记和占有的权利外观进行审查。此外，公信原则有助于使交易主体形成一种稳定的预期，不必担心受让的标的物被第三人追夺。

第四节 物权变动

一、物权变动的概念

物权变动，从权利本身来看，是指物权的发生、变更和消灭；从权利人角度来看，是指权利人对物权的取得、变更和丧失。这两者的观察角度有异，实质上却是共通的，均体现了物权的流转规则与权利归属的确定。

二、物权变动的原因

（一）物权关系的发生

物权关系的发生，即物权的设立，是指民事主体依法设立的物权从而产生新的物权法律关系。由于物权发生原因的法定性，物权的发生必须以法律规定作为前提，当事人依据法律规定设立一定的物权。例如，以法定的方法取得标的物的所有权，或依法定的程序要求取得一定的他物权。

在权利人获得所有权或他物权时，一定的物权关系即已产生，其具体的内容应由法律加以规定，当事人不得自由地创设法律不认可的物权关系，也不得通过约定改变物权关系的具体内容。

具体而言，物权关系的发生原因包括以下内容：

（1）生产和制造。生产和制造是在物第一次产生时确立的新的物权关系，一般而言，物的生产者和制造者即该物的所有权人。

（2）买卖。买卖是物权关系产生的最大量、最常见的途径，通过买卖行为，物的所有权从一个民事主体转移到了另一个民事主体手中，前者因买卖行为而消灭了其对物的物权，后者则因买卖行为获得了对此物的所有权。

（3）赠与。赠与行为会使物的原所有权人丧失所有权，而使受赠人获得所有权，从而产生新的物权关系。

（4）互易。互易行为是一种特殊形式的买卖行为，交易双方均以物而不是以货币作为履行义务的方式，一个互易行为可以同时使两项新的物权关系发生。

（5）继承。继承是在自然人死亡时，将其生前所有的财产转移给继承人继承的制度。物的权利主体在继承过程中发生了改变，新的物权关系也因此产生。

（6）孳息。孳息主要指物所生的利益。天然孳息是指因物的自然属性而生之物，如母牛所生牛仔；法定孳息是指依一定的法律关系而生之利益，如股票的股息。孳息本身是一项新的财产的诞生，因此会产生新的物权关系。一般而言，物的孳息的所有权由物的原所有权人享有。

（7）添附。添附是指不同所有权人的物因一定的行为而结合在一起形成不可分的物或具有新性质的物。经过添附行为以后，物的性质已发生了变化，实质是一项新的财产产生，相应地，新的物权关系亦产生了。

（8）没收。没收是指国家根据法律、法规的强行性规定，采取强制措施将一定财产收归国有的法律事实。这是国家借助于国家强制力强行将物的所有权无偿地收归国有的行为，被没收的物也因其权利主体的改变而处于新的物权关系中。

（9）征收。征收是指国家因国家建设的需要依法将一定的财产收归国有，并给财产的原所有权人一定补偿的制度。征收亦具有强制性，但必须依法律规定的条件和程序进行，而且应当给予物的原所有权人一定的经济补偿。

（10）出让。建设用地使用权的出让，是指土地使用人依法向国家支付一定的土地使用权出让金，国家将一定范围的建设用地使用权在一定年限内让与建设用地使用权人行使的行为。

（11）承包。承包是指由公民或集体组织依照承包合同对国家所有或集体所有的土地从事生产活动，从而享有占有、使用和收益的权利。土地承包经营权是一种用益物权，这种物权关系是基于承包行为而产生的。

（二）物权关系的变更

物权关系的变更有广义、狭义之分。广义的变更，是指物权的主体、标的或内容发生改变。狭义的变更，是指物权的标的、内容等发生改变。主体的变更或标的、内容的彻底改变，结果是发生物权的取得或消灭，故一般从物权的取得或终止的角度来理解。因此，物权的变更主要指狭义的变更。

物权关系的变更必须严格依照法定的程序和要求进行，如采取法定的方式、法定的公示方法等。例如，依照我国法律规定，不动产物权的变更就必须办理登记手续方可实现。

（三）物权关系的消灭

物权关系的消灭，即物权关系的终止，是指某一物权归于消灭。从物权人的角度看，是指特定主体对物权的丧失。

1. 物权关系消灭的情形

物权关系的消灭，主要有两种情形：

（1）因物权主体的原因而消灭。例如，权利人转让、抛弃物权或作为权利人的公民死亡。这种消灭又称为物权的相对消灭，因为在这种情形下，物权的客体并未消失，只是其权利主体发生变更，物由一个新的所有权人对其行使权利，原所有权人的权利消灭。

（2）因物权客体的原因而消灭。例如，标的物毁损或灭失导致物权终止。这种消灭又称为物权的绝对消灭，由于物本身的灭失，使原来建立在这一权利客体上的物权失去了存在的基础而彻底消灭。例如，甲对其祖传的一幅字画享有所有权，一日，房屋失火，字画被焚为灰烬，所有权灭失；又或乙对甲的房屋享有抵押权，但因失火房屋被焚，抵押权灭失。

2. 物权关系消灭的原因

物权关系消灭的原因主要表现为以下方面：

（1）混同。混同是指两个无并存必要的物同归于一人的法律事实。这时的混同虽然表现为权利的混同，实际上却是权利与义务的混同。物权混同时，对混同的效力有不同的主张：两物权混同时，其中一物权被他物权吸收而消灭；由于同一物上所有权或他物权的同时存在，或定限物权与以其为标的的其他定限物权同时存在，并无不可，且其在不动产登记上有一定效力，因此，物权不因混同而消灭；两物权混同时，原则上其中一物权消灭，但该物权对本人或第三人有利害关系时不消灭。

（2）抛弃。抛弃是指权利人不将其物权移转于他人而使其物权归于消灭。抛弃是单方行为。抛弃物权，应有意思表示。如果欲抛弃动产所有权，除了有抛弃的意思表示外，还须放弃对该动产的占有；在抛弃其他动产物权（如质权）时，须向因抛弃而直接受益的人作出抛弃的意思表示，并交付其动产。在抛弃不动产所有权时，除了作出抛弃的意思表示，还要向登记机关涂销所有权登记；在抛弃不动产其他物权时，除了要向因抛弃而直接受益的人作出抛弃的意思表示，还要向登记机关涂销登记。

（3）标的物灭失，是物权消灭的当然原因。

（4）因法定原因而消灭。例如，采矿权因法定原因而被撤销。

（5）法定期间已经过。

（6）他人因时效取得物权而使原物权消灭。因时效完成而取得所有权的，不仅原所有权消灭，而且存在该标的物上的其他物权也消灭。因时效完成而取得其他物权的，原存在于该标的物上的不能相容的同种物权也消灭。

（7）担保物权所担保的债权消灭。担保物权以所担保的债权存在为前提，因此，所担保的债权消灭时，担保物权也消灭。应注意，最高额抵押权在存续期间未届满前，并不因其所担保的债权额为零而消灭。

（8）继承权遭受侵害后于一定期限内不行使回复请求权，导致因继承而取得的物权丧失。

（9）标的物被征收或没收。标的物被征收或没收，使得标的物上的物权消灭。

（10）动产添附于他人的不动产或动产，他人取得动产物权时，原动产的所有权及该动产上的其他权利消灭。

三、物权变动的公示方式

（一）动产交付

动产交付，是指将自己占有的动产移转给他人占有的行为。动产交付分为现实交付和观念交付两种形式。所谓现实交付，是指动产物权的出让人，将对动产的直接管领支配力移转给受让人的行为。观念交付是指动产占有在观念上的移转，主要包括简易交付、指示交付和占有改定。

1. 简易交付

简易交付，是指出让人让与标的物之前，受让人已经占有动产，出让人与受让人达成让与合意，受让人便取得物的权利。《民法典》第二百二十六条规定：“动产物权设立和转让前，权利人已经占有该动产的，物权自民事法律行为生效时发生效力。”

2. 指示交付

指示交付，也被称为请求权的让与，是指出让人让与标的物之前，出让人的动产已经由第三人占有，出让人可以将对第三人享有的返还请求权让与受让人代替交付。《民法典》第二百二十七条规定：“动产物权设立和转让前，第三人占有该动产的，负有交付义务的人可以通过转让请求第三人返还原物的权利代替交付。”

3. 占有改定

占有改定，是指动产出让人使受让人取得对标的物的间接占有，从而代替该动产现实移转的交付。《民法典》第二百二十八条规定：“动产物权转让时，当事人又约定由出让人继续占有该动产的，物权自该约定生效时发生效力。”

（二）不动产登记

不动产登记，是指不动产登记申请人在专门的登记机构，依据法定的程序，对不动产的权属状况进行登记的行为。不动产登记的目的在于将不动产设立、移转、变更的情况向社会公众予以公开，便于公众了解不动产的权属状况。

关于登记的效力，《民法典》第二百一十四条规定：“不动产物权的设立、变更、转让和消灭，依照法律规定应当登记的，自记载于不动产登记簿时发生效力。”由此可见，不动产登记是不动产物权发生变动的生效要件。

此外，为避免“一房二卖”等乱象发生，我国还规定了预告登记制度。公民购买预售的住房时，由于预售当时并无条件办理房屋产权的变更登记，所以，订立预售合同之后，购房人仍然无法防止开发商将同一房屋以更高的价格卖给他人。因为购房人订立预售合同之后，有合同法上的请求权，而不是房屋的产权，一旦出现“一房二卖”的情况，先购房人可能只能主张开发商承担违约责任，而无法获得指定的房屋，这对先购房人来说是很不公平的。为了防止这种情况发生，我国建立了“预告登记”制度。

预告登记，是指为保全一项请求权而进行的不动产登记，该项请求权所要达到的目的是在将来发生不动产物权变动。这种登记是不动产登记的特殊类型。《民法典》第二百二十一条规定：“当事人签订买卖房屋的协议或者签订其他不动产物权的协议，为保障将来实现物权，按照约定可以向登记机构申请预告登记。预告登记后，未经预告登记的权利人同意，处分该不动产的，不发生物权效力。预告登记后，债权消灭或者自能够进行不动产登记之日起九十日内未申请登记的，预告登记失效。”传统的不动产物权登记都是针对现实的不动产物权进行登记，而预告登记所登记的，不是不动产物权，而是将来发生不动产物权变动的请求权。预告登记的本质特征是使被登记的请求权具有物权的效力，也就是说，经过预告登记之后的请求权，对后来发生的与该项请求权内容相同的不动产物权的处分行为，具有对抗的效力，这样，所登记的请求权就获得了保护。

（三）权利登记

《民法典》第四百四十三条第一款规定：“以基金份额、股权出质的，质权自办理出质登记时设立。”第四百四十五条第一款规定：“以应收账款出质的，质权自办理出质登记时设立。”

第五节 物权的保护

物权的保护，是指通过法律规定的方法和程序保障物权人在法律许可的范围内对其财产行使占有、使用、收益、处分权利的制度。① 物权由法律规定，并受法律保护。不同法律部门对物权进行保护的方法不同，物权的民法保护，是指依据民法的规定，对物权予以保护的各种方式的总和。

一、物权保护的概念

物权保护，是指依据法律规定，对物权予以保护的各种方式的总和。在我国，保护各种类型的物权，是各个法律部门共同的任务。民法主要是通过民事诉讼和民法方法对物权进行保护。根据权利人保护物权请求的不同性质，通常可将各种保护物权的方法分为物权的保护方法和债权的保护方法。

二、物权保护的方法

物权的保护方法，除各种物上请求权外，还包括要求确认所有权或其他物权的诉讼。债权的保护方法是指通过行使债权请求权对权利人的自身利益加以保护的方法。

这两种方法的主要区别在于以下方面：

（1）根据不同。

物权的保护方法以物权的存在为前提，适用民法关于物权的规定；债权的保护方法则以债权的存在为前提，适用民法关于债的规定。

（2）适用范围不同。

物权的保护方法只适用于对物权的侵害，不管侵害是否造成实际损失，权利人均可采取这种方法；而损害赔偿的保护方法既适用于对物权的侵害，又适用于对债权的侵害。在保护物权时，采用损害赔偿方法仅适用于对物权的侵害已造成实际损

---

① 魏振瀛．民法［M］．8 版．北京：北京大学出版社，2021：250.

失的情况。

（3）目的不同。

物权的保护方法，旨在恢复物权人对物权的客体享有完整的、排他的支配权利，从而使物权的内容得到实现。而损害赔偿的保护方法旨在补偿受害人因遭受不法侵害而造成的财产损失。一般来说，物权的保护方法更能充分地保护物权人所享有的所有权和其他物权，因此在具体运用以上方法时，应当先考虑适用物权的保护方法。只有当物权的保护方法不能适用时，才适用债权的保护方法。当然，这两种方法是彼此联系、互为补充的，在物权受到侵害时，权利人可以采取一种方法，也可以采取多种方法来维护自己的权益。

（一）物权的保护方法

物权的请求权，又称物上请求权，是指物权被侵害或有可能遭受侵害时，物权的权利人为排除侵害或防止侵害，请求对方为一定行为或不为一定行为的权利。物权的保护方法主要是通过行使物上请求权对物权加以保护的。

物权的保护方法依物上请求权内容的不同可分为四种。

1. 物权确认请求权

物权确认，是指当物的权属和内容不明或者发生争议时，利害关系人请求确认物权的行为。《民法典》第二百三十四条明确规定，因物权的归属、内容发生争议的，利害关系人可以请求确认权利。确认物权虽然往往也是其他救济方式适用的前提，但确认物权是一种独立的救济方式。①

请求确认物权的争议主要包括两种类型：一种是对物权是否存在有争议，例如，因历史原因或者登记错误，导致所有权归属不明而引发争议；另一种是对物权支配的范围有争议，例如，土地使用权人对土地疆界发生争议。

2. 返还原物请求权

返还原物请求权，是指标的物为无权占有人占有时，权利人有权请求无权占有人返还原物的权利。对此，《德国民法典》第九百八十五条规定，所有权人可以向占有人请求返还其物。《瑞士民法典》第六百四十一条第二款规定，所有权人对物的无权占有人，有请求交回该物并排除一切不法侵害的权利。《民法典》第二百三十五条规定："无权占有不动产或者动产的，权利人可以请求返还原物。"

行使返还原物请求权应当符合以下条件：①须有他人无权占有标的物的事实发

---

① 郭明瑞．物权法通义［M］．北京：商务印书馆，2019：70.

生。无权占有人对标的物的占有缺乏正当的权源基础，主要包括两种情形，一是自始无权占有，即占有人在占有标的物之初就缺乏正当权源。例如，窃贼对盗窃物的占有。二是嗣后无权占有，即占有人在占有标的物之初具有正当权源，但是因某种原因又失去了正当权源。例如，承租人在租赁期满后对房屋的占有。②请求权人为失去占有的所有权人或他物权人。无论是所有权人还是他物权人，都对标的物的占有有正当的权源。所有权人基于所有权行使所有物返还请求权；他物权人如土地使用权人，基于他物权行使标的物返还请求权。

3. 排除妨害请求权和消除危险请求权

《民法典》第二百三十六条规定："妨害物权或者可能妨害物权的，权利人可以请求排除妨害或者消除危险。"

排除妨害请求权，是指权利人之外的其他人妨害物权的圆满状态时，权利人有权请求妨害人除去妨害。排除妨害请求权的内容是请求除去妨害，使权利人的权利恢复到原来的状态。行使排除妨害请求权应当具备以下条件：①存在妨害行为。此处的妨害，是指以占有以外的方式侵害物权或者妨害物权人行使权利。以占有的方式侵害物权，权利人得通过行使返还原物请求权维护其权益。②妨害行为是持续的。短暂的妨害或者妨害已经停止，权利人不能行使排除妨害请求权，而只能请求妨害人承担损害赔偿等责任。③行使权利的主体为物权人。占有人可以行使保护占有的排除妨害请求权，但是不能行使物权排除妨害请求权。④妨害行为具有非法性。此处的非法包括自始非法和嗣后非法两种情形。

消除危险请求权，也称妨害防止请求权，是指物权有被妨害之虞的，物权人有请求消除危险的权利。所谓物权有被妨害之虞，是指物权人以外的第三人的行为或设施可能对标的物造成损害。该种损害虽然没有发生，但是确有发生的可能性，因而，危险是可以合理预见并确实存在的，并非主观臆断的。

4. 修理、重作、更换或恢复原状请求权

《民法典》第二百三十七条规定："造成不动产或者动产毁损的，权利人可以依法请求修理、重作、更换或者恢复原状。"物权人的财产遭受他人非法侵害造成损坏的，如果能够修理、重作、更换或者恢复原状的，物权人有权请求加害人通过相应的途径恢复财产原来的状态。修理、重作、更换或恢复原状的方式与损害赔偿的方式相比较而言，在某些情境下更有优势。从受害人的角度而言，在受害人不愿放弃标的物时，倘若允许加害人赔偿标的物的全部价值后取得标的物的所有权，则与受害人的意愿不符，而且不利于充分发挥物的效用；从加害人的角度而言，加害人往往并没有利用标的物的需要。因而，修理、重作、更换或恢复原状的方式对双方

当事人都是比较经济的。但是，当修理、重作、更换或者恢复原状可能损害物的价值，致使物的价值减损，或者在经济上不合理时，物权人不得请求行使修理、重作、更换或恢复原状请求权，而应当行使损害赔偿请求权。

（二）物权的债权保护方法

物权的债权保护方法，是指通过行使债权请求权对权利人的自身利益加以保护的方法。债权保护方法旨在填补受害人所遭受的损失。相比较而言，物权的保护方法更能充分地保护物权人的利益，因此在适用次序上，债权保护方法是次于物权保护方法的，即只有当物权保护方法不能使物权得到完整的保护时，才适用债权保护方法。

损害赔偿请求权是常见的物权的债权保护方法。《民法典》第二百三十八条规定："侵害物权，造成权利人损害的，权利人可以依法请求损害赔偿，也可以依法请求承担其他民事责任。"行使损害赔偿请求权应当符合以下条件：①须有侵害物权的行为。②须有损害结果发生的事实。③侵害物权的行为与损害结果之间存在因果关系。④行使损害赔偿请求权应当以加害人主观上存在过错为要件，不同类型的加害行为对行为人主观方面的具体要求不同。例如，侵占行为造成损失只能是出于故意，而毁损行为或妨害行为造成损失既可以是出于故意，也可以是出于过失。

在赔偿损失时，应确定损失的范围，即现有财产的减少金和可得财产的失去，但不包括精神损失。物权的债权保护方法主要是赔偿财产损失，但也不排除其他方法，如恢复原状、返还不当得利。

物权分为所有权和其他物权。民法对这两类物权的保护，在方法上是一致的。但是，由于这两类物权具有不同特点，因此在所有权和其他物权受到侵害以后，权利人提出请求和提起诉讼的前提也是不同的。

在所有权受到侵害时，权利人必须根据所有权受到侵害的事实而提起确认所有权、返还所有物、停止对所有物的侵害等请求和诉讼。这种因所有权受到侵害而提起的诉讼，称为"所有之诉"。在其他物权受到侵害时，由于他物权人并不享有所有权，不能根据所有权提出请求和提起诉讼，而只能根据其对标的物的合法的占有权而提出请求和提起诉讼。这就是说，他物权人只能根据其合法占有权受到侵害的事实而提起确认占有、返还占有物、停止对占有物的侵害等请求和诉讼。在民法上，他物权人因合法占有权而提起的排斥所有权人和第三人对占有物的侵害的诉讼，称为"占有之诉"。

所有之诉和占有之诉虽然是两种诉讼，但二者有着密切的联系。所有权人直接占有所有物，当所有物受到侵害时，他既可以提起所有之诉，也可以提起占有之诉。所有物由他人占有，并在他人合法占有期间受到侵害时，所有权人可以基于所有权提起所有之诉，占有人可以基于占有权提起占有之诉。某个权利人在某项财产受到侵害时提起所有之诉，但不能证明自己对该项财产享有所有权的，则可再提起占有之诉。和所有权一样，他物权受到侵害以后，他物权人也可以采用债权保护方法，请求不法侵害人赔偿其所造成的损失。

本章小结

物权，是指民事主体依法直接支配特定的物、享受特定的权益，并排除他人干涉的民事权利。根据《民法典》第一百一十四条第二款的规定："物权是权利人依法对特定的物享有直接支配和排他的权利，包括所有权、用益物权和担保物权。"物权法的基本原则主要包括物权法定原则、一物一权原则、平等保护原则和公示公信原则。

简答题

1. 简述物权的概念与特征。
2. 简述物权的分类。
3. 简述物权法的基本原则。
4. 简述物权变动的原因。
5. 简述物权保护的方法。

案例

2011年5月，民营企业甲房地产开发有限公司（以下简称甲公司）办理相关手续后建设开发位于A市的某商住小区项目。后A市气象局将正在施工使用的唯一通道堵塞，造成甲公司无法施工。经诉讼及强制执行，该通道被疏通，但已造成甲公司停工112天。甲公司起诉要求A市气象局支付其停工产生的违约金损失、人员工资损失、监理费报酬损失、借款利息及罚息损失等各项损失合计4 358 404.81元。法院判决：A市气象局赔偿甲公司各项经济损失1 055 240元，驳回甲公司的其他诉讼请求。

（扫码查看案例解读）

请问法院判决的依据是什么？该判决体现了《民法典》中的哪一原则？

第十二章　所有权

学习目标

掌握：所有权的概念和特征，善意取得的概念与法律效果，善意取得的构成要件，相邻关系的概念和特征，共有的概念与特征。

熟悉：所有权的类型，所有权取得的类型，业主的建筑物区分所有权，相邻关系的种类，按份共有，共同共有。

了解：处理相邻关系的原则，相邻关系与地役权的区别。

第一节　所有权的概念和特征

所有权是最完整的物权形态，也是一国物权制度的根本基础。所有权制度构成了民事法律制度的基石。要研究物权制度，必须对所有权制度有充分的了解。

一、所有权的概念

所有权，是指所有权人对自己的不动产或者动产，依法享有占有、使用、收益和处分的权利。《民法典》第二百四十条规定："所有权人对自己的不动产或者动产，依法享有占有、使用、收益和处分的权利。"

所有权包括占有权、使用权、收益权和处分权四项权能。占有权是指权利人对财产实际控制的权利；使用权是指权利人对物进行利用，以满足某种生活或生产需要的权利；收益权是指权利人获取基于财产而生的物质利益的权利；处分权是指权利人依法对财产进行处置的权利。

所有权意味着权利人对物具有最充分、最完全的支配，是最完整的物权形式。所有权在本质上是一定社会的所有制在形式上、法律上的表现。所有权与所有制的相互关系可以概括为如下两个方面：一方面，所有权作为一种法权关系，是由所有制决定的。所有制作为一定社会的基本经济制度，是该社会生产关系的核心和基础；而该社会的所有权法律制度正是出于反映和维护其赖以存在的所有制的目的而建立起来的。从一定意义上说，有何种性质的所有制，便要求有与之相适应的何种所有权制度，这是阶级社会中各国在法律调整方面所遵循的共同规律。另一方面，所有权法律制度作为一定社会的上层建筑，并不是被动地反映该社会的所有制，而是要为巩固和维护特定社会的所有制服务。以私有制为基础的奴隶社会、封建社会和资本主义社会，其所有权立法无一例外地把维护私有制作为根本任务；社会主义国家的所有权制度，首要目的是维护生产资料的社会主义公有制，并保护多种经济形式的发展，促进市场经济的繁荣。

二、所有权的特征

所有权的特征主要表现在以下几个方面：

（一）独占性

所有权是一种独占的支配权，所有权人的所有权都不允许任何人妨碍或侵害，非所有权人不得对所有权人的财产享有所有权。财产所有权人对其财产享有的所有权，可以依法排斥他人的非法干涉，不允许其他任何人加以妨碍或者侵害。对所有权而言，必须严格实行一物一权原则，即在一物之上只能有一个所有权，不能形成双重所有权。当所有权受到不法占有或者侵害时，财产所有权人有权请求返还原物、停止侵害、排除妨碍或者赔偿损失。

（二）全面性

所有权是所有权人在法律规定的范围内对所有物加以全面支配的权利。所有权人对所有物享有占有、使用、收益和处分的完整权利，是最完整、最全面的一种物权形式。所有权与其他物权的区别主要表现在，所有权人对财产享有完整的权利，而其他物权只是具有所有权的部分权能。所有人享有上述四个方面的权利，并不意味着所有权人必须要实际地行使各项权能，他可以将四项权能中的一项或数项权能分离出去由他人享有并行使，从而更好地实现其意志和利益。这种权能分离的方式，不仅反映了社会经济活动的客观要求，而且最大限度地保障了民事主体在物权法律关系中的利益。

（三）单一性

所有权并非占有、使用、收益和处分四项权能的简单相加，而是一个整体的权利。所有人既可以由自己统一行使，也可将部分权能转移给他人行使，这并不影响所有权的单一性，所有人依然能够决定自己财产的最终命运。

（四）存续性

法律不限制所有权的存续期限。一般而言，所有权一经合法获得，就可以永久存续，除非是所有人自己处分权利或因其他法定原因而导致所有权变更，任何人都不得非法干涉或剥夺他人的所有权，或者非法对他人的所有权加以权利期限的限制。

（五）弹力性

所有权的各项权能可以通过法定的方式或合同约定的方式同作为整体的所有权相分离。所有权人可在其物之上设定他物权，这虽是对所有权的限制，但他物权亦只是对物享有部分的利益，当他物权消灭以后，所有权的限制也予以解除，这样所有权就恢复到圆满状态，这就是所有权的弹力性特征。所有权的弹力性特征既是由所有权的支配权表现出来的，也是一物一权原则的具体引申。也就是说，按照一物一权规则，所有人对其财产保留最终支配权，而与所有权发生分离的权能在分离期限届满后，最终仍属于所有人。这一特征在实践中也是可以广泛应用的。例如，联营法人在解散并清偿完毕后，剩余的资产应当根据股东的股权进行分配，也就是说，剩余资产应返还给股东，从而使这些财产的所有权权能完全复归于股东，这就是所有权弹力性的具体表现。

第二节　所有权的类型

根据所有权主体的所有制性质的不同，所有权被划分为国家所有权、集体所有权及私人所有权。①

① 崔建远．物权法［M］．5版．北京：中国人民大学出版社，2020：198－199.

一、国家所有权

国家所有权在本质上是社会主义全民所有制在法律上的表现，是国家对国有财产占有、使用、收益和处分的权利。[①]《民法典》第二百四十六条规定："法律规定属于国家所有的财产，属于国家所有即全民所有。国有财产由国务院代表国家行使所有权。法律另有规定的，依照其规定。"

根据《民法典》第二百四十七条至二百五十七条的规定，国家所有权的内容包括：

（1）矿藏、水流、海域属于国家所有。

（2）无居民海岛属于国家所有，国务院代表国家行使无居民海岛所有权。

（3）城市的土地，属于国家所有。法律规定属于国家所有的农村和城市郊区的土地，属于国家所有。

（4）森林、山岭、草原、荒地、滩涂等自然资源，属于国家所有，但是法律规定属于集体所有的除外。

（5）法律规定属于国家所有的野生动植物资源，属于国家所有。

（6）无线电频谱资源属于国家所有。

（7）法律规定属于国家所有的文物，属于国家所有。

（8）国防资产属于国家所有。铁路、公路、电力设施、电信设施和油气管道等基础设施，依照法律规定为国家所有的，属于国家所有。

（9）国家机关对其直接支配的不动产和动产，享有占有、使用以及依照法律和国务院的有关规定处分的权利。

（10）国家举办的事业单位对其直接支配的不动产和动产，享有占有、使用以及依照法律和国务院的有关规定收益、处分的权利。

（11）国家出资的企业，由国务院、地方人民政府依照法律、行政法规规定分别代表国家履行出资人职责，享有出资人权益。

关于对国家所有的财产的保护，根据《民法典》第二百五十八条和二百五十九条的规定，国家所有的财产受法律保护，禁止任何组织或者个人侵占、哄抢、私分、截留、破坏。履行国有财产管理、监督职责的机构及其工作人员，应当依法加强对国有财产的管理、监督，促进国有财产保值增值，防止国有财产损失；滥用职权，玩忽职守，造成国有财产损失的，应当依法承担法律责任。违反国有财产管理规定，

① 崔建远．物权法［M］．5 版．北京：中国人民大学出版社，2020：199.

在企业改制、合并分立、关联交易等过程中，低价转让、合谋私分、擅自担保或者以其他方式造成国有财产损失的，应当依法承担法律责任。

二、集体所有权

集体所有权是指一个集体内部成员对某项财产共同拥有，每个人的权利都是平等和相同的，不经全体成员同意，个人无法决定财产的使用和转让。根据《民法典》第二百六十条的规定，集体所有的不动产和动产包括：①法律规定属于集体所有的土地和森林、山岭、草原、荒地、滩涂；②集体所有的建筑物、生产设施、农田水利设施；③集体所有的教育、科学、文化、卫生、体育等设施；④集体所有的其他不动产和动产。

集体所有权是集体所有制在法律上的表现形式，对集体所有制起着巩固和保护的作用，集体所有制主要包括城镇集体所有制和农村集体所有制。城镇集体所有制表现为城镇集体所有权，城镇集体所有的不动产和动产，依照法律、行政法规的规定由本集体享有占有、使用、收益和处分的权利。农村集体所有制表现为农民集体所有权，农民集体所有的不动产和动产，属于本集体成员集体所有。农村集体经济组织或者村民委员会、村民小组应当依照法律、行政法规及章程、村规民约向本集体成员公布集体财产的状况。集体成员有权查阅、复制相关资料。根据《民法典》第二百六十一条的规定，下列事项应当依照法定程序经本集体成员决定：①土地承包方案以及将土地发包给本集体以外的组织或者个人承包；②个别土地承包经营权人之间承包地的调整；③土地补偿费等费用的使用、分配办法；④集体出资的企业的所有权变动等事项；⑤法律规定的其他事项。

关于集体如何行使所有权，根据《民法典》第二百六十二条的规定，对于集体所有的土地和森林、山岭、草原、荒地、滩涂等，依照下列规定行使所有权：①属于村农民集体所有的，由村集体经济组织或者村民委员会依法代表集体行使所有权；②分别属于村内两个以上农民集体所有的，由村内各该集体经济组织或者村民小组依法代表集体行使所有权；③属于乡镇农民集体所有的，由乡镇集体经济组织代表集体行使所有权。

关于对集体所有的财产的保护，根据《民法典》第二百六十五条的规定，集体所有的财产受法律保护，禁止任何组织或者个人侵占、哄抢、私分、破坏。农村集体经济组织、村民委员会或者其负责人作出的决定侵害集体成员合法权益的，受侵害的集体成员可以请求人民法院予以撤销。

三、私人所有权

私人对其合法的收入、房屋、生活用品、生产工具、原材料等不动产和动产享有所有权。私人的合法财产受法律保护，禁止任何组织或者个人侵占、哄抢、破坏。

根据《民法典》第二百六十八条的规定，国家、集体和私人依法可以出资设立有限责任公司、股份有限公司或者其他企业。国家、集体和私人所有的不动产或者动产投到企业的，由出资人按照约定或者出资比例享有资产收益、重大决策以及选择经营管理者等权利并履行义务。

第三节　所有权的取得

所有权的取得，是指民事主体根据一定的法律事实取得物的所有权，进而在该特定主体与其他人之间产生以该物为客体的所有权法律关系。所有权的取得，是民事主体获得所有权的合法方式和根据。根据物权法定的基本原则，所有权的取得必须依法进行，否则，不受法律承认与保护。

一、所有权取得的类型

根据所有权的取得是否以原所有人的权利和意志为基础，可以将其分为原始取得和继受取得。

（一）原始取得

原始取得，又称最初取得，是指基于法律规定，最初取得物的所有权或不依赖于原所有权人的意志而取得物的所有权。原始取得主要包括以下类型。

1. 生产取得

生产，又称劳动生产，是指人们运用工具来创造各种生产资料和生活资料。生产是取得所有权的最基本、最重要的合法方式。由于人们通过付出体力或脑力，改造、加工或利用原材料制造出来的产品，无论从形体还是从使用价值和价值上，都是与生产前的产品不可相比，所以新产品的所有权当然属于创造出产品的人。

2. 先占取得

先占，是指由最先占有者取得无主物所有权的方式。先占是世界各国民法普遍公认的无主物所有权的取得方式。先占应当具备以下构成要件：标的须为无主物；标的须为动产；行为人须以所有的意思占有无主物。

在我国，先占取得制度作为习惯规则在社会生活中一直被得到承认。除了法律明文保护的野生动物、野生植物外，历来允许个人进入国家或集体所有的森林、荒原、滩涂、水域进行打猎、捕鱼、砍柴伐薪，以及采集野生植物、果实乃至名贵中药材，并取得猎获物、采集物的所有权。拾垃圾者更是可以取得拾取的被人抛弃的废弃物的所有权。

3. 添附取得

（1）添附取得的相关概念。

添附，是指不同所有权人的物被结合、混合在一起成为一个新物，或者利用别人之物加工成新物的事实状态。因添附情况的不同，添附物的归属分为附合、加工与混合。其中，附合、混合为物与物的结合，加工为劳力与他人的物的结合。

第一，附合。附合，是指不同所有权人的物密切结合在一起而成为一种新物。包括动产与不动产的附合、动产与动产的附合及不动产与不动产的附合。在附合的情况下，各原所有权人的物虽可识别，但非经拆毁不能恢复原来的状态。例如，砖、钢筋、水泥的附合构建成房屋。附合物的所有权归属应区分以下情况：

其一，动产与不动产的附合。动产与不动产的附合，简称不动产附合，是指动产与他人的不动产相结合，成为不动产的重要成分，因而发生动产所有权变动的法律事实。例如，在他人的农田上施肥，在他人的土地上种植果树，在他人的建筑物上贴瓷砖、粉刷涂料。动产与不动产的附合，发生以下物权效果：由不动产所有权人取得附合物的所有权，原动产所有权人则可取得与其原财产价值相当的补偿；动产所有权因附合而消灭，此前存在于该动产上的所有的他人权利，随原动产所有权的消灭而消灭。

其二，动产与动产的附合。动产与动产的附合，简称动产附合，是指不同所有权人的动产，互相结合，非毁损不能分离或分离需费用巨大时发生的动产所有权变动的法律事实。例如，以他人的木块修理家具，以他人的纸糊补书页，虽能够分离，但会毁损动产的经济价值或需要的费用巨大。相反，把他人的胸针缝制到自己的衣服上，胸针与衣服的外形上虽已形成一体，但因胸针十分容易与衣服分离且所需费用不大，故不产生附合的法律效果。当动产与动产附合时，如果附合的动产有主从之别，由主物的所有权人取得附合物的所有权，同时给对方以价值上的补偿。所谓

“可视为主物”，应根据该物的价值、效用、性质，以及一般交易观念确定。例如，对他人的衣柜涂油漆，那么衣柜应为主物，因此应由衣柜的所有权人取得涂油漆后的衣柜所有权。此时，非属主物的动产所有权及存在于该动产上的第三人的权利归于消灭；而可视为主物的动产上的第三人权利并不因此而消灭，而是继续存在于附合物上。如果附合的动产无主从之别，则由各动产所有权人按其动产附合时的价值共有合成物。

其三，不动产与不动产的附合。此种附合在我国民间出现较多。例如，承租人或借用人等在承租或借用的房屋上加盖一层楼房或一间房屋。此时附合物所有权的归属应如此确定：如果加盖的楼房或房屋的价值与原不动产的价值相差过大，应由原不动产所有权人取得附合物的所有权，但为了平衡当事人间的利益关系，应补偿加建楼房或房屋人之损失；如果加建的楼房或房屋的价值与原不动产的价值相当，应由双方当事人共有附合物的所有权。

第二，加工。加工是指一方使用他人的物，将其加工改造为具有更高价值的物。原物因为加工人的劳动而成为新物。例如，在他人的木板上作画，把葡萄加工成葡萄酒，将麦粒磨成面粉，用布料加工成衣服，把面粉加工成面包，把木材加工成纸张等，后者应属于新物。

加工物的所有权归属，如果当事人有约定的，从约定；如果无约定的，加工所增价值未超过原材料价值的，则加工物归原材料所有权人；如果加工价值明显大于原物之价值，则加工物归加工人；如果加工价值与原材料价值相当，可由双方共有。除由双方共有外，不论哪种情况，取得加工物所有权的一方应对对方的加工劳动或原材料价值予以补偿。

第三，混合。混合是指不同所有权人的物互相结合在一起，难以分开并形成新的物。例如，水与水的混合，酒与酒的混合。混合与附合不同，在混合的情况下，已无法识别原各所有权人的物或识别所需的费用过大。例如，自来水与纯净水的混合，混合后即不能识别；再如，东北米与泰国香米的混合，混合后识别所需的费用过大。而附合则在于附合后的原各所有权人的物，虽不能分离或不易分离，但通常能够识别。

混合的物权效果有以下两种：如果各原物的价值相差不多，各动产所有权人原则上按照混合时的价值共有混合物的所有权；混合后的动产有可视为主物的，由主物的所有权人取得混合物的所有权，并给从物的所有权人以相当的补偿。例如，咖啡与糖混合后，咖啡可视为主物，由咖啡的所有权人取得混合物的所有权。

（2）添附的所有权归属规则。

法律把添附作为取得所有权的一种根据，因添附的结果而形成的物，若要恢复物之原状，在事实上已不可能或对社会经济不利，故各国物权法通常规定添附物归一方所有或各方共有。添附的所有权归属规则如下：

第一，因附合、加工、混合而产生的物的归属，有约定的从约定；没有约定或者约定不明的，依法律规定。

第二，法律未规定的，按照充分发挥物的效用及保护无过错当事人的原则确定。所谓发挥物的效用的原则，即根据物归属于哪一方更能够发挥物的效用，就应归属于哪一方的规则。所谓保护无过错当事人的原则，即对无过错一方当事人给予更好的保护。其中应以发挥物的效用原则优先。

第三，因一方当事人的过错或由于确定物的归属而给另一方当事人造成损失的，取得添附物所有权的人应给予赔偿。虽然法律规定添附物的所有权归一人所有，但并非不考虑受损害的当事人的利益，而赋予取得人可以不付任何代价就获得纯粹利益的权利。为了平衡当事人间的利益关系，法律规定，因添附而使利益受到损害的人，可依不当得利的规定，请求取得添附物所有权的人支付补偿金。补偿金的数额，应根据动产所有权因添附而消灭时的客观价值来确定。因添附而丧失动产所有权的人，除享有不当得利请求权外，还可享有损害赔偿请求权，其请求权的依据是侵权行为与债务不履行。

4. 善意取得

善意取得，是指受让人以所有权转移为目的，善意、对价受让且占有该财产，即使出让人无转移所有权的权利，受让人仍可取得该财产的所有权。继受取得以原所有权人行使处分权为前提，如果对某项财产的处分属于由占有人进行的无权处分，受让人通常不能取得所有权，但是受让人在取得财产时出于善意，则受让人依法取得该项财产的所有权，原所有权人只能请求占有人赔偿损失，而不得要求受让人返还该项财产。

5. 遗失物、漂流物、埋藏物、隐藏物的取得

（1）拾得遗失物。

遗失物，是指所有权人和合法占有人不慎丢失的财产。遗失物并不是无主财产，其既不是基于所有权人抛弃的意思所致，也不是他人侵夺所致，而是因所有权人、占有人不慎丢失的动产。遗失物属于占有脱离物。遗失物的拾得，是指发现他人的遗失物而加以占有的法律事实。

《民法典》第三百一十二规定：“所有权人或者其他权利人有权追回遗失物。该遗失物通过转让被他人占有的，权利人有权向无处分权人请求损害赔偿，或者自知道或者应当知道受让人之日起二年内向受让人请求返还原物；但是，受让人通过拍

卖或者向具有经营资格的经营者购得该遗失物的，权利人请求返还原物时应当支付受让人所付的费用。权利人向受让人支付所付费用后，有权向无处分权人追偿。”《民法典》第三百一十四条规定：“拾得遗失物，应当返还权利人。拾得人应当及时通知权利人领取，或者送交公安等有关部门。”《民法典》第三百一十五条规定：“有关部门收到遗失物，知道权利人的，应当及时通知其领取；不知道的，应当及时发布招领公告。”遗失物不处于所有权人的控制和实际支配下，并不会因此发生所有权的移转。拾得人将遗失物返还失主的义务，是法律规定的必须履行的强制性义务，否则就是对他人所有权的侵犯，所有权人也有权请求拾得人返还原物。

《民法典》第三百一十八条规定：“遗失物自发布招领公告之日起一年内无人认领的，归国家所有。”根据该规定，遗失物超过招领期限后不归拾得人所有，而是在遗失物自发布招领公告之日起 1 年内无人认领的归国家所有。

（2）拾得漂流物，发现埋藏物和隐藏物。

漂流物，是指在河流等水域漂流的无主物或者所有权人不明的物。埋藏物，是指藏附于土地中的财产。隐藏物，是指隐匿于土地之外的其他包藏物中的财产。漂流物、埋藏物和隐藏物是所有权不明的动产。漂流物是显而易见的，埋藏物和隐藏物则不同，是埋葬和隐藏于他物之中的，不具有显而易见性。但这些物都属于动产，且在拾得和发现时，所有权归属不明，所以有必要在法律上确定其归属。对漂流物、埋藏物或者隐藏物的原始取得规则，应依《民法典》的规定处理。《民法典》第三百一十九条规定：“拾得漂流物、发现埋藏物或者隐藏物的，参照适用拾得遗失物的有关规定。法律另有规定的，依照其规定。”

关于漂流物、埋藏物和隐藏物的归属，应区别对待。如果没有明确的所有权人，或无法确定所有权人，禁止任何单位和个人将这些物据为己有，其应归属于国家。如果漂流物、埋藏物和隐藏物有所有权人或可以查明所有权人的，应作为遗失物，适用遗失物返还的规则。例如，水上漂流的某件皮箱，上面写明了所有权人的姓名，拾得人在拾得之后，应将其交还给失主。

在漂流物、埋藏物和隐藏物中，有些是具有历史、艺术和科学价值的文物，这些物依法应归国家所有。根据《中华人民共和国文物保护法》第五条的规定：“中华人民共和国境内地下、内水和领海中遗存的一切文物，属于国家所有。古文化遗址、古墓葬、石窟寺属于国家所有。”对于地下埋葬的文物，任何单位和个人都不得私自挖掘或将发现的文物隐藏不报，不上缴国家，否则应承担相应的法律责任。

对于所有权人不明的埋藏物、隐藏物，在上缴国家以后，接收单位应当对上缴的单位或者个人给予表扬或者物质奖励，即发现埋藏物和隐藏物，对于发现人不应支付任何报酬，而只能给予奖励。当然，发现人在发现过程中确实支付了一定的费用的，应允许发现人请求返还发现所支付的费用。

6. 天然孳息和法定孳息的取得

孳息是相对于原物而言的，其是指由原物滋生、增值、繁衍出来的物。根据孳息产生的原因不同，可以将其分为天然孳息和法定孳息。天然孳息，是指因自然规律或物的用法而产生的新的独立的物。例如，母鸡所生的鸡蛋，牲畜产下的幼崽，果树上的果实，从羊身上剪下的羊毛等。孳息分离前，与原物结合在一起，属于原物的成分，不能单独成为物权的客体。天然孳息与原物分离的方式可以是自然的，也可以是人工的。但人工分离后进行加工的物并不是孳息，如牛肉制成的牛肉干。法定孳息，是指根据法律规定，就原物实施一定的法律行为而取得的由原物派生的孳息，如租金、利息、股息、红利等。

关于孳息的归属应如何确定，《民法典》第三百二十一条明确规定："天然孳息，由所有权人取得；既有所有权人又有用益物权人的，由用益物权人取得。当事人另有约定的，按照其约定。法定孳息，当事人有约定的，按照约定取得；没有约定或者约定不明确的，按照交易习惯取得。"

7. 征收、没收、国有化等国家强制取得

国家强制取得，是指国家基于公共利益的需要，通过没收、征收、国有化等方式强行取得他人的所有权的行为。国家强制取得是基于法律规定进行的，与原所有权人的意志和权利无关。《民法典》第二百四十三条规定："为了公共利益的需要，依照法律规定的权限和程序可以征收集体所有的土地和组织、个人的房屋以及其他不动产。"

（二）继受取得

1. 继受取得的概念

继受取得，又称传来取得，是指通过一定的法律行为或基于法定的事实从原所有权人处取得物的所有权。继受取得以原所有权人对该项财产具有所有权作为取得的前提条件。

2. 继受取得的原因

根据法律的规定，继受取得的原因主要包括以下三点：

（1）因一定的法律行为而取得所有权。

法律行为具体包括：一是买卖合同，民事主体双方达成协议，出卖人一方将财产交给买受人一方所有，买受人接受此项财产并支付价款。通过买卖行为，买受人取得出卖人的所有权。二是赠与和互易，赠与人自愿将其财产无偿转移给受赠人，

一方以金钱之外的某种财产与他方的财产相互交换，也可导致所有权的移转。

（2）因法律行为以外的事实而取得所有权。

例如，继承遗产，继承人按照法律的直接规定或者合法有效遗嘱的指定，取得被继承人死亡时遗留的个人合法财产。再如，接受遗赠，自然人、集体或者国家作为受遗赠人，按照被继承人生前所立的合法有效遗赠的指定，取得遗赠的财产。

（3）因其他合法原因取得所有权。

例如，合作经济组织的成员通过合股集资的方式形成新的所有权形式。

3. 继受取得的主要方式

继受取得主要包括以下方式：

（1）买卖。

买卖，即通过协议的方式，一方移转物之所有权以换取价金，另一方通过支付价金取得物之所有权。

（2）互易。

互易，这是一种古老的商品交换形式。它通过以物易物，使得双方当事人继受原本由对方享有的物之所有权。

（3）赠与。

赠与方无偿将物之所有权移转给受赠与方。这一单务法律行为，越来越多地成为国家、社会公益团体继受取得所有权的方法。

（4）继承与遗赠。

自然人死亡后，其生前享有的所有权由其继承人或遗赠受领人继受取得。

二、善意取得

（一）善意取得的概念

善意取得，又称即时取得，是原始取得的方式之一，是指在无权处分人将动产或不动产进行转让的情形下，倘若受让人取得该动产或不动产时出于善意，转让价格合理，并已完成交付或登记，则受让人依法取得该动产或不动产的所有权，原所有人无权请求受让人返还该动产或不动产。善意取得制度具有保障交易安全与便捷，降低交易成本，发挥物的经济效用等社会功能。

《民法典》第三百一十一条规定：“无处分权人将不动产或者动产转让给受让人的，所有权人有权追回；除法律另有规定外，符合下列情形的，受让人取得该不动产或者动产的所有权：（一）受让人受让该不动产或者动产时是善意；（二）以合理的价格转让；（三）转让的不动产或者动产依照法律规定应当登记的已经登记，不需要登记的已经交付给受让人。受让人依照前款规定取得不动产或者动产的所有权的，原所有权人有权向无处分权人请求损害赔偿。当事人善意取得其他物权的，参照适用前两款规定。”

例如，乙从甲处借得电视机一台，转让给丙，丙认为电视机属于乙之物，于是买下该电视机，乙把电视机交付给丙。此种情况下，乙虽无转移电视机所有权的权利，但丙的受让系善意，原电视机所有人甲则不得要求丙返还电视机的所有权。丙取得电视机之所有权，即属于善意取得。

（二）善意取得的构成要件

根据《民法典》第三百一十一条的规定，善意取得的构成要件如下：

（1）受让人须是善意的。

善意指受让人不知道也不应当知道出让人是无权处分人。如果明知出让人是无权处分人而仍与之交易的，不构成善意取得。

（2）受让人必须支付了合理的价款。

受让人须通过有偿交换取得该财产。受让人必须付出一定的对价而获得该财产，如果受让人是无偿取得该财产的，则不能构成善意取得。例如，无权处分人将自己占有的财产赠与第三人，则该第三人即使是善意的，也不能依善意取得制度而获得该物的所有权。

（3）受让人已经占有了该财产。

即转让的财产应当登记地已经登记，不需要登记的已经交付给了受让人。善意取得既可适用于动产，也可适用于不动产。不动产的转让以办理登记作为物权变动的标志，如果没有完成登记，则受让人不能主张善意取得。例如，受让人出于善意，从无权处分人手中购买了房屋并进行了过户登记，受让人可以根据善意取得制度取得房屋的所有权，但是如果未完成登记，则受让人不得主张善意取得。动产的转让以交付作为物权变动的标志，动产的交付已经完成意味着受让人获得了该动产的所有权。善意取得制度下，转让的动产必须是国家法律允许自由流通的财产。禁止或限制流通物不适用善意取得制度，如枪支弹药、黄金、麻醉品等。货币和不记名证券是一种特殊的动产，谁持有谁就成为其权利主体，因此适用善意取得制度。

以上三项构成要件，必须同时具备，否则不构成善意取得。

（三）善意取得的法律效果

善意取得的法律效果，是指善意取得构成要件具备时所产生的法律后果。善意取得最基本的法律效果在于，善意取得一旦具备构成要件，受让人即取得财产的所有权。出让人向受让人交付了财产，从受让人实际占有财产时起，受让人便成为财产的合法所有权人，原所有权人的权利归于消灭。善意取得制度在保护善意受让人时，也应保护原所有权人的利益。出让人因处分他人财产而获得的非法所得，应作为不当得利返还给原所有权人。如果返还的不当得利不足以补偿原所有权人的损失，原所有权人可基于侵权行为，请求出让人赔偿损失。如果出让人以高于市场的价格让与财产，其超出财产价值部分的所得，也应返还原所有权人。《民法典》第三百一十一条第二款对此作了规定，《民法典》第三百一十三条规定："善意受让人取得动产后，该动产上的原有权利消灭，但是，善意受让人在受让时知道或者应当知道该权利的除外。"

第四节 业主的建筑物区分所有权

业主的建筑物区分所有权已经成为私人不动产物权中的重要权利。在物权制度上，建构一套合理的建筑物区分所有权体系，明确同一建筑物的专有部分和共有部分的法律关系，对保障和促进共同居住群体的正常生活具有重大的意义。

一、业主的建筑物区分所有权

（一）业主的建筑物区分所有权的概念

业主的建筑物区分所有权，是指根据使用功能，将一栋建筑物在结构上区分为由各个所有权人独自使用的专有部分和由多个所有权人共同使用的共有部分，每一所有权人享有的对其专有部分的专有权与对共有部分的共有权的结合。《民法典》第二百七十一条规定："业主对建筑物内的住宅、经营性用房等专有部分享有所有权，对专有部分以外的共有部分享有共有和共同管理的权利。"

（二）业主的建筑物区分所有权的特征

业主的建筑物区分所有权的特征主要有四点：

（1）权利主体身份具有多重性。

建筑物区分所有权是专有权、共有权与共同管理权的复合，是一种特殊的不动产所有权，因而区分所有权人的身份，也具有多重性。具体表现在：就其为专有部分的所有权主体而言，区分所有权人为专有所有权人；就其对共有部分享有所有权而言，区分所有权人为共有所有权人；就其对区分所有建筑物行使管理权而言，区分所有权人为成员权人。

（2）建筑物区分所有权的客体由专有部分和共有部分组成。

专有部分主要是指根据建筑物的结构和功能而分割出来的具有独立建筑构造和独立使用功能的部分。它是通过一定方式对建筑物加以区分而分割出来的可以由特定主体独立使用的部分房屋。共有部分则是指建筑物的共有部分和附属设施等不具有独立使用功能的建筑部分。共有部分包括共有部分及附属物、共用设施等，它们都是区分所有权的客体。根据《民法典》第二百七十四条的规定："建筑区划内的道路，属于业主共有，但是属于城镇公共道路的除外。建筑区划内的绿地，属于业主共有，但是属于城镇公共绿地或者明示属于个人的除外。建筑区划内的其他公共场所、公用设施和物业服务用房，属于业主共有。"第二百七十五条规定："建筑区划内，规划用于停放汽车的车位、车库的归属，由当事人通过出售、附赠或者出租等方式约定。占用业主共有的道路或者其他场地用于停放汽车的车位，属于业主共有。"

（3）建筑物区分所有权的内容具有复合性。

建筑物区分所有权的内容包括三个方面，即专有权、共有权和共同管理权，即建筑物区分所有权是由不同类型的权利集合在一起而形成的权利。一般不动产所有权的权利构成是单一的，通常不涉及共同共有和共有管理。例如，独门独院的产权是单一的。

（4）专有权具有主导性。

在建筑物区分所有权的权利内容结构中，专有权居于核心地位，即具有主导性，表现在：区分所有权人取得专有权的同时取得共有部分持分权（共有权）和成员权；区分所有权人丧失专有权时也就丧失共有部分持分权和成员权；专有权标的物的大小还决定了共有权和共同管理权的应有份额，处分专有权的效力必然包括共有权和共同管理权在内的整个建筑物区分所有权；在建筑物区分所有权的成立上，只需登记专有权，而共有权、共同管理权随此而发生，不必单独进行登记。

二、专有权

（一）专有权的概念

专有权，又称专有所有权、特别所有权，是指建筑物区分所有权人对专有部分享有的占有、使用、收益、处分并排除他人干涉的权利。《民法典》第二百七十二条规定："业主对其建筑物专有部分享有占有、使用、收益和处分的权利。业主行使权利不得危及建筑物的安全，不得损害其他业主的合法权益。"

（二）专有权的特征

专有权具有如下特征：

(1) 专有权的本质与一般的单独所有权相同。从本质上看，专有部分的所有权属于所有权，与一般的单独所有权并无区分。

专有部分的所有权人享有对专有部分完全的支配权利。专有权人出售专有部分时，其他权利人不享有优先购买权。

(2) 专有权的客体是建筑物分割后具有一定独立性和可公示性的专有部分。专有权的客体不是物理形态上独立的物，而是建筑物经分割后形成的具有一定独立性和可公示性的专有部分。

专有部分经分割后方可成为建筑物区分所有权的客体，它必须具备以下条件：

第一，具有独立的建筑结构。这是指专有部分必须具有建筑构造上的独立性。构造上的独立性又称"物理上的独立性"，即各个部分在建筑物的构造上可以被区分开，可与建筑物其他部分完全隔离，也只有这样才能客观地划分为不同部分并为各个所有权人独立支配。例如，一排房屋以墙壁间隔成户。在法律上要求构造上具有独立性的原因在于：一方面，由于建筑物区分所有权是要将建筑物分割为不同部分而为不同所有者单独所有，因此，单独所有权的支配权效力所及的客体范围必须明确，要明确划分范围就必须以墙壁、楼地板、大门等作间隔和区分标志；另一方面，只有在客体范围十分明确的情况下，才能确定权利范围，同时准确地判断他人的行为是否构成对某一专有权的损害，如果各个权利的客体都不能区分开，也就很难判定某人的权利是否受到侵害。

第二，具有独立的使用功能。这是指专有部分必须具有使用上的独立性。建筑物被区分为各个部分以后，每一个部分都可以被独立地使用或具有独立的经济效用，不需要借助其他部分辅助即可利用，区分的部分的使用人可以独立地进出和使用该部分。假如区分为各个房间以后，该房间并无独立的出入门户，必须利用相邻的出入单位门户才能出入，则该房间并不具有使用上的独立性，从而不能成为建筑物区分所有权的客体。

第三，通过登记后，具有法律上的独立性。这是指通过登记予以公示并表现出来的法律上的独立性。构造上和使用上的独立性，是经济上的独立性，只有通过登记才能使被分割的各个部分在法律上独立，才能成为各个所有权的客体。如果被分割的各个部分登记为各个主体所有，则建筑物作为整体不能再作为一个独立物存在。通过登记表现出来的法律上的独立性，是以构造上和使用上的独立性为基础的，如果构造上或使用上的独立性不复存在，则法律上的独立性也难以存在。例如，原被区分所有权的两部分同属于一人，间隔除去后，两部分合二为一，则各个部分失去构造上的独立性或使用上的独立性，应解释为一个所有权。

（3）专有权具有主导性。

在建筑物区分所有权的各项权利中，专有权居于主导地位，其他权利都是由专有部分的所有权决定的。

（4）专有权在行使上受共同生活规则的约束。

专有权人形成了一定的共同利益，其在行使权利时，不得滥用，不得损害其他所有权人的利益。首先，不得危及建筑物的安全。例如，房屋装修不得擅自拆除承重墙，或者改变房屋结构，损害建筑物的安全。其次，不得损害其他业主的合法权益。例如，擅自将住宅改变为歌厅、餐厅等商业用房，或者将共有部分改变用途的，应当经全体建筑物区分所有权人的同意。再次，应受相邻关系与共有关系的限制。例如，业主随意变更建筑物专有部分的用途，从事带有噪声、震动或其他影响他人生活或者休息的行为，给其他业主造成生活上的不便，属于滥用权利的行为，受害的业主可要求其承担停止侵害、排除妨碍、恢复原状、赔偿损失等民事责任。

对民宅是否可以改变为经营性用房，《民法典》第二百七十九条规定："业主不得违反法律、法规以及管理规约，将住宅改变为经营性用房。业主将住宅改变为经营性用房的，除遵守法律、法规以及管理规约外，应当经有利害关系的业主一致同意。"依此规定，住宅改变为经营性用房有严格的限制条件，除了遵守法律、法规以及管理规约外，还应当获得有利害关系的业主的一致同意。

三、共有权

（一）共有权的概念

共有权，是指建筑物区分所有权人依据法律或管理规约，对建筑物的共有部分、基地使用权、小区公共场所和公共设施等共同享有的权利。例如，建筑物区分所有权人对小区的绿地、道路所享有的共有权。共有权是建筑物区分所有权中的"共同性灵魂"，与建筑物区分所有权中专有权的"单独性灵魂"构成建筑物区分所有权的两个"灵魂"。《民法典》第二百七十三条第一款规定："业主对建筑物专有部分以外的共有部分，享有权利，承担义务；不得以放弃权利为由不履行义务。"

（二）共有权的特征

共有权具有如下特征：

（1）共有部分附随于专有部分，共有权依附于专有权，处于从属地位。

专有部分与共有部分是物理上不可分割的统一结构体。共有部分不能独立存在，也不能单独转让和继承。取得专有部分的所有权，则自然取得共有部分所有权。专有部分的权利发生变动，共同部分的权利也随之发生变化。

（2）共有权是法定的权利，无须当事人约定。

共有人对共有部分的权利是依据法律规定产生的，无论当事人之间是否有约定，共有权都存在。共有部分的范围及权利和义务内容在当事人之间不存在特别约定的情况下，应当依据法律和法规规定。此外，为维护共有部分的安全与完整及全体住户对共有物的利用，法律一般禁止区分所有权人请求实际分割共有部分。但是区分所有权人对共有部分所享有的权利是法定权利，并不排斥共有人基于约定产生约定共有。例如，某些区分所有权人将不设定专有权的部分设定共有权。同时也不排除各区分所有权人通过约定而规定共有物的使用方法。例如，各区分所有权人约定允许他人在建筑物上设置广告牌等。一旦区分所有权人作出了合法的特别约定，则此种约定应优先于法律规定而适用。

（3）这种共有权是为了共有人的共同利益而设定的，由共有人共同行使。

各区分所有权人对共有部分享有的共有权利既可以是按份共有，也可以是共同共有。对共有部分的性质不应一概而论，而应根据具体的使用情况来确定。如果共有财产是各区分所有权人共同使用的财产，不能具体将哪一部分的财产确定为他人使用，也不能按照一定的份额确定使用范围，则只能认为该财产为共同共有的财产。例如，共有楼梯、共用的设备和附属建筑等均应共同使用，这些财产显然应为共同共有的财产。但是如果能将某些共有财产确定为何人使用，或按照一定的份额确定使用范围，可认为是按份共有的财产。例如，隔墙、为某些楼层专用的楼梯、房屋共有部位必要的装饰，这些财产可认定为按份共有的财产。此外，如果当事人就共有财产特别约定应按照一定的份额使用、收益并承担维修等义务，应认为该财产为按份共有的财产。对共同共有的财产，各区分所有权人应不分份额地共同合理地使用，而对按份共有的财产，则各区分所有权人应按照确定的份额使用、收益。任何区分所有权人超越权利范围而使用，侵害他方权益，应停止侵害并赔偿损失。

在共有部分中，某些为全体区分所有权人在生活中必须使用的共有财产，如公共楼梯、公共走廊、大门等，由全体区分所有权人共同享有占有、使用、收益和处分的权利，但是，如何行使这些权利，还需要依据物权法及相关法律法规和建筑区划管理规约的规定。业主不仅对这些共有部分享有共有的权利，还享有共同管理的权利，有权对共有部分与共用设备设施的使用、收益、维护等事项行使管理的权利，同时对共有部分负有相应的义务。业主不得以放弃权利为由不履行义务。例如，业主不得以不使用电梯为由，不交纳电梯维修费用。业主对共有部分享有的共有和共同管理的权利随着业主对专有部分所有权的转让而一并转让。

四、共同管理权

共同管理权，是指区分所有权建筑物的业主对共同财产和共同事务进行管理的权利。根据《民法典》第二百七十一条的规定，建筑物区分所有权包括业主的共同管理权。

（一）共同管理权的特征

共同管理权具有以下特征：

（1）共同管理权具有永续性。

共同管理权是所有权的延伸，是建筑物区分所有权的一部分，是一项与专有权、共有权密不可分的权利。建筑物区分所有权在新老业主之间发生移转，共同管理权随之发生移转，并不消灭。

（2）共同管理权以专有权为基础。

共同管理权是法律赋予业主专门管理公共事务的权利，以专有权的存在为基础，是确保专有权和共有权实现的手段，业主只有取得了专有部分的所有权，才能取得相应的共同管理权。取得专有部分的所有权，也就取得了共同管理权；转让了专有部分的所有权，共同管理权也随之丧失，并由受让人取得成员资格。只有成为业主才享有共同管理权，不享有专有权的物业管理机构对建筑物或小区内物业进行管理的权利是基于业主的委托或授权而产生的。

（3）共同管理权是基于业主的团体性产生的。

业主作为团体成员享有共同管理权，进而对整个建筑物享有权利、负有义务。

（4）共同管理权指向的对象是共有财产和公共事务。

共同管理权并非针对自己的事务，否则没有必要在专有权之外再设立共同管理权。单个业主行使管理权存在现实上的困难，该权利是通过业主大会、业主委员会等行使的。

（二）共同管理权的内容

《民法典》第二百七十八条第一款规定："下列事项由业主共同决定：（一）制定和修改业主大会议事规则；（二）制定和修改管理规约；（三）选举业主委员会或者更换业主委员会成员；（四）选聘和解聘物业服务企业或者其他管理人；（五）使用建筑物及其附属设施的维修资金；（六）筹集建筑物及其附属设施的维修资金；（七）改建、重建建筑物及其附属设施；（八）改变共有部分的用途或者利用共有部分从事经营活动；（九）有关共有和共同管理权利的其他重大事项。"

业主共同管理权的主要内容包括以下方面：

1. 表决权

表决权，即参加管理团体大会，就大会讨论的事项享有的投票表决权。业主有权参加业主大会，参与制定规约，参与讨论、表决业主的共同事务。每一个业主都有权提议召开业主大会，提出讨论的议题，对重大事务进行表决。

2. 选举和被选举权

《民法典》第二百七十七条规定："业主可以设立业主大会，选举业主委员会。"

3. 选任与解任管理人的权利

《民法典》第二百八十四条规定："业主可以自行管理建筑物及其附属设施，也可以委托物业服务企业或者其他管理人管理。对建设单位聘请的物业服务企业或者其他管理人，业主有权依法更换。"业主是共有财产的权利人，对共有财产的管理必须由业主决定，对开发商、业主大会委派的管理人或者物业管理机构，有权进行监督，对不尽职的管理人有权提出批评、改进意见，建议业主大会决议更换管理人。

4. 请求权

建筑物区分所有权人作为管理团体的成员，对公共管理事项及共同收益的应得份额享有请求权。具体包括以下权利：请求召集会议的权利；请求正当管理共同关系事务的权利；请求收取共有部分应得的利益等。

（三）行使共同管理权的组织

依据《民法典》第二百七十七条的规定，区分所有权建筑物的管理组织分为两级，一是业主大会，二是业主委员会。业主大会是区分所有权建筑物管理的最高决策机构，业主委员会是其执行机构。《民法典》第二百八十条第一款规定："业主大会或者业主委员会的决定，对业主具有法律约束力。"业主大会或者业主委员会可以聘任物业管理机构对区分所有权建筑物进行管理，物业管理机构是受业主大会或者业主委员会的委托执行管理建筑物事务的单位。

1. 业主大会

业主大会，是指全体业主成立的、管理其共有财产和共同生活事务的自治组织。在建筑物区分所有权的情况下，无论是否成立业主委员会，一般应当建立业主大会，并通过业主大会来管理各项共同事务。

2. 业主委员会

业主委员会是业主大会的执行机构，受业主大会委托来管理全体业主的共有财产或者共同生活事务。业主可以设立业主委员会，也可以不设立业主委员会。

3. 物业服务机构

物业管理机构是建筑物管理的具体执行机构，负责执行管理规约所定事项及业主大会决议事项。物业管理机构接受委托之后，应当按照《民法典》第二百八十五条的规定，执行规约和决议，负责日常管理工作，对共有部分进行清洁、维护、修缮和一般改良，管理经费动支，负责管理人的雇用和考核，调解住户纠纷，对业主和专有部分占有人的违规行为进行制止等。管理人也应当执行以上职责。物业管理机构应当接受业主的监督。

第五节　相邻关系

一、相邻关系的概念和特征

（一）相邻关系的概念

相邻关系，是指两个或两个以上相互毗邻的不动产的所有权人或使用人，在对不动产行使所有权或使用权时，因相邻各方应当给予便利或接受限制而发生的权利、义务关系。

不动产的所有权人或使用人又称相邻人；相邻方享有的要求他人给予方便的权利又称相邻权。相邻权是为调节在行使不动产所有权或使用权中的权益冲突而产生的一种权利。根据法律规定，不动产所有权人或使用人行使权利，应给予相邻的不动产所有权人或使用人以行使权利的必要的便利。这样，一方因提供给对方必要的便利，而使自己的权利受到了限制；另一方则因为依法取得了必要的便利，而使自己的权利得到了延伸。例如，甲、乙的房屋毗邻，甲出入自己的房屋必须经过乙房屋前的空地，而乙房屋的排水沟则必须从甲的房檐下通过，甲、乙要行使自己的房屋使用权，都需要对方提供相应的便利，这样，甲、乙之间就产生了相邻关系。

（二）相邻关系的特征

相邻关系具有以下特征：

（1）相邻关系是依据法律规定而产生的。

法律为了维护相邻不动产权利人之间的和睦关系，防止行使权利过程中产生的冲突，保障最基本的生产和生活需要，从而规定相邻方应当给另一方提供通风、采光、排水、取水、通行、排污等各方面的便利。相邻关系体现了法律对不动产权利的干预，属于强行性规范，当事人通常不能通过约定排除。

（2）相邻关系的主体必须是两个或两个以上的相邻不动产的所有权人或使用权人。

相邻关系可以发生在自然人之间，也可以发生在法人之间，或在自然人与法人之间发生。对相邻不动产进行使用的主体可以是所有权人，也可以是基于合同对不动产进行占有和使用的人，如承租人、借用人等。另外，相邻关系的发生要求相邻的不动产必须分属于不同的主体所有或使用，如果不动产尽管相邻但同属于一个主体所有或使用，则不发生相邻关系。

（3）相邻关系基于不动产相邻的事实而发生。

相邻关系发生在不同主体所有或使用的不动产相邻的情形下，没有相邻的不动产不会发生相邻关系。相邻的不动产，既可以是土地，也可以是建筑物。关于相邻的确定，既需要考虑不动产的地理位置，也需要考虑不动产权利行使所涉及的范围。例如，水流上游的土地权利人排水须经下游土地，尽管权利人之间的不动产并不相邻，但行使权利的范围是相互邻接的，也属于相邻不动产。

（4）相邻权的基本内容是给予相邻方行使权利提供方便，但相邻各方行使权利不得损害他方的合法权益。

一方面，相邻方有权要求他方提供必要的便利，他方应给予必要方便。如一方在建筑房屋时，应当为对方的建筑物留有一定的距离，否则将影响对方的通风和采光。另一方面，当事人在行使相邻权时，应尽量避免和减少给对方造成损失，不得滥用权利。如果因扩张权利而给他人造成妨害或损害，当事人应当对此给予适当补偿。如果从相邻方的土地通过，应尽量避免给对方造成损失，选择给提供便利方造成最小损害的地点和方法；如果给对方造成损失，则应当给予赔偿。

（5）相邻关系的客体是行使不动产物权所体现的财产利益和其他利益。

例如，相邻取水关系中相互给予对方的方便，追求的是财产利益；城市相邻关系中的空调机设置关系，相邻方给予对方的方便，追求的是非经济利益。

二、相邻关系的种类

相邻关系产生的原因很多，种类复杂，根据《民法典》的规定，我国主要有以下类型的相邻关系：相邻用水、排水关系，邻地使用相邻关系，相邻地界关系，相邻防险关系，因通风、采光和日照产生的相邻关系，相邻环保关系。

（一）相邻用水、排水关系

《民法典》第二百九十条第一款规定："不动产权利人应当为相邻权利人用水、排水提供必要的便利。"该条规定的是因水资源利用形成的相邻关系，包括相邻用水关系和相邻排水关系。

1. 相邻用水关系

水流可以分为地表水与地下水两种。对自然水流，无论是地表水还是地下水，相邻各方均有合理利用的权利。首先，必须要合理分配自然水流。所谓合理分配，应当考虑如下因素：第一，历史上形成的习惯。第二，需要考虑用水的人口和生产状况，不得因利用水流而妨碍相邻人的用水利益。此外，相邻各方在利用同一自然水流时，禁止过度占用水资源，应尊重其自然形成的流向，任何土地使用人都不得为自身利益而改变水流方向，截断水流，独占水流，应按照由近至远、由高至低的原则，共同使用，依次灌溉。若一方擅自改变、堵截或独占自然水流而影响他方正常生产活动的，他方有权请求排除妨碍；造成他方损失的，应负赔偿责任。

2. 相邻排水关系

相邻排水关系，包括相邻自然排水关系和相邻人工排水关系两种。对自然流水，高地的权利人基于自然流向而享有向低地排放的排水权，低地的不动产权利人应负容忍义务。对人工排水，高地的不动产所有权人或使用权人没有向低地排放的当然权利，其也不得设置屋檐或其他工作物而使雨水等倾注于他人不动产上。高地的不动产所有权人或使用权人享有采取适当排水措施使水流通过低地而排放至江河或公共排水系统的过水权。

（二）邻地使用相邻关系

1. 相邻通行关系

通行是维持人们正常生产和生活的条件。《民法典》第二百九十一条规定："不动产权利人对相邻权利人因通行等必须利用其土地的，应当提供必要的便利。”

相邻通行关系的成立，需具备以下条件：

（1）土地与公共道路无适宜的联络。其中，绝对不通公路的土地称为袋地，通行困难的土地称为准袋地。所谓“土地与公共道路无适宜的联络”，包括两种情形：第一，因土地四周皆不通公路（袋地）所产生的通行问题。例如，甲有一块土地，这块土地周围的土地全部被乙所购买，导致甲的土地形成袋地，在此种情况下，甲必须经由乙的土地，否则无路可走。第二，通行困难，此种情况被称为准袋地。[①] 虽然不动产权利人可以不经他人的土地通行，但非常不便利，并且会发生较高的费用。

（2）邻地通行权的行使是为了土地通常使用所必要。判定是否为土地通常使用所必要，除了应考虑土地的位置、面积、形状、地势等因素外，还应考虑土地的用途及是否作合法的利用。例如，被围绕的土地虽有田埂可以出入，但还需要考虑肥料与收获物的搬运有无困难等。

（3）倘若土地与公共道路无适宜的联络是因土地所有权人或使用人的任意行为所造成的，则该土地所有权人或使用人不得主张必要通行权。例如，土地所有权人或利用人任意破坏原有的桥梁、抛弃邻地上的原有的通行权而致土地与公共道路无适宜的联络的，不得主张通行权。

2. 因建造、修缮建筑物及铺设管线所形成的相邻关系

因建造、修缮建筑物及铺设管线形成的关系也是一种相邻关系。一方面，是为了保障人民的基本生活条件，预防和减少纠纷。例如，相邻两间房屋中一间的户主发现，其煤气管道存在漏气现象，为了对管道进行检查和修理，该业主就需要相邻另一方的房屋业主配合，允许专业检修人员进入其屋内检查室内的管线是否存在故障或者其他问题。另一方面，这也是为了维护公共利益，有效利用资源。例如，铺设管线的公用事业单位在铺设有关管线的过程中，都需要利用他人的不动产。如果不动产权利人禁止任何管线的经营单位在其不动产上铺设管线，这必然会损害社会的公共利益，也使不动产无法得到有效利用。《民法典》第二百九十二条规定：“不动产权利人因建造、修缮建筑物以及铺设电线、电缆、水管、暖气和燃气管线等必须利用相邻土地、建筑物的，该土地、建筑物的权利人应当提供必要的便利。”

（三）相邻地界关系

相邻地界关系涉及的情况主要如下：

---

① 陈华彬．物权法论［M］．北京：中国政法大学出版社，2018：384－385.

1. 越界建筑

相邻各方修建建筑物时，不得紧贴边界，更不准越界侵占对方的土地。对于越界建筑，相邻一方有权提出停止侵害、恢复原状、赔偿损失的请求；如果相邻一方明知对方越界修建而不提出异议，则不能请求停止侵害、恢复原状，只能要求赔偿损失。

2. 竹木根枝越界

相邻一方在地界一侧栽培竹木时，应与地界线保持适当的距离，以预防竹木根枝越界侵入对方土地。相邻一方种植的竹木根枝越界而影响他人的，他方有权请求竹木所有权人或管理人剔除越界根枝；相邻一方不予剔除的，他方有权剔除。

3. 果实越界

越界的果实因成熟或风吹而自然坠落于邻地所产生的相邻关系，涉及果实所有权归属问题。果实自落于邻地的，应归邻地所有权人或使用人所有，但邻地如为公有地的，则果实仍归果树所有权人所有；当地另有习惯的，依习惯。需强调的是，邻地包括相邻的田园、水路，但不以直接毗邻为必要；自落，是指果实因风吹或者成熟而自然坠落，邻地权利人自己或者指使他人摇动果树而致果实坠落的，不得认为是自落。①

（四）相邻防险关系

相邻防险关系，是指相邻一方当事人因使用、挖掘土地，或其所建建筑物有倾倒危险，给相邻当事人造成损害的危险时，在该相邻双方当事人间产生的一方请求他方预防损害，他方负有预防邻地损害的权利义务关系。《民法典》第二百九十五条规定："不动产权利人挖掘土地、建造建筑物、铺设管线以及安装设备等，不得危及相邻不动产的安全。"

1. 地基动摇的相邻防险关系

这是最典型的相邻防险关系，土地所有权人或使用人挖掘土地或修筑建筑物时，不得因此使邻地地基动摇或使邻地的建筑物受到损害。行使相邻防险权利，主要是禁止相邻一方在地界线附近从事有侵害危险的行为，即相邻一方在地界线附近挖掘土地或修筑建筑物，必须留出适当距离。已留出适当距离的，若仍给相邻方造成损害的，应依据科学鉴定，予以免责或减轻责任。

2. 建筑物及其他设施倒塌危险的防险关系

建筑物或构筑物有倾倒以致邻人损害的危险时，相邻他方有权请求采取必要的

① 王泽鉴．民法物权［M］．2版．北京：北京大学出版社，2010：146.

预防措施，以防止损害的发生。这种必要预防的请求权，不以建筑物或其他设施的所有权人或管理人有过失为必要，只需有危险之存在即可。[①]

3. 放置或使用危险物品的防险关系

危险物品，包括易燃品、易爆品、剧毒性物品等具有危险性的物品。放置或使用这些物品，必须严格按有关法规的规定办理，需要与相邻人的建筑物保持适当距离，并采取必要的防范措施，避免相邻人遭受人身或财产损失。

（五）因通风、采光和日照产生的相邻关系

不动产所有权人或使用人在建筑房屋或其他工作物时，应当与相邻方的房屋或其他工作物保持适当的距离或限制适当的高度，不得妨碍相邻方不动产的日照、采光和通风。例如，在城市建筑物密集地区，安装空调机应当与相邻方建筑物的门窗保持适当距离，不能将空调的排风口直接对着相邻方建筑物的门窗。《民法典》第二百九十三条规定："建造建筑物，不得违反国家有关工程建设标准，不得妨碍相邻建筑物的通风、采光和日照。"

（六）相邻环保关系

《民法典》第二百九十四条规定："不动产权利人不得违反国家规定弃置固体废物，排放大气污染物、水污染物、土壤污染物、噪声、光辐射、电磁辐射等有害物质。"例如，有的建筑物安装了反射出刺眼光芒的特殊玻璃；或某人在自己家中使用音响，制造噪声，影响到其他邻居的休息和生活安宁。

1. 排放污染物

企业和事业单位应遵守《中华人民共和国环境保护法》（以下简称《环境保护法》）的有关规定，排放废水、废气、废渣、粉尘及其他污染物，应注意保护环境，防止造成污染。如果排放的污染物造成了损害，即使排放的污染物并没有超过标准，相邻方也有权要求治理并请求赔偿损失。相邻一方产生的粉尘、光污染、噪声、电磁辐射等超过国家规定标准，或者散发有害异味的，相邻方有权请求停止侵害、赔偿损失。

2. 修建、堆放污染物

相邻一方在修建厕所、粪池、污水池或堆放腐朽物、有毒物、恶臭物、垃圾等，应当与相邻方生活居住的建筑物保持一定的距离或采取相应的防范措施，防止对相邻方的人身和财产造成损害。如果上述污染物侵入相邻方，从而影响其生产、生活

---

① 杨立新．中国物权法研究［M］．北京：中国人民大学出版社，2018：376.

的，相邻方有权请求排除妨碍、消除危险或赔偿损失。

3. 制造噪声

相邻一方不得制造噪声、喧嚣、震动等妨碍相邻方的生产和生活。如果音响和震动已损害相邻方的，应及时处理，消除损害。对一些轻微的、正当的音响和震动，相邻方则应给予谅解。对噪声严重的单位，应按《环境保护法》和其他有关规定，采取措施加以治理。

三、处理相邻关系的原则

《民法典》第二百八十八条明确了处理相邻关系的基本原则："不动产的相邻权利人应当按照有利生产、方便生活、团结互助、公平合理的原则，正确处理相邻关系。"该法第二百八十九条还规定："法律、法规对处理相邻关系有规定的，依照其规定；法律、法规没有规定的，可以按照当地习惯。"

（一）有利生产、方便生活

相邻关系是人们在生产、生活中因行使不动产权利而产生的。设置相邻关系是为了充分发挥相邻不动产的效益，满足相邻各方的利益需要。在处理相邻关系时，应当从有利生产、方便生活的原则出发，妥善解决相邻各方的利益需要，充分发挥不动产的使用效益，最大限度地维护各方的利益，以实现法律调整相邻关系所追求的社会目的。

（二）团结互助、公平合理

处理相邻关系必须遵循团结互助、公平合理的原则，本着互相尊重对方的合法权益、互相协作、友好协商的精神妥善解决。在确认相邻关系各方的权利义务关系和处理相邻关系纠纷时，应当遵循公平合理的原则。相邻各方从对方获得便利，扩张或延伸其权利需要限定在必要的、合理的限度内，并应采取适当措施防止给他方造成损害或应将损害降至最低，如果仍不能避免损害发生的，应当按照公平合理的原则给予赔偿。例如，相邻一方的果树枝延伸到相邻方的土地上，一般应当允许相邻方剪除，但若剪除将严重影响树木的经济价值或生长，此时双方应通过友好协商来确定是否予以剪除及如何给予补偿。

（三）依据法律、法规及尊重历史与习惯

法律、法规对相邻关系作出明确规定的，依据法律、法规的规定处理相邻关系。

例如，有关建筑工程施工，必须采取安全保障设施。法律、法规没有明确规定的，必须依据习惯。例如，能否进入他人土地割草、樵牧、拾取自家树木的枯枝或自落的果实，以及修缮房屋滴水檐等，往往有当地的风俗习惯，应当遵从。

四、相邻关系与地役权的区别

相邻关系与地役权的区别主要包括以下方面：

（1）两者产生的原因不同。

相邻关系为不动产所有权或使用权内容的扩张与限制，因法律直接规定而发生，是法定权利；而地役权为不动产所有权人或使用权人之间基于契约关系发生的权利扩张或限制，是约定权利。

（2）两者对不动产利用关系的调节程度不同。

相邻关系的调节程度较低，而地役权的调节程度较高。相邻关系的规定是为了调和不同所有权人之间的权利，对他们的各自权利给予一定的限制，使得大家共同方便使用，这是为了达到使用的最低标准；而地役权的设立是为了使所有权人的权利得到更好的行使，是一个比较高的标准。

（3）两者存续期间及是否有偿不同。

相邻权的存续期间是法定的，而地役权的存续期间是由当事人约定的。相邻权的取得和行使具有无偿性；而地役权的取得和行使既可以是有偿也可以是无偿，但通常是有偿的。

（4）两者存在条件不同。

相邻关系既适用于土地相邻，也适用于房屋相邻；而地役权只适用于土地相邻，但不受土地是否毗邻的限制，即地役权不一定相邻，甚至相隔很远。

（5）两者独立的权利类型不同。

相邻关系不是一项独立的民事权利，更不是一项独立的物权类型，属于不动产所有权或使用权本身的扩张与限制；而地役权是独立于不动产所有权或使用权之外的一种民事权利，为一项独立的用益物权。

（6）两者是否需要登记不同。

相邻关系成立及对抗第三人，无须登记即可发生。作为用益物权的地役权，取得对抗善意第三人的效力，必须进行登记。

（7）两者受到损害后的救济请求权不同。

相邻关系受到侵害后，不能直接以相邻关系为基础提起损害赔偿诉讼，而应该提起所有权的行使受到妨害之诉；地役权受到损害之后，受害人可以直接提起地役权受损害的请求之诉。

第六节　共有

一、共有的概念与特征

（一）共有的概念

共有，是指两个或两个以上的权利主体对同一物共同享有所有权的法律状态。共有不是一种独立的所有权形式，而是复数主体之间所有权的联合，与物权的排他性、一物一权原则并不抵触。《民法典》第二百九十七条明确规定："不动产或者动产可以由两个以上组织、个人共有。共有包括按份共有和共同共有。"

（二）共有的特征

共有具有如下特征：

（1）共有的权利主体具有多元性。

单独所有是指一个人单独享有对某项财产的所有权，换言之，共有的主体为两人或两人以上。由于主体是多数人，共有制度应对各个主体在管理、使用、收益及处分共有财产的权利义务关系方面作出规定。同时，由于在多个主体之间常常可能会形成一种联合或团体关系，多个主体基于相互之间的共同合意也可能达成一定的团体规则或协议，各共有人应当遵守这些规定。

（2）共有的客体具有单一性。

共有财产可以是一个集合物，如图书馆；也可以是一个合成物，如房屋、汽车；还可以是一个单一物，如土地。共有物既可以是特定物，也可以是权利的集合。各种权利也可以为准共有。例如，对小区的绿地所享有的共有权，实际上是对权利的共有。另外，由各共有人共有的共有物在共有关系存续期间，不得分割为各个部分由各共有人分别享有所有权，而只能由各共有人对共有物共同享有所有权。

（3）共有的内容具有双重性。

共有权的内容，不仅包括共有人与非共有人的对世性的权利义务关系，还包括内部共有人之间的权利义务关系。共有权是具有相对性的绝对权，这是共有权的重要特征。

（4）共有具有意志或目的的共同性。

共有人对共有物按照各自的份额享有权利并承担义务，或者平等地享有权利、承担义务。一是共有人对共有物所享有的权利及承担的义务，因按份共有和共同共有不同而各不相同；二是各共有人所享有的权利及于整个共有财产，即要对整个共有财产依据份额或平等地享有权利，而不能仅仅针对某一共有财产或共有财产的某一部分享有权利。

二、按份共有

（一）按份共有的概念与特征

1. 按份共有的概念

按份共有，又称分别共有，是指复数共有人按照份额分别对共有物享有权利和负有义务的共有。按份共有的实质是将共有物所有权进行抽象的量的分割，将所有权分割为数份，每一共有人按其应有部分的份额享有所有权。按份共有是共有的原始形态或通常形态，为各国民法所普遍规定。《民法典》第二百九十八条规定："按份共有人对共有的不动产或者动产按照其份额享有所有权。"

2. 按份共有的特征

按份共有具有以下特征：

（1）共有人之间不以存在共同关系为必要。

按份共有人之间的联系是偶然的，不需要存在团体性的结合关系或特殊的身份关系。《民法典》第三百零八条规定："共有人对共有的不动产或者动产没有约定为按份共有或者共同共有，或者约定不明确的，除共有人具有家庭关系等外，视为按份共有。"

（2）共有人按照份额对共有物享有权利、负有义务。

份额化是按份共有的基本特征。份额的划分通常由共有人预先约定；没有约定或者约定不明确的，按照出资额确定；不能确定出资额的，视为等额享有。《民法典》第三百零九条规定："按份共有人对共有的不动产或者动产享有的份额，没有约定或者约定不明确的，按照出资额确定；不能确定出资额的，视为等额享有。"

（3）各个共有人对共有财产享有的权利和承担的义务依据其不同的份额确定。

份额确定后，各个共有人对共有物持有的份额大小决定其对共有物享有的权利和承担的义务。份额不同，各个共有人对共有人的共有财产的权利和义务是各不相同的。

（4）共有人的权利及于共有财产的全部。[①]

按份共有不是分别所有，如果共有人分别享有所有权，则无法确定共有人对共有财产的权利。按份共有的每一个共有人的权利及于整个共有财产，而不仅仅局限于共有物的某一部分；既然其他共有人也对全部财产享有权利，按份共有就是许多主体享有一个所有权。

（二）按份共有的效力

按份共有的效力表现在按份共有关系中，便形成了按份共有人之间的内部关系和外部关系。

1. 按份共有的内部关系

按份共有的内部关系，是指按份共有人相互之间的法律关系。它主要涉及以下四个方面的内容：

（1）共有物的使用和收益。按份共有人依据其应有部分，对共有物的全部享有使用收益权，而不是对共有物按应有部分比例享有一定部分的使用收益权。虽然按份共有人对共有物的使用收益权及于共有物的全部，且并不因应有部分的多少而有不同，但该使用收益权的行使不能损害其他共有人的权利。

（2）应有部分的处分。按份共有人享有要求分割自己应有部分的权利。按份共有中的共有人不需经过其他共有人的同意即可出卖自己的应有部分，在同等条件下，其他共有人有优先购买权。按份共有人可在其应有部分上设定抵押权和质权。由于应有部分的抛弃在性质上属于处分行为，所以，按份共有人可以自由抛弃应有部分。

（3）共有物的处分和重大修缮。共有物的处分和重大修缮，须得到绝大多数共有人的同意。《民法典》第三百零一条规定：“处分共有的不动产或者动产以及对共有的不动产或者动产作重大修缮、变更性质或者用途的，应当经占份额三分之二以上的按份共有人或者全体共同共有人同意，但是共有人之间另有约定的除外。”从这一规定来看，按份共有财产的处分实行“多数决”原则，这样规定兼顾了效益和公平原则，有利于物尽其用。如果按份共有人约定对共有物的处分应经全体共有人一致同意，则应依照约定行事。

（4）共有物的费用负担。一般情况下，按份共有的各共有人按其份额分别负担共有物的费用。按份共有人对共有的不动产或者动产享有的份额没有约定或者约定

---

① 王利明．民法［M］．8版．北京：中国人民大学出版社，2020：348.

不明确的，按照出资额确定；不能确定出资额的，视为等额享有。

2. 按份共有的外部关系

按份共有的外部关系，是指按份共有人与第三人之间的法律关系。

（1）对第三人的权利。

各按份共有人对其应有部分所享有的权利，称为应有部分权，按份共有人基于应有部分权，可以向第三人主张各种请求权，如应有部分的确认请求权、应有部分的妨害排除请求权、共有物妨害预防请求权和共有物返还请求权等。

（2）对第三人的义务。

因共有物所生的对第三人的义务，按份共有人所应负担的责任，除当事人另有约定外，还应根据所应负担的义务是否具有可分性来决定。在对共同债权人的对外关系上，按份共有人根据不同情形而承担按份责任或连带责任。

（三）按份共有的共有物分割

由于各共有人可随时自由处分其应有部分，所以，各共有人也可随时请求分割共有物。但在下列情形下，按份共有人不能请求分割共有物：因共有物的使用目的而不能分割；协议约定了不可分割的期限而期限未届满前不能分割。

分割按份共有的共有物，既可以按协议分割，也可以通过法院判决分割。分割的方式包括实物分割、变价分割和作价补偿。按份共有的共有物被分割后，按份共有关系消灭，各按份共有人成为单独所有权人。

三、共同共有

（一）共同共有的概念与特征

1. 共同共有的概念

共同共有，是指两个或两个以上的民事主体基于某种共同关系而对某项财产不分份额地共同享有权利和承担义务。《民法典》第二百九十九条规定：“共同共有人对共有的不动产或者动产共同享有所有权。”

共同共有关系的产生是事实原因和法律原因共同作用的结果。首先，共同共有关系的产生必须具有事实基础，即复数主体之间存在共同关系，如夫妻关系、家庭关系、共同继承关系、合伙关系等。其次，共同共有关系的产生必须基于法律的直接规定。复数主体之间纵然存在事实上的共同关系，也不必然成立共同共有关系。共同共有关系不是或不完全是基于私权主体的共同意志形成的，它是法律规定的结果。依据我国现行法律规定，共同共有主要包括以下类型：夫妻共有、家庭共有、遗产分割前的共有和部分合伙共有。

2. 共同共有的特征

共同共有具有以下特征：

（1）共同共有基于共同关系发生，以存在共同关系为前提。

没有共同关系，也就没有共同共有。例如，因夫妻关系、家庭共同劳动关系而形成的夫妻财产共有和家庭财产共有。

（2）共同共有是不分份额的共有。

只要共同共有存在，共有人对共有的财产就不划分各共有人的份额。只有在共同共有关系终止后，才能确定各共有人的份额，以分割共有财产。这是共同共有与按份共有的主要区别。

（3）共同共有人平等地享有权利和承担义务，对外承担连带责任。

共同共有存续期间，各共有人对共有财产平等地享有占有、使用、收益和处分的权利，共同承担义务。例如，以丈夫的名义登记的房屋，在夫妻关系存续期间属于夫妻共同的财产，夫妻双方应平等地享有权利、承担义务。基于共同共有财产而产生的债权债务为连带债权债务。

（二）共同共有的效力

共同共有的效力表现在共有关系中，就形成了共同共有人之间的内部关系和外部关系。

1. 共同共有的内部关系

（1）各共同共有人的权利及于共同共有物的全部。一般情况下，共同共有物的处分应经全体共有人的同意，否则处分无效。

（2）共同共有人不得随意变更法律关于共同共有关系成立的规定。共同共有人如何行使权利和履行义务，依据产生该共同共有关系的法律的直接规定。

（3）共同共有关系由共同关系产生，因此，在共同共有关系存续期间，各共同共有人不得请求分割或让与共有物。

（4）在共同共有关系中，当共同共有物遭受他人非法侵害时，各共有人均有权行使物权请求权。

2. 共同共有的外部关系

（1）共同共有人对所欠债务承担连带清偿责任。

（2）因对共同共有物的管理不善造成他人损害时，全体共有人应承担赔偿责任。

（3）部分共同共有人擅自处分共有财产，而第三人为有偿、善意取得该财产时，应维护第三人的利益；至于因此给其他共有人造成的损失，由擅自处分共有财产的人赔偿。

（三）共同共有的形式

1. 夫妻共同财产

夫妻在婚姻关系存续期间，对共有财产享有平等的权利。夫妻双方出卖、赠与夫妻共有财产，应取得一致意见。只有在夫妻离婚，或夫妻一方死亡而继承开始时，才能对夫妻共有财产进行分割。

《民法典》第一千零六十二规定："夫妻在婚姻关系存续期间所得的下列财产，为夫妻的共同财产，归夫妻共同所有：（一）工资、奖金、劳动报酬；（二）生产、经营、投资的收益；（三）知识产权的收益；（四）继承或者受赠的财产，但是本法第一千零六十三条第三项规定的除外；（五）其他应当归共同所有的财产。夫妻对共同财产，有平等的处理权。"

2. 家庭共有财产

家庭共有财产，是指家庭成员在家庭共同生活关系存续期间的共同劳动收入和所得。除法律另有规定或家庭成员之间另有约定外，家庭共有财产的使用、处分或分割，应征得全体家庭成员的同意。

应将家庭共有财产和家庭成员个人财产区别开来。区分家庭共有财产和家庭成员个人财产的意义在于，在分割家庭共有财产时，只能对家庭共有财产而不能对家庭成员个人财产进行分割；因生产经营活动负债时，个人经营的，以个人财产承担债务，家庭经营的，以家庭共有财产承担；在家庭共同生活关系存续期间，为家庭的共同生活和生产所付出的开支，由家庭共有财产承担。

在遗产分割前的共有问题上，在继承开始后，如果继承人有数人，其中任何一个继承人皆不能单独取得遗产的所有权，遗产只能由全体继承人共有。

（四）共同共有财产的分割

在分割共同共有财产时，应遵守法律规定，也要体现平等协商、团结和睦的精神。分割共同共有的财产，既可以按协议分割，也可以通过法院的判决分割。分割的方式包括实物分割、变价分割和作价补偿。共同共有财产分割以后，共同共有关系消灭。

（五）共同共有和按份共有的区别

虽然共同共有和按份共有都属于财产共有的形态，但两者还是存在一些显著的区别。两者的区别主要体现在以下方面：

1. 成立的原因不同

共同共有的成立以共同关系的存在为前提，该共同关系是人的结合关系；按份共有不需要以共同关系的存在为前提。

2. 标的物不同

共同共有的标的物通常为多数，既可以是物，也可以是权利；按份共有的标的物一般是单一或少数。

3. 权利的享有不同

共同共有人的权利及于共同共有物全部，共同共有人对共同共有物的使用收益应征得全体共有人的同意；按份共有人以其应有部分享有所有权。

4. 对第三人行使的权利不同

共同共有人就共有物的全部对第三人行使本于所有权的请求权，应征得全体共有人的同意；按份共有人可以就共有物的全部行使本于所有权的请求权，但其回复共有物的请求，应为全体共有人的利益而进行。

5. 分割共有物的限制不同

在共同共有关系存续期间，共同共有人不得请求分割共有物；按份共有人除因共有物的使用目的不能分割或有协议约定不得分割外，可随时请求分割共有物。

对共有财产，部分共有人主张按份共有，部分共有人主张共同共有，此时应当如何认定共有关系？《民法典》第三百零八条规定：“共有人对共有的不动产或者动产没有约定为按份共有或者共同共有，或者约定不明确的，除共有人具有家庭关系等外，视为按份共有。”

本章小结

所有权是指所有权人依法对自己的动产或者不动产享有占有、使用、收益和处分的权利。根据所有权主体的所有制性质不同，所有权被划分为国家所有权、集体所有权及私人所有权。所有权的取得，是指民事主体根据一定的法律事实取得物的所有权，进而在该特定主体与其他人之间产生以该物为客体的所有权法律关系，分为原始取得和继受取得。建筑物区分所有权，是指根据使用功能，将一栋建筑物在结构上区分为由各个所有权人独自使用的专有部分和由多个所有权人共同使用的共有部分，每一所有权人享有的对其专有部分的专有权与对共有部分的共有权的结合。相邻关系，是指两个或两个以上相互毗邻的不动产的所有权人或使用人因对不动产行使所有权或使用权时应当给予便利或接受限制而发生的权利、义务关系。共有，是指两个或两个以上的权利主体对同一物共同享有所有权的法律状态。

简答题

1. 简述所有权的概念和特征。
2. 简述所有权的权能。
3. 简述所有权的取得。
4. 简述善意取得。
5. 简述共有、按份共有、共同共有的概念与特征。
6. 简述共同共有和按份共有的区别。
7. 简述业主的建筑物区分所有权的概念与特征。
8. 简述相邻关系的概念和特征。
9. 简述相邻关系的种类。

案例

周某（男方）和罗某（女方）系夫妻关系，育有一女周某某。2012 年，周某和罗某到民政局办理了离婚手续，约定两人在夫妻关系存续期间所购买的一套房屋归罗某所有，但该房屋仍登记在周某名下，没有办理房屋转移登记。2014 年，罗某突发疫病死亡。2015 年，周某将该房屋售卖给唐某，并签订了房屋买卖合同，且该合同已履行完毕，该房屋已经转移登记至唐某名下。此后，周某某以“该房屋归母亲罗某所有，罗某死亡后，房屋应归其个人所有”为由，起诉至法院，请求判令唐某返还该房屋。

（扫码查看案例解读）

唐某是否需要返还该房屋？

第十三章 用益物权

学习目标

掌握：用益物权、土地承包经营权、建设用地使用权、宅基地使用权、居住权、地役权的概念与特征。

熟悉：土地承包经营权、建设用地使用权、宅基地使用权、居住权、地役权的内容。

了解：土地承包经营权、建设用地使用权、宅基地使用权、居住权、地役权的设立、消灭及效力，以及土地承包经营权的流转、建设用地使用权的流转。

第一节 用益物权的概念和特征

用益物权属于物权，是在他人所有的物上设定的物权，属于他物权的一种类型。用益物权，是指以标的物的使用和收益为目的而设立的他物权。在我国，用益物权的种类主要包括土地承包经营权、建设用地使用权、宅基地使用权、居住权、地役权、海域使用权、国家集体自然资源使用权、典权、探矿权、采矿权、取水权、渔业养殖捕捞权等。用益物权制度是物权法律制度中一项非常重要的制度，与所有权制度、担保物权制度等一同构成了物权制度的完整体系。

一、用益物权的概念

“用益物权，是指支配他人物的使用价值为内容的定限物权。”① 非所有权人对他人所有的不动产或者动产，依法享有占有、使用和收益的物权。《民法典》第三百二十三条规定：“用益物权人对他人所有的不动产或者动产，依法享有占有、使用和收益的权利。”该条对用益物权的概念给出了明确的解释。依此概念，对用益物权的主体、客体和内容具体分析如下。

（一）用益物权的主体

用益物权的主体，是指对他人所有物依照法律规定或者当事人约定而享有占有、使用、收益的权利人。法律未对用益物权的主体的范围作出特别的限制，因此，用益物权的主体为一般主体，即自然人、法人和非法人组织。实践中，宅基地使用权和居住权的主体只能是自然人，并且，宅基地使用权人只能是农村集体成员。《民法典》出台后，土地承包经营权的主体从原来的农村集体经济组织或个人拓展到农村集体经济组织外。《民法典》第三百三十条规定：“农村集体经济组织实行家庭承包经营为基础、统分结合的双层经营体制。”农村集体经济组织或者个人享有承包权，若将使用权转包至农村集体经济组织外的单位或个人，由农村集体经济组织外的单位或个人享有经营权。

（二）用益物权的客体

依据《民法典》的规定，用益物权的客体为不动产和动产，其中主要是不动产。《民法典》第三百二十三条明确规定了将动产也作为用益物权的客体，体现了《民法典》立法的前瞻性，为将来用益物权类型的发展留有空间。此外，《民法典》将各种准物权也规定在用益物权制度中，据此用益物权的客体同时还包括了土地之外的其他自然资源，如矿藏、水流、海域、森林、山岭、草原、荒地、滩涂等。《民法典》第三百二十五条明确规定：“国家实行自然资源有偿使用制度，但是法律另有规定的除外。”《民法典》第三百二十八条明确规定：“依法取得的海域使用权受法律保护。”《民法典》第三百二十九条明确规定：“依法取得的探矿权、采矿权、取水权和使用水域、滩涂从事养殖、捕捞的权利受法律保护。”

① 王利明．民法［M］．8 版．北京：中国人民大学出版社，2020：369.

（三）用益物权的内容

1. 占有

占有是指占有人对不动产或者动产的实际控制。一般而言，占有是用益物权人对标的物进行使用和收益的基本前提，用益物权人要对标的物加以使用和收益，须先对标的物加以实际占有。

2. 使用

使用是指按照标的物的性质和用途，并不毁损其物或者改变其性质而加以利用。用益物权中的“用”即为“使用”权能的表现。

3. 收益

收益是指通过使用获取物的天然孳息和法定收益。用益物权人的收益权包括如下方面：一是通过利用财产获取收益；二是获取天然孳息；三是获得法定孳息。①

二、用益物权的特征

用益物权作为他物权的一种，其一方面具有与所有权相区别的特征，另一方面具有与另外一种他物权即担保物权相区别的特征。与所有权、担保物权相比较，用益物权主要具有以下特征：

（1）用益物权是他物权。

用益物权制度的设定，旨在解决对不动产利用的需求与不动产稀缺性之间的矛盾。所有权具有占有、使用、收益、处分的权能。物的所有权人为了充分发挥物的效用，将所有权与其部分权能相分离，由用益物权人享有和行使对物一定范围的占有、使用、收益的权能，所有人保留处分权能。可见，用益物权是由所有权派生出来的权利。《民法典》明确规定用益物权是在他人所有之物上设定的物权，是非所有权人根据法律的规定或当事人的约定对他人所有之物享有占有、使用、收益的权利。因此，用益物权属于他物权。

（2）用益物权是具有独立性的物权。

所谓独立性，是指用益物权不以用益物权人对所有权人享有其他财产权利为其存在的前提。用益物权的独立性表明用益物权不具有担保物权所具有的从属性和不可分性。用益物权是一种从所有权中分离出来的单独存在于他人所有物之上的权利，它的

---

① 王利明．民法［M］．8版．北京：中国人民大学出版社，2020：372.

存在无须具备前提条件。而担保物权虽然也源于所有权，但其存在须以担保权人对担保物所有权人或其关系人享有债权为前提。也就是说，用益物权不以他人权利的成立为成立前提，不随他人权利的让与而让与，亦不随他人权利的消灭而消灭；同时，用益物发生变化，如部分灭失或价值减少，用益物权都将随之发生变化。用益物权人不仅可以排除一般人对于其行使用益物权的干涉，而且在其权利范围内可以依据用益物权直接对抗物的所有权人对其权利的非法妨害，在受到侵害时可以获得侵权责任的救济。

（3）用益物权是限制物权。

所有人对物具有完全的支配力，用益物权则是在一定范围内占有、使用、收益，它既要受到法律的一般限制，还要受到所有人对其内容范围的限制，用益物权不具有所有权那样彻底支配的性质。与此同时，用益物权的设定也从本质上约束了所有权人行使所有权的权能，使所有权人不能随时发挥自己对物的占有、使用、收益、处分的作用，而担保物权则不能全部体现这一限制功能。用益物权有一定期限，在其存续期限届满时用益物权即归于消灭。

（4）用益物权具有使用的目的。

设置用益物权的目的在于对他人之物进行占有、使用、收益，以取得物的使用价值。而担保物权则在乎物的交换价值，目的是通过物之价值担保债权得以清偿。由于用益物权的目的在于对物的占有、使用、收益，因而，它不可能具有担保物权的变价受偿性和物上代位性等属性。也就是说，用益物权既不涉及以用益物的价值清偿债务的问题，也不涉及用益物灭失后以其他物代替的问题。用益物权的用益性因用益物权的种类不同而存在范围和程度上的差别。《民法典》第三百二十六条规定："用益物权人行使权利，应当遵守法律有关保护和合理开发利用资源、保护生态环境的规定。所有权人不得干涉用益物权人行使权利。"用益物权是增加物的使用效率的方式，这种使用方式需要具有可持续性，更全面地发挥物的使用权能。若造成所有人损失，用益物权人要承担一定的违约责任或者侵权责任。

（5）用益物权的标的物主要是不动产。

有些国家法律甚至直接规定，在动产上不能设定用益物权，只能设定债权关系，如租赁权。而所有权和担保物权则是发生在动产与不动产两类标的物之上的权利。此外，用益物权行使的前提是已占有该不动产，而所有权与担保物权的行使并非直接占有标的物。用益物权多以不动产尤其是土地为占有、使用、收益的对象。由于不动产特别是土地具有稀缺性、不可替代性且价值较高，以及土地所有权依法不可移转，在土地等不动产上设立用益物权成为经济、社会发展的必然要求。而动产的特性决定了通常可以采用购买、租用等方式获得其所有权和使用权。

第二节　土地承包经营权

土地承包经营权是一种用益物权，它具有用益物权的一切法律特征，又具有其独特的特点。在我国，土地承包经营权是一项十分重要的用益物权，它是我国农业生产的根本制度保障，是我国农村基本经济制度的法律基础。土地承包经营权，是指由公民或集体组织，对国家所有或集体所有的土地从事生产活动，依照承包合同的规定而享有占有、使用和收益的权利。土地承包经营权是公民依据承包合同所取得的对公有的土地、森林、山岭、草原、荒地、滩涂、水面等自然资源从事经营活动，并从中获得收益的权利，它是我国广大农民基本生活收入的来源和保障。

一、土地承包经营权的概念和特征

（一）土地承包经营权的概念

土地承包经营权，是指土地承包经营权人以农业生产方式，依法对国家或者集体所有的农用地进行占有、使用和收益的权利。《民法典》第三百三十一条规定："土地承包经营权人依法对其承包经营的耕地、林地、草地等享有占有、使用和收益的权利，有权从事种植业、林业、畜牧业等农业生产。"土地承包经营权是我国农村土地法律制度中特有的概念，是中国农村集体经济组织实行土地承包责任制的产物。依此概念，对土地承包经营权的主体、客体具体分析如下：

1. 土地承包经营权的主体

土地承包经营权的主体具有普遍性，既可以是自然人，也可以是集体和组织。在土地承包经营权设立之初，法律对其主体的规定仅限于本集体经济组织的农户。随着改革的深入，土地承包经营权的主体扩张及于农村集体经济组织成员之外的自然人、法人或其他组织。土地承包经营权的主体可以根据家庭承包和其他方式的承包两种不同的承包方式，分为两种类型：①家庭承包的土地承包经营权主体。《中华人民共和国农村土地承包法》（以下简称《农村土地承包法》）第十六条规定："家庭承包的承包方是本集体经济组织的农户。"②以其他方式承包的土地承包经营权主体。通过招标、拍卖、公开协商等方式承包荒地等农村土地的，承包方可以是本集体经济组织以外的单位或者个人。同时，《农村土地承包法》第五十一条规定：

“以其他方式承包农村土地，在同等条件下，本集体经济组织成员有权优先承包。”在我国，既可以由集体组织作为整体承包经营国有的土地，也可以由家庭或公民个人承包经营国有或集体所有的土地，承包方和发包方应当订立书面的承包经营合同。此外，从不同的土地类型来看，农用地的初始权利人只能是集体经济组织的成员；“四荒”土地的初始权利人既可以是集体经济组织的成员，也可以是集体经济组织成员之外的自然人、法人和其他组织。

2. 土地承包经营权的客体

土地承包经营权的客体具有广泛性。土地承包经营权的客体为全民所有的土地和集体所有的土地。我国是社会主义国家，实行土地公有制度，不存在私有的土地，因此土地承包经营权的客体只能是全民所有的土地和集体所有的土地。《农村土地承包法》第二条规定：“本法所称农村土地，是指农民集体所有和国家所有依法由农民集体使用的耕地、林地、草地，以及其他依法用于农业的土地。”由此可见，从土地的用途来看，土地承包经营权的客体不仅包括耕地、林地、草地，还包括其他依法用于农业的土地。土地承包经营权的客体实际上包括农村中建设用地之外的各种土地；从土地的所有权性质来看，土地承包经营权的客体不仅包括集体所有的土地，还包括国家所有依法由农民集体使用的土地。当然，在此不论是集体所有的土地，还是国家所有依法由农民集体使用的土地，都是农业用地，而非建设用地。

（二）土地承包经营权的特征

土地承包经营权属于一种新型的用益物权。土地承包经营权具有一半物权所具有的优先性、追及性等性质，当土地承包经营权人的权利受到侵犯时，权利人有权要求侵害人停止侵害、排除妨碍、消除危险、返还财产、恢复原状和赔偿损失，也可以直接向人民法院提起诉讼以保护自己的权利。土地承包经营权人权利的保护方法既包括物权的方法，也包括债权的方法。

关于土地承包经营权的性质，有两种观点：一种观点认为土地承包经营权属于债权，因为土地承包经营权是通过发包人与土地承包经营权人之间的承包合同而确立的。① 另一种观点认为土地承包经营权属于物权，因为土地承包经营权人承包农村土地，使得承包经营权从所有权中脱离，产生对世的效力，可以排除包括发包人在内的其他一切人的非法干涉，因此具有物权的性质。②

土地承包经营权债权化的弊端具体表现在以下两个方面：其一，债权是相对权

---

① 梁慧星．中国物权法研究［M］．北京：法律出版社，1998：705－706.

② 钱明星．物权法原理［M］．北京：北京大学出版社，1994：290.

和请求权。这使得土地承包经营权人的一些权利的行使必须借助于相对人的意思和行为。例如，土地承包经营权人转让、出租、转包等均须经过发包人的同意，这种流转受到很大限制的承包权往往会导致农村土地难以形成规模经营。其二，发包人与土地承包经营权人签订土地承包经营权合同带有强烈的行政性色彩，土地承包经营权人在合同中处于被动的地位，其利益得不到切实保护。实践中发包人侵犯土地承包经营权人权益的案件屡屡发生。因此，土地承包经营权的债权化损害了农民的生产积极性，影响了市场经济条件下农用土地市场的流转，从而限制了土地资源的优化合理配置，不利于农地制度的稳定。

《民法典》最终将土地承包经营权界定为一类物权的形态，并赋予了土地承包经营权以物权的救济途径，从而最大限度地保护土地承包经营权人的合法权益。依据对物权类型的划分，土地承包经营权属于用益物权，性质上为他物权，即对他人（国家或者集体）所有的土地享有的物权。土地承包经营权作为一种用益物权，性质上为限制物权，在土地的用途方面受到限制，只能以从事农业生产的方式来实现土地的使用价值；同时，土地承包经营权的行使还具有期限的限制。作为限制物权，土地承包经营权具有优先于所有权的效力，产生限制所有权的作用。在取得方式上，土地承包经营权的取得应当签订土地承包经营权合同，这仅说明土地承包经营权的取得方式，并不能由此认为土地承包经营权属于债权。《民法典》的颁布完成了我国土地承包经营权的物权化改造。家庭承包经营为基础、统分结合的双层经营体制是我国农村土地的基本经营制度，鉴于多年来我国民事立法单纯依靠债权制度来保护土地承包经营权，并不能对承包人提供充分的补救，在我国《民法典》物权编中确认和保护土地承包经营权，对于农村经济的发展和社会稳定、保护农民的合法权益具有极为重要的意义。

在司法实践中，如果土地承包经营权受到发包方或者第三人的侵害，土地承包经营权人有权依据《民法典》行使物上请求权，获得法律的保护。但是，如果仅仅是来自发包人的侵害，土地承包经营权人有权依据与发包人签订的土地承包经营权合同的约定，主张违约责任。《农村土地承包法》第五十七条规定了发包人的侵权责任，第五十九条规定了土地承包经营权人和发包人中一方违反承包合同的违约责任。当发包人违反承包合同的行为构成违约责任与侵权责任的竞合时，土地承包经营权人则可以依据《民法典》合同编的规定来选择救济方式。

二、土地承包经营权的设立

关于土地承包经营权的期限，《民法典》第三百三十二条第一款规定：“耕地的承包期为三十年。草地的承包期为三十年至五十年。林地的承包期为三十年至七十年。”土地承包经营权自土地承包经营权合同生效时设立。《农村土地承包法》第二十三条规定：“承包合同自成立之日起生效。承包方自承包合同生效时取得土地承包经营权。”《民法典》第三百三十三条规定：“土地承包经营权自土地承包经营权合同生效时设立。登记机构应当向土地承包经营权人发放土地承包经营权证、林权证等证书，并登记造册，确认土地承包经营权。”根据上述规定，土地承包经营权的物权变动模式采意思主义，即土地承包经营权自土地承包经营权合同生效时设立。

《民法典》采取的是意思主义的物权变动模式，这也符合我国农村的实际情况。土地承包经营权证、林权证、草原使用权证等证书的发放和登记造册往往滞后于土地承包经营权合同的生效，但是不能因此而否定农户的承包经营权。登记造册是对土地承包经营权的确认程序，而非土地承包经营权的生效要件，土地承包经营权的设立不以登记作为生效要件。

依据《农村土地承包法》的规定，土地承包经营权的设立有两种方式：以家庭承包的方式设立土地承包经营权和以家庭承包以外的方式设立土地承包经营权。

（一）以家庭承包的方式设立土地承包经营权

承包合同，是指以家庭承包的方式设立土地承包经营权的，要求本集体经济组织成员以家庭为单位，与集体经济组织之间签订土地承包经营权合同。土地承包经营权合同的当事人分别为承包方与发包方。承包方是本集体经济组织的农户，是以户为单位，提倡“增人不增地，减人不减地”。土地承包经营权是家庭的共有财产，在司法实践中，按照共同共有财产的分割规则来处理。发包方为集体经济组织。《农村土地承包法》第十三条规定：“农民集体所有的土地依法属于村农民集体所有的，由村集体经济组织或者村民委员会发包；已经分别属于村内两个以上农村集体经济组织的农民集体所有的，由村内各该农村集体经济组织或者村民小组发包。村集体经济组织或者村民委员会发包的，不得改变村内各集体经济组织农民集体所有的土地的所有权。国家所有依法由农民集体使用的农村土地，由使用该土地的农村集体经济组织、村民委员会或者村民小组发包。”此外，《农村土地承包法》第五条规定：“农村集体经济组织成员有权依法承包由本集体经济组织发包的农村土地。”在集体经济组织成员提出签订土地承包经营权合同取得土地承包经营权的要求时，作为发包人的集体经济组织也就负有了强制缔约义务。但是，对于新增的集体经济组织成员，依据《农村土地承包法》第二十九条的规定：“下列土地应当用于调整承包土地或者承包给新增人口：（一）集体经济组织依法预留的机动地；（二）通过依法开垦等方式增加的；（三）发包方依法收回和承包方依法、自愿交回的。”

（二）以家庭承包以外的方式设立土地承包经营权

《民法典》第三百四十二条规定："通过招标、拍卖、公开协商等方式承包农村土地，经依法登记取得权属证书的，可以依法采取出租、入股、抵押或者其他方式流转土地经营权。"因此，以家庭承包以外的方式设立土地承包经营权的，不适用《民法典》的规定。以家庭承包以外的方式设立土地承包经营权的，其客体有严格的限制，仅限于"四荒"土地。

1. 土地承包经营权合同

《民法典》对土地承包经营权的规定，主要适用于通过家庭承包方式所设立的土地承包经营权。而对于以家庭承包以外的方式设立土地承包经营权的，《农村土地承包法》规定，经依法登记取得土地承包经营权证或者林权证等证书的，其土地承包经营权可依法采取转让、出租、入股、抵押或者其他的方式进行流转。当事人通过招标、拍卖及公开协商方式确定土地承包经营权人之后，应当签订土地承包经营权合同，规定当事人的权利和义务、承包期限等。与以家庭承包方式签订的土地承包经营权合同不同，该承包合同是依据《中华人民共和国拍卖法》（以下简称《拍卖法》）和《中华人民共和国招标投标法》签订的。《农村土地承包法》对以家庭承包以外的方式设立土地承包经营权的，没有直接规定"承包合同生效，承包人取得土地承包经营权"，其原因在于"四荒"土地没有确定的土地用途。考虑到农村的实际情况，待"四荒"土地经过治理确定用途之后，依法由县级以上人民政府发放土地证、林权证、草原证等相应的权属证明，其土地承包经营权可依法采取转让、出租、入股、抵押或者其他的方式流转。因此，对以家庭承包以外的方式设立土地承包经营权的，当事人依法签订的土地承包经营权合同成立生效，并不产生土地承包经营权设立的法律效力。

以家庭承包以外的方式设立土地承包经营权的，土地承包经营权人既可以是本集体经济组织的成员，也可以是本集体经济组织成员之外的自然人、法人或者其他组织。因为"四荒"土地，往往不具备基本的农业生产条件，需要土地承包经营权人具有相应的资金、技术、劳动力等开发能力。当然，为了维护本集体经济组织及其成员的利益，法律规定以家庭承包以外的方式承包农村土地的，在同等条件下，本集体经济组织成员具有优先承包权。

2. 发包方式

以家庭承包以外的方式设立土地承包经营权的，依据《农村土地承包法》有两种发包方式：其一，直接通过招标、拍卖、公开协商等方式对外发包；其二，将土地承包经营权折价分给本集体经济组织成员之后，再实行承包经营或者股份合作经营。在实践中，第一种直接发包的方式占了绝大多数，第二种折价后再发包的方式更有利于维护没有经营能力的成员的利益。

实践中，发包方在同一土地上签订两个以上合同，而承包方均要求取得土地承包经营权时，依据《最高人民法院关于审理涉及农村土地承包纠纷案件适用法律问题的解释》第十九条的规定："发包方就同一土地签订两个以上承包合同，承包方均主张取得土地经营权的，按照下列情形，分别处理：（一）已经依法登记的承包方，取得土地经营权；（二）均未依法登记的，生效在先合同的承包方取得土地经营权；（三）依前两项规定无法确定的，已经根据承包合同合法占有使用承包地的人取得土地经营权，但争议发生后一方强行先占承包地的行为和事实，不得作为确定土地经营权的依据。"

三、土地承包经营权的内容

土地承包经营权合同是确认土地承包经营权的主要依据。土地承包经营权合同规定了土地承包经营权的基本内容、存在期限、合同双方的权利义务等，是整个承包法律关系建立的基础。《民法典》对承包期限的规定属于强制性规定，土地承包经营权合同的当事人只能在法律所规定的范围内加以约定。《民法典》第三百三十二条第二款规定："前款规定的承包期限届满，由土地承包经营权人依照农村土地承包的法律规定继续承包。"这有利于土地承包经营制度的长期稳定。土地承包经营权的内容主要由土地承包经营权合同具体规定，包括权利和义务两个方面。

（一）土地承包经营权人的权利

土地承包经营权人的权利包括占有权、使用权与自主经营权、收益权、互换和转让权、获得补偿权、流转土地经营权。

1. 占有权

占有权，是指承包方对集体所有的农业用地进行实际支配、控制的权利。占有权是承包方实现使用、收益等其他权利的基础性权利。《民法典》第三百四十条规定："土地经营权人有权在合同约定的期限内占有农村土地，自主开展农业生产经营并取得收益。"占有权是行使土地承包经营权的前提。

2. 使用权与自主经营权

使用权，是指土地承包经营权人有权按照承包地的自然属性和承包合同约定的用途对承包地进行使用的权利。[①] 自主经营权，是指土地承包经营权人有权根据土地的性质和特点在合法的范围内自主决定如何对土地进行开发、利用和经营的权利。

3. 收益权

收益权，是指承包方获取土地上所产生的利益的权利。土地承包经营权人通过承包活动所获得的收益，在依法上缴国家税款和集体提留之后有权自己享有。收益权使土地承包经营权人可以通过自己的承包行为获得一定的经济利益，因此它是土地承包经营权人承包土地的根本目的所在。但是，土地承包经营权人享有收益的前提是必须依法上缴国家税款和集体提留后，方可享有剩余的收益。

4. 互换和转让权

《民法典》第三百三十四条规定："土地承包经营权人依照法律规定，有权将土地承包经营权互换、转让。未经依法批准，不得将承包地用于非农建设。"土地承包经营权的转让是指土地承包经营权人自找对象，由第三人代替自己向发包人履行承包合同的行为。《民法典》第三百三十五条规定："土地承包经营权互换、转让的，当事人可以向登记机构申请登记；未经登记，不得对抗善意第三人。"

5. 获得补偿权

《民法典》第三百三十八条规定："承包地被征收的，土地承包经营权人有权依据本法第二百四十三条的规定获得相应补偿"。《土地管理法》第四十八条第一款规定："征收土地应当给予公平、合理的补偿，保障被征地农民原有生活水平不降低、长远生计有保障。"

6. 流转土地经营权

《民法典》第三百三十九条规定："土地承包经营权人可以自主决定依法采取出租、入股或者其他方式向他人流转土地经营权。"该法第三百四十一条规定："流转期限为五年以上的土地经营权，自流转合同生效时设立。当事人可以向登记机构申请土地经营权登记；未经登记，不得对抗善意第三人。"

（二）土地承包经营权人的义务

土地承包经营权人的义务包括以下方面：

（1）必须依国家法律、法规的规定和合同的约定从事土地承包经营活动，不得损害国家和集体的利益。

土地承包经营权人如果从事了非法的经营活动，损害了国家和集体的利益，则

① 杨立新．物权法［M］．7 版．北京：中国人民大学出版社，2020：148.

不仅会丧失土地承包经营权，还要受到法律的制裁。

（2）必须按合同规定上缴国家税款和集体提留，履行承包义务。

上缴国家税款和集体提留是土地承包经营权人的一项基本义务，国家税款和集体提留分别是国家和集体作为土地的所有人而应当从土地上获得的利益。

（3）必须维持土地的农业用途，不得用于非农建设。

《民法典》第二百四十四条规定："国家对耕地实行特殊保护，严格限制农用地转为建设用地，控制建设用地总量。不得违反法律规定的权限和程序征收集体所有的土地。"

（4）必须保证土地的保值和增值及可持续发展，不得进行掠夺式的开发和经营，也不得破坏自然资源和生态环境。

土地承包经营权人必须合理利用和开发土地，使土地保持良好的自然状态，保护国家的土地资源和生态环境。

（5）必须接受发包方的监督，并接受其必要的指导和管理。

土地的发包方对土地承包经营权人的监督必须依法进行，不得干涉土地承包经营权人的自主经营权，土地承包经营权人亦应当自觉地接受发包方的合法监督，严格依照承包合同的规定履行承包义务。

四、土地承包经营权的流转

土地承包经营权的流转经历了从严格禁止到逐步放开的过程。1982 年《宪法》中规定，任何组织或者个人不得侵占、买卖、出租或者以其他形式非法转让土地。《民法典》第三百三十四条则规定："土地承包经营权人依照法律规定，有权将土地承包经营权互换、转让。未经依法批准，不得将承包地用于非农建设。"《农村土地承包法》区分了承包权和经营权，增强了经营权的流动性。《农村土地承包法》第三十六条规定："承包方可以自主决定依法采取出租（转包）、入股或者其他方式向他人流转土地经营权，并向发包方备案。"《民法典》允许土地承包经营权人流转土地经营权。《民法典》第三百四十条规定："土地经营权人有权在合同约定的期限内占有农村土地，自主开展农业生产经营并取得收益。"土地承包经营权作为用益物权，其权利人应当享有一定的处分权能。适度地允许土地承包经营权流转能充分发挥物的效用，提高土地利用率，实现土地价值，促进农村经济发展。

五、土地承包经营权的消灭

土地承包经营权消灭的法定事由具体如下：

（1）承包方自愿交回土地。

为了稳定农村土地承包关系，承包期内发包方原则上不得收回承包地。收回承包地不再是土地承包经营权消灭的原因，承包方自愿交回承包地取而代之成为土地承包经营权消灭的原因。自愿交回，是指承包方在承包期内自愿将承包地交回给发包方，这是承包方主动放弃权利，从而导致土地承包经营权的消灭。承包方自愿交回土地的，应当提前半年以书面的形式通知发包方。承包方在承包期内交回承包地的，在承包期内不得再要求承包土地。《农村土地承包法》第二十七条第四款规定："承包期内，承包方交回承包地或者发包方依法收回承包地时，承包方对其在承包地上投入而提高土地生产能力的，有权获得相应的补偿。"

（2）期限届满。

土地承包经营权作为一种用益物权，具有期限性，期限届满时，权利消灭。一般情况下在期限届满时，权利消灭。依据《民法典》和《农村土地承包法》的规定，需要区分两种情况：其一，对于以家庭承包的方式设立土地承包经营权的，发包人即本集体经济组织具有缔约义务，因此，承包期限届满，若土地承包经营权人要求续期的，发包人应当续期；其二，对于以家庭承包以外的方式设立土地承包经营权的，土地承包经营权人不享有申请续期的权利，因为以家庭承包以外的方式设立的土地承包经营权，最初是针对"四荒"土地而设立的，如今"四荒"土地已经改造为良田。因此，以家庭承包以外的方式设立土地承包经营权的，在承包期限届满后应该按照家庭承包方式重新设立土地承包经营权。

（3）承包地被征收。

土地承包经营权因土地征收而消灭。所谓土地征收，是指国家基于公共利益的需要，将集体所有的土地强制性地收归国家所有的行为。

第三节　建设用地使用权

一、建设用地使用权的概念和特征

（一）建设用地使用权的概念

建设用地使用权是我国一项重要的用益物权。建设用地使用权，是指自然人、法人或者其他组织依法在国家或者集体所有的土地上建造建筑物、构筑物及其附属设施的权利。该权利是土地使用权能与土地所有权分离的结果。对此，《民法典》第三百四十四条规定："建设用地使用权人依法对国家所有的土地享有占有、使用和收益的权利，有权利用该土地建造建筑物、构筑物及其附属设施。"

（二）建设用地使用权的特征

建设用地使用权具有以下特征：

（1）建设用地使用权的主体是符合法定条件的公民和法人。

根据我国法律规定，公民或法人要获得国家所有的土地使用权，就必须符合法律规定的条件，并按法律规定的程序到有关机关办理相应的手续，在使用过程中，使用权人对国有土地负有管理、保护和合理利用的义务。依据《土地管理法》的规定，依法经过批准取得建设用地使用权的单位和个人，都可以成为建设用地使用权人。

（2）建设用地使用权的客体为国家所有的土地。

国家所有的土地，包括城市和农村的属于国家所有的土地、草原、滩涂、荒地、山岭和林地等，但不包括上述土地之上的市政公用设施，以及地下的埋藏物或自然资源。国家所有的土地的范围是根据我国宪法确定的。建设用地具体包括住宅用地、公共设施用地、工矿用地、交通水利设施用地、旅游用地、军事设施用地等。

（3）建设用地使用权是从国家土地所有权中分离出来的用益物权。

国家是国有土地的所有人，其行使权利的代表即政府，政府作为行政机构，在利用和开发土地上存在诸多的弊端，因此，国家可以将土地所有权的部分权能按照所有权与使用权分离的原则，移转给一定的公民或法人使用，这样才能使政府实现政企分开的目的，也能使土地发挥最大的经济效益。

（4）建设用地使用权具有排他性，是一项独立的物权。

建设用地使用权是一项法定的独立的物权，国家保证建设用地使用权人依法行使其权利，也保障其权利不受他人的非法侵害。依照法定程序取得的建设用地使用权是受法律保护的，任何人都不得非法干涉和侵害。《民法典》第三百四十六条规定："设立建设用地使用权，应当符合节约资源、保护生态环境的要求，遵守法律、行政法规关于土地用途的规定，不得损害已经设立的用益物权。"

二、建设用地使用权的设立

根据《民法典》的规定，设立建设用地使用权，可以采取出让或者划拨等方式。《民法典》第三百四十七条规定："设立建设用地使用权，可以采取出让或者划拨等方式。工业、商业、旅游、娱乐和商品住宅等经营性用地以及同一土地有两个以上意向用地者的，应当采取招标、拍卖等公开竞价的方式出让。严格限制以划拨方式设立建设用地使用权。”

（一）出让

以出让的方式设立建设用地使用权，是指国家以土地所有权人的身份将土地使用权在一定年限内让与土地使用者，并由土地使用者向国家支付出让金的行为。《中华人民共和国城镇国有土地使用权出让和转让暂行条例》第八条第一款规定：“土地使用权出让是指国家以土地所有者的身份将土地使用权在一定年限内让与土地使用者，并由土地使用者向国家支付土地使用权出让金的行为。”这种有偿出让的方式是建设用地使用权设立的主要方式。具体的出让方式主要包括拍卖、招标和协议等，其中招标和拍卖都属于公开竞价的方式，协议的方式由于未引入竞争机制，相对缺乏公开性，因此《中华人民共和国城市房地产管理法》（以下简称《城市房地产管理法》）第十三条第三款规定：“采取双方协议方式出让土地使用权的出让金不得低于按国家规定所确定的最低价。”

出让设立建设用地使用权主要通过协议、招标、拍卖等方式进行，需要签订建设用地使用权出让合同并履行登记手续。对此，《民法典》第三百四十八条第一款规定：“通过招标、拍卖、协议等出让方式设立建设用地使用权的，当事人应当采用书面形式订立建设用地使用权出让合同。”该法第三百四十九条规定：“设立建设用地使用权的，应当向登记机构申请建设用地使用权登记。建设用地使用权自登记时设立。登记机构应当向建设用地使用权人发放权属证书。”

（二）划拨

《城市房地产管理法》第二十三条规定：“土地使用权划拨，是指县级以上人民政府依法批准，在土地使用者缴纳补偿、安置等费用后将该幅土地交付其使用，或者将土地使用权无偿交付给土地使用者使用的行为。依照本法规定以划拨方式取得土地使用权的，除法律、行政法规另有规定外，没有使用期限的限制。”

划拨具有如下特征：

（1）划拨的性质为行政行为。

划拨是依据申请人的申请，由土地管理部门以行政决定的方式将建设用地交由申请人使用的行政行为。

（2）划拨的目的和用途受到法律的严格限制。

《城市房地产管理法》第二十四条规定：“下列建设用地的土地使用权，确属必需的，可以由县级以上人民政府依法批准划拨：（一）国家机关用地和军事用地；（二）城市基础设施用地和公益事业用地；（三）国家重点扶持的能源、交通、水利等项目用地；（四）法律、行政法规规定的其他用地。”

（3）划拨具有无偿性。

通过划拨方式取得建设用地土地使用权的，不需要支付土地使用权出让金。但是，划拨的无偿性并不意味着建设用地使用权人不需要支付任何成本。例如，建设用地使用权人也需要依法支付安置补助费、地上附着物和青苗的补偿费等。

（4）划拨取得的建设用地使用权没有期限限制。划拨获得的建设用地土地使用权的项目具有公益性，所以划拨不同于出让，没有设定期限。

三、建设用地使用权的内容

建设用地使用权人依法对国家或者集体所有的土地享有占用、使用、收益的排他性权利，这是建设用地使用权基本的权利内容。以建设为目的，包括为居住的需要，开发经营房地产、建设公共设施等项目。《民法典》第三百四十五条规定：“建设用地使用权可以在土地的地表、地上或者地下分别设立。”该条法律规定表明建设用地使用权可以在土地的地表、地上或者地下分别设立。这是我国《民法典》对建设用地使用权的范围所作的延伸与扩张，是一项重要的创新。

建设用地使用权的内容包括建造建筑物、构筑物及其附属设施，而不包括种植竹木。这与日本、我国台湾地区的规定是不同的。在我国的立法中，土地承包经营权的内容中已经包括了对林地以造林为目的的使用，因此，有关种植竹木的部分可以由土地承包经营权来调整和解决。下面从权利和义务两个方面来阐述建设用地使用权的内容。

（一）建设用地使用权人的权利

建设用地使用权人的权利包括：占有权、使用权、收益权。

1. 占有权

占有权，是指建设用地使用权人享有对依法取得的土地的直接支配和控制的权利。

2. 使用权

使用权，是指建设用地使用权人可以依照土地的用途和性质对国有土地进行开发、利用和经营，也可以在符合法定条件的前提下将建设用地使用权转让、互换、赠与或抵押。

3. 收益权

收益权，是指建设用地使用权人可以通过对土地的直接利用或将土地使用权转让、出租或抵押获得一定的利益。

（二）建设用地使用权人的义务

建设用地使用权力有以下义务：

（1）遵守国家法律、法规的规定从事土地的开发、利用和经营活动，不得损害社会公共利益。

（2）依照法律规定的程序行使建设用地使用权，取得、变更、延长或终止建设用地使用权均应履行登记手续。

（3）合理有效地利用土地。

（4）按照法律的规定及合同的约定支付出让金等费用。

四、建设用地使用权的流转

建设用地使用权是一种独立的用益物权，权利人对土地享有占有、使用、收益的权利。建设用地使用权具有经济价值，建设用地使用权人可以处分建设用地使用权，即在民事主体之间流转。

（一）建设用地使用权的流转方式

建设用地使用权的流转方式有转让、互换、出资、赠与、抵押等。对此，《民法典》第三百五十三条明确规定：“建设用地使用权人有权将建设用地使用权转让、互换、出资、赠与或者抵押，但是法律另有规定的除外。”

1. 转让

建设用地使用权的转让，是指建设用地使用权人与其他民事主体之间通过买卖的方式，将建设用地使用权通过合同进行移转的行为。以划拨方式设立的建设用地使用权亦可转让。《城市房地产管理法》第四十条第一款规定：“以划拨方式取得土地使用权的，转让房地产时，应当按照国务院规定，报有批准权的人民政府审批。有批准权的人民政府准予转让的，应当由受让方办理土地使用权出让手续，并依照国家有关规定缴纳土地使用权出让金。”

2. 互换

建设用地使用权的互换，是指建设用地使用权人之间通过互换转移建设用地使用权。建设用地使用权互换后，原建设用地使用权人丧失原来的权利，取而代之的是互换而来的权利。

3. 出资

建设用地使用权的出资，是指建设用地使用权人将其享有的建设用地使用权作价，投资某企业或与他人合资、合作开发经营。这体现了建设用地使用权的财产价值。

4. 赠与

建设用地使用权的赠与，是指建设用地使用权人在使用期内，无偿将其依法享有的建设用地使用权转移给他人享有的行为。

5. 抵押

建设用地使用权的抵押，是指建设用地使用权人与其他民事主体之间通过抵押方式转移建设用地使用权的行为。这是将建设用地使用权作为债权的担保，当债务人不履行债务时，抵押权人有权将建设用地使用权变现，从价款中优先受偿。

（二）建设用地使用权的流转条件

建设用地使用权的流转须具备以下条件：

（1）建设用地使用权变更应当书面订立建设用地使用权流转合同。

当事人之间订立的有关建设用地使用权转让、互换、出资、赠与或者抵押的合同为要式合同，必须采取书面的形式，而不能采用口头订立的方式。《民法典》第三百五十四条规定：“建设用地使用权转让、互换、出资、赠与或者抵押的，当事人应当采用书面形式订立相应的合同。”

（2）建设用地使用权的转让期限不得超过建设用地使用权的剩余期限。

《民法典》第三百五十四条还规定：“使用期限由当事人约定，但是不得超过建设用地使用权的剩余期限。”

（3）建设用地使用权变更应当办理相应的变更登记手续。

《民法典》第三百五十五条规定：“建设用地使用权转让、互换、出资或者赠与的，应当向登记机构申请变更登记。”

（4）建设用地使用权流转时地上附着物应当一并转让。

《民法典》第三百五十六条规定：“建设用地使用权转让、互换、出资或者赠与的，附着于该土地上的建筑物、构筑物及其附属设施一并处分。”

（5）建设用地使用权转让应当符合法律规定，不得违反法律的强制性规定。

《城市房地产管理法》第三十八条规定：“下列房地产，不得转让：（一）以出让方式取得土地使用权的，不符合本法第三十九条规定的条件的；（二）司法机关和行政机关依法裁定、决定查封或者以其他形式限制房地产权利的；（三）依法收回土地使用权的；（四）共有房地产，未经其他共有人书面同意的；（五）权属有争议的；（六）未依法登记领取权属证书的；（七）法律、行政法规规定禁止转让的其他情形。”

五、建设用地使用权的消灭

（一）公共利益需要

建设用地使用权在期限届满前，因公共利益需要，土地所有权人可以提前收回建设用地使用权。《民法典》第三百五十八条规定：“建设用地使用权期限届满前，因公共利益需要提前收回该土地的，应当依据本法第二百四十三条的规定对该土地上的房屋以及其他不动产给予补偿，并退还相应的出让金。”据此，建设用地使用权期限届满前，因公共利益需要可以提前收回。建设用地使用权为法定的用益物权，在权利的行使过程中，权利人对建设用地享有排他性的权利，可以排除其他主体包括国家的干涉。但是在特定的情况下，基于公共利益的需要，国家可以依法提前收回建设用地使用权，这也是各国普遍采用的基本法律规则。我国法律和行政法规同时规定了物权排他性的例外情况。《城市房地产管理法》第二十条规定：“国家对土地使用者依法取得的土地使用权，在出让合同约定的使用年限届满前不收回；在特殊情况下，根据社会公共利益的需要，可以依照法律程序提前收回，并根据土地使用者使用土地的实际年限和开发土地的实际情况给予相应的补偿。”

（二）建设用地使用权期限届满

通过出让、转让等方式取得的建设用地使用权均为有期限的物权。期限届满，物权随之消灭。《民法典》第三百五十九条规定：“住宅建设用地使用权期限届满的，自动续期。续期费用的缴纳或者减免，依照法律、行政法规的规定办理。非住宅建设用地使用权期限届满后的续期，依照法律规定办理。该土地上的房屋以及其他不动产的归属，有约定的，按照约定；没有约定或者约定不明确的，依照法律、行政法规的规定办理。”建设用地使用权属于限制物权，是有期限限制的，并非永久性的。基于房屋是人民群众生存的基础，《民法典》将建设用地使用权期限届满的处理方法区分为两种情形，即住宅建设用地使用权和非住宅建设用地使用权。对于住宅建设用地使用权期限届满的，依据《民法典》的规定，自动续期；而对于非住宅建设用地使用权期限届满的，适用《城市房地产管理法》第二十二条的规定，该条规定："土地使用权出让合同约定的使用年限届满，土地使用者需要继续使用土地的，应当至迟于届满前一年申请续期，除根据社会公共利益需要收回该幅土地的，应当予以批准。经批准准予续期的，应当重新签订土地使用权出让合同，依照规定支付土地使用权出让金。土地使用权出让合同约定的使用年限届满，土地使用者未申请续期或者虽申请续期但依照前款规定未获批准的，土地使用权由国家无偿收回。"

（三）土地灭失

土地全部灭失或者部分灭失导致建设用地使用权的设定目的无法实现，建设用地使用权消灭。《城市房地产管理法》第二十一条规定："土地使用权因土地灭失而终止。"当然，土地部分灭失而不影响其他部分使用的，建设用地使用权人有权要求减少出让金或者使用费。因为建设用地使用权的标的物是土地，如果土地全部灭失，建设用地使用权自然也无法存在。如果土地部分灭失而导致不能实现建设用地使用权设定目的的，建设用地使用权也应该消灭。这里的土地灭失多指因不可抗力导致的土地灭失。建设用地使用权还可能因其他事由而导致灭失，如建设用地使用权人抛弃权利。

第四节　宅基地使用权

宅基地，是指农村集体经济组织成员经依法批准用以建造个人住宅的农民集体所有的土地。所谓宅基地使用权，是指农村居民为建造自己的房屋对集体土地所享有的占有、使用的权利。《民法典》第三百六十二条规定："宅基地使用权人依法对集体所有的土地享有占有和使用的权利，有权依法利用该土地建造住宅及其附属设施。"自新中国成立以来，在农村土地制度中逐步形成了宅基地使用权制度，这是我国特有的一种用益物权形式。宅基地使用权制度关系到中国广大农民的居住问题，《民法典》将其规定为一类独立的用益物权，这对于维护农民的合法权益具有重要意义。

一、使用权的概念和特征

（一）宅基地使用权的概念

《民法典》第三百六十二条规定："宅基地使用权人依法对集体所有的土地享有

占有和使用的权利，有权依法利用该土地建造住宅及其附属设施。”所谓宅基地，是指农村集体经济组织成员依法批准用以建造个人住宅的农民集体所有的土地。宅基地使用权，是指公民在依法取得的宅基地上建造住宅及其附属设施，从而对此宅基地享有占有和使用的权利。取得宅基地使用权应当符合法律规定的条件和程序，并办理相应的手续。

（二）宅基地使用权的特征

依此概念，对宅基地使用权的特征具体分析如下：

（1）宅基地使用权属于一种用益物权，宅基地的所有权依然属于集体所有。

宅基地使用权人不能因为对宅基地的占有和使用而取得该宅基地的所有权，国家或集体在必要的时候，可以依法收回宅基地的使用权。例如，因经济建设的需要，国家或集体有权依法征用或征收公民的宅基地。《宪法》第十条（第三款和第五款）规定：“国家为了公共利益的需要，可以依照法律规定对土地实行征收或者征用并给予补偿。一切使用土地的组织和个人必须合理地利用土地。”这体现了我国用益物权的立法目的是更大效率地利用土地。

（2）宅基地使用权的主体是公民，而且主要为农村集体经济组织的成员。

宅基地的使用主体主要是农村集体经济组织的成员，是农民基于集体成员身份而享有的福利保障。宅基地使用权的主体不包括城镇的居民，户口不在本乡或者本村的居民不能享有宅基地使用权。我国现行的法律法规均把宅基地使用权的主体限定为农村居民。因此，宅基地使用权的主体具有有限性。在实践中出现了城镇居民购买农村住房的情况，即所谓的“小产权房”。由于城镇购房人不是该农村集体经济组织成员，不能取得宅基地的使用权，这种购房行为当属无效。

（3）宅基地使用权的客体主要是集体所有的用于建造住宅及其附属设施的土地。

宅基地使用权是一种带有社会福利性质的权利，是农民的安身之本，无偿取得，无偿使用。我国法律规定，不得随意改变生产用地和耕地的用途，不得任意扩大宅基地的面积。宅基地使用权的客体仅仅限于集体所有的土地，而不包括国有土地，因此，宅基地使用权的客体具有特定性。《宪法》第十条规定：“宅基地和自留地、自留山，也属于集体所有。”比较《民法典》所规定的土地承包经营权、建设用地使用权等用益物权的客体，有利于准确把握宅基地使用权的客体的性质，即宅基地的所有权为集体所有，这对于处理涉及农村房屋转让纠纷的案件具有重要意义。

（4）宅基地使用权必须遵循法定的申请程序，经过有关部门的批准后方可取得。

为了防止将耕地作为宅基地，同时保障广大农村居民的正常生活，防止出现宅基地使用权纠纷的现象，我国规定了严格的宅基地使用权审批制度，公民必须满足法定的条件，经过有关部门的审批，并依法办理相关的手续后方可取得宅基地使用权。宅基地使用权受国家法律的保护，非经法定程序，任何机关和个人都不得任意剥夺公民依法取得的宅基地使用权。公民依法取得宅基地使用权后，任何单位和个人都不得非法侵害其使用权。

二、宅基地使用权的内容

宅基地使用权人对宅基地享有占有和使用的权利。宅基地使用权人利用宅基地建造住宅及其附属设施以便居住和使用，原则上不能将宅基地使用权转让。《土地管理法》第六十二条（第一款和第五款）规定："农村村民一户只能拥有一处宅基地，其宅基地的面积不得超过省、自治区、直辖市规定的标准。农村村民出卖、出租、赠与住宅后，再申请宅基地的，不予批准。"即一户村民只能申请一处宅基地，因为宅基地为集体经济组织成员而设定的，具有一定的福利性和社会保障功能。宅基地使用权人只要缴纳很少的费用即可获得宅基地使用权。此外，现行立法对宅基地使用权的期限没有作出限制，村民享有永久居住的权利，但是在宅基地的使用用途上有所限制。宅基地使用权人只能在其上建造住宅及其附属设施以供居住和使用，而不能像建设用地使用权人那样进行多种多样的使用。这样的立法宗旨在于使农村居民享有基本的居住条件，维护农村的稳定。下面从权利和义务两个方面阐述宅基地使用权的内容。

（一）宅基地使用权人的权利

宅基地使用权人的权利包括：

（1）公民有权在依法取得的宅基地上建造住宅及其附属设施或种植一定数量的林木，并可依法享有房屋和林木的所有权。

（2）公民享有对其合法取得的宅基地的长期使用权，但是国家在法定情形下有权征用、征收公民的宅基地。

（二）宅基地使用权人的义务

宅基地使用权人的义务包括：

（1）公民应当按照国家规定的程序和标准使用宅基地。

（2）公民使用宅基地时应当服从国家的生产建设需要，服从国家合法的征收和征用行为。

（3）公民不得擅自转让、变相买卖宅基地或以其他非法方式转让宅基地。

（4）公民将房屋出卖后，宅基地的使用权随房屋一起转让给新的房主，但是宅基地的所有权仍属于国家或集体所有。

三、宅基地使用权的设立

《民法典》第三百六十三条规定：“宅基地使用权的取得、行使和转让，适用土地管理的法律和国家有关规定。”据此，对有关宅基地使用权的取得方面，《民法典》并没有作出直接的规定，而是由《土地管理法》等法律和国家有关规定来规范。《土地管理法》第六十二条第三款和第四款规定：“农村村民建住宅，应当符合乡（镇）土地利用总体规划、村庄规划，不得占用永久基本农田，并尽量使用原有的宅基地和村内空闲地。编制乡（镇）土地利用总体规划、村庄规划应当统筹并合理安排宅基地用地，改善农村村民居住环境和条件。农村村民住宅用地，由乡（镇）人民政府审核批准；其中，涉及占用农用地的，依照本法第四十四条的规定办理审批手续。”任何人不得未经准许擅自占地建造房屋，尤其不得随意占用耕地。耕地是重要的土地资源，由于我国人口众多，同时耕地又有限，为保证人民的基本生存需要，国家对耕地的占用控制得非常严格。公民取得宅基地使用权，必须办理法定的手续。农村居民取得宅基地使用权的方式有很多，主要是依申请审批程序取得，除此之外还包括法律直接确认、继承、购买或者赠与房屋时的一并转让等形式。宅基地使用权具体取得方式包含：

（一）依申请审批程序取得

农村集体经济组织有义务为本集体经济组织成员提供居住等基本的生存保障，因而村民可以依法向集体经济组织申请取得宅基地使用权。该申请审批有一定的条件限制。首先，申请人必须具备集体经济组织成员的资格。其次，符合无宅基地、家庭人口众多确实需要分户居住的、因国家或者乡（镇）建设需要另行安排宅基地的或者在农村落户需要建住宅而无宅基地等情形之一。再次，申请作为宅基地的土地要符合乡（镇）土地利用的总体规划，尽量利用原有的宅基地和村内空闲土地。涉及农用地转为建设用地的，应当由省、自治区、直辖市人民政府批准。最后，申请宅基地应当以户为单位，依据家庭成员数来确定宅基地的面积，原则上每户只能拥有一处宅基地。

（二）法律直接确认的方式取得

以法律直接确认的方式取得宅基地使用权，以民法中的先占制度作为理论基础，同时考虑历史的诸多因素，如土改之后农民取得土地，国家承认和保护其宅基地使用权的，以法律直接确认的方式取得宅基地使用权。改革开放之后，对于既存的宅基地使用权，除擅自占地、乱占耕地等违法情况外，通常法律规定通过登记等方式对宅基地使用权予以直接确认。《土地管理法》第十二条规定："土地的所有权和使用权的登记，依照有关不动产登记的法律、行政法规执行。依法登记的土地的所有权和使用权受法律保护，任何单位和个人不得侵犯。"此时的登记性质为确权登记。《土地管理法》第十四条第一款规定："土地所有权和使用权争议，由当事人协商解决；协商不成的，由人民政府处理。"

（三）继承、买卖或者赠与房屋一并取得

宅基地使用权人在宅基地上为居住建造的建筑物及其附属设施属于农民的私有财产，可以依法继承、买卖或赠与。当宅基地上的建筑物及其他附属设施依法转让时，宅基地使用权也应当一并转让，否则地上物无所依附。当然，宅基地使用权不得单独转让、出租，且不能用于抵押。宅基地使用权人不得以出卖、赠与、土地使用权入股联营等方式处分宅基地使用权。

《土地管理法》第六十二条第五款和第六款规定："农村村民出卖、出租、赠与住宅后，再申请宅基地的，不予批准。国家允许进城落户的农村村民依法自愿有偿退出宅基地，鼓励农村集体经济组织及其成员盘活利用闲置宅基地和闲置住宅。"由此得出，宅基地使用权的设立是为了保障农村集体组织成员最基本的生活权利。

第五节　居住权

一、居住权的概念和特征

（一）居住权的概念

居住权是居住权人对他人的住宅进行占有、使用的用益物权。党的二十大报告明确指出："坚持房子是用来住的、不是用来炒的定位，加快建立多主体供给、多渠道保障、租购并举的住房制度。"居住权是旨在满足居住需要的权利类型，具有

一定限度内的社会福利和保障作用，与其他主要作为市场交易对象而存在的物权类型有所不同。[①] 对此，《民法典》第三百六十六条规定：“居住权人有权按照合同约定，对他人的住宅享有占有、使用的用益物权，以满足生活居住的需要。”

（二）居住权的特征

居住权的特征包括以下四项：

1. 权能限定性

居住权人对他人的住宅只能占有、使用，用以满足最基本的生活居住需求，不能进行生产经营等营利性活动。

2. 专属性

居住权具有人身专属性，不得转让、继承。《民法典》第三百六十九条规定：“居住权不得转让、继承。设立居住权的住宅不得出租，但是当事人另有约定的除外。”

3. 无偿性

居住权原则上应当无偿设立，但是当事人另有约定的除外。之所以以无偿设立为原则，主要是考虑到居住权的设立存在于家庭成员之间，是基于亲情关系而存在的，具有身份属性，故此原则上应无偿设立。[②]

4. 稳定性

居住权属于物权，与签订租赁合同相比，居住权合同更加稳定。居住权设立期限可以是居住权人终生，而租赁合同无法做到，《民法典》第七百零五条第一款规定：“租赁期限不得超过二十年。超过二十年的，超过部分无效。”

二、居住权的内容

居住权的内容包括居住权人对他人的住宅进行占有和使用，以及居住权的消灭。

居住权人对他人的住宅进行占有和使用，是指在居住权成功设立后，居住权人对该住宅享有占有、使用的用益物权，该住宅可以满足居住权人的住房需求。

居住权的消灭，是指居住权期限届满或居住权人死亡后，居住权自然灭失。《民法典》第三百七十条规定：“居住权期限届满或者居住权人死亡的，居住权消灭。居住权消灭的，应当及时办理注销登记。”

---

① 魏振瀛．民法［M］．8 版．北京：北京大学出版社，2021：310.

② 王利明，等．民法学［M］．6 版．北京：法律出版社，2020：446.

三、居住权的设立

居住权的设立既可以通过书面合同的方式设立，也可以通过遗嘱的方式设立。对于通过书面合同方式设立的，《民法典》第三百六十七条规定：“设立居住权，当事人应当采用书面形式订立居住权合同。居住权合同一般包括下列条款：（一）当事人的姓名或者名称和住所；（二）住宅的位置；（三）居住的条件和要求；（四）居住权期限；（五）解决争议的方法。”对于通过遗嘱方式设立的，《民法典》第三百七十一条规定：“以遗嘱方式设立居住权的，参照适用本章的有关规定。”

居住权的设立以登记为生效要件。《民法典》第三百六十八条规定：“设立居住权的，应当向登记机构申请居住权登记。居住权自登记时设立。”

四、居住权的效力

居住权一经设立，对居住权人和住宅的所有权人都会产生效力。居住权人只享有占有、使用的权利，居住权不得转让、继承。为了保证居住权人的稳定居住，住宅的所有权人原则上也不得在居住权设立后出租该住宅，当事人另有约定的除外。

第六节　地役权

地役权是一种独立的物权，是指按照合同约定利用他人的不动产，以提高自己不动产效益的权利。需要利用他人土地才能发挥效用的土地，称为需役地；提供给他人使用的土地，称为供役地。地役权是传统民法中一项重要的物权。地役权的概念源于罗马法。在古罗马，役权包括地役权和人役权，其中地役权分为田野地役权（如放牧权、通行地役权等）和都市地役权（如眺望权、采光地役权等）。法国、意大利、德国、瑞士、日本等国家的民法典及我国台湾地区的“民法”中均规定了地役权。例如，《德国民法典》第一千零一十八条规定：“一块土地为了另一块土地的现时所有权人的利益，得设定权利，使需役地的所有权人得以某种方式使用该土地，或使在该土地上不得实施某种行为，或排除本于供役地的所有权对需役地行使权利（地役权）。”传统民法中的地役权是以土地私有制为基础的，但在我国土地公有制的条件下，为了有效地利用土地，不同所有制的所有权人或者使用人之间也应当设定地役权。

地役权制度是为大陆法系国家和英美法系国家所共采的一种独立的用益物权制度。

一、地役权的概念和特征

（一）地役权的概念

《民法典》物权编的第十五章对地役权进行了规定。该法第三百七十二条规定："地役权人有权按照合同约定，利用他人的不动产，以提高自己的不动产的效益。前款所称他人的不动产为供役地，自己的不动产为需役地。"

所谓地役权，是指不动产的所有权人或者使用权人利用他人的土地，以便有效地使用或者经营自己的土地的权利。地役权制度调整不同土地所有者之间因共同利用各自土地而产生的权利义务关系，以便在相邻土地归属于不同主体的情况下，使需要借助他人土地之便利才能利用自己土地的人，得以顺利利用自己的土地。

虽然地役权与相邻关系在制度功能上具有一定的类似性，但是两者是相互独立的，相邻关系无法完全涵盖或者吸收地役权。相邻关系与地役权在产生原因、性质、调节范围等方面均存在较大差异，应当肯定地役权制度独立存在的价值。

（二）地役权的特征

地役权的特征主要包括以下几个方面：

（1）地役权的权利主体既可以是土地的所有权人，也可以是土地的使用权人。

地役权一般涉及两块土地，且分别属于两个所有权人或者使用权人的土地，一块称为需役地，另一块称为供役地。需役地的所有权人或者使用权人被认为享有权利，称为地役权人；供役地的所有权人或者使用权人被认为负有义务，称为供役地权利人。在我国，土地的所有权人为国家和集体，土地的使用权人包括建设用地使用权人、土地承包经营权人、宅基地使用权人等。在传统大陆法系的民法中，土地的使用权人包括地上权人、永佃权人、耕作权人及典权人等就土地享有用益物权的人。

（2）地役权的客体通常为土地。

地役权的客体通常为土地，《日本民法典》和我国台湾地区的"民法"中有这样的规定。《日本民法典》第二百八十条规定："地役权人依设定行为所设定的目的，有以他人土地供自己土地便宜之用的权利。"我国台湾地区的"民法"第八百五十一条规定："称地役权者，谓以他人土地供自己土地便宜之用之权。"此外，有些国家的民法典规定凡是不动产都可以作为地役权的客体。《法国民法典》第六百三十七条规定："役权系为另一所有权人的不动产的使用及需要对另一不动产所加的负担。”《德国民法典》第一千零二十一条、《意大利民法典》第一千零二十九条都有相似的规定。由于我国实行土地使用权主体和房屋所有权主体一致的原则，我国地役权的客体为土地，而不包括建筑物等其他不动产。

（3）地役权是利用他人的不动产的一种权利，是为了提高自己不动产的效益。

地役权的设立，须以增加需役地的利用价值和提高需役地的效益为前提。此种效益既包括生活上得到的便利，也包括经营上获得的效益。地役权是以他人的土地供自己的土地便宜之用的权利。设定地役权的目的，在于为自己的土地利用提供便利，以增进自己土地的利用效益与价值。相邻关系中也存在利用他人不动产的情况，但是相邻关系是对不动产作最低限度的调节，而地役权则是扩大对他人不动产的利用来提高自己不动产的价值，较相邻关系而言，地役权才具有地尽其力、物尽其用、人得其需的作用。

（4）地役权是一种不可分割的物权。

地役权不因土地的分割而分割。《民法典》第三百八十二条规定：“需役地以及需役地上的土地承包经营权、建设用地使用权等部分转让时，转让部分涉及地役权的，受让人同时享有地役权。”该法第三百八十三条规定：“供役地以及供役地上的土地承包经营权、建设用地使用权等部分转让时，转让部分涉及地役权的，地役权对受让人具有法律约束力。”地役权不是独立的财产权。地役权的功能决定了地役权服务于特定土地，不能脱离特定土地而存在，不能独立转让、抵押和处分。地役权是附属于土地的一种他物权，具有物权的对抗世人的特征。

（5）地役权具有从属性。

地役权的从属性，是指地役权不得与需役地分离而单独转让，也不得单独成为其他权利的标的。地役权必须从属于需役地而存在，若无需役地便不能产生地役权，其从属性或附从性主要表现在：其一，地役权必须与需役地的所有权或使用权一同转移，不得与需役地分离而单独转让；其二，地役权不得与需役地的所有权或使用权相分离而作为其他权利的标的。《日本民法典》和《德国民法典》都规定了有关地役权具有从属性的内容。我国《民法典》第三百八十条规定：“地役权不得单独转让。土地承包经营权、建设用地使用权等转让的，地役权一并转让，但是合同另有约定的除外。”《民法典》第三百八十一条规定：“地役权不得单独抵押。土地经营权、建设用地使用权等抵押的，在实现抵押权时，地役权一并转让。”

（6）地役权是按照合同设立的。

地役权合同是地役权人和供役地权利人之间达成的以设立地役权为目的和内容的合同。设立地役权，当事人应当采取书面形式。相邻关系是直接由法律规定的，而地役权则不能由法律直接规定，应采取协商的方式由当事人约定。《民法典》第三百七十三条规定："设立地役权，当事人应当采用书面形式订立地役权合同。地役权合同一般包括以下条款：（一）当事人的姓名或者名称和住所；（二）供役地和需役地的位置；（三）利用目的和方法；（四）地役权期限；（五）费用及其支付方式；（六）解决争议的方法。"《民法典》第三百七十四条规定："地役权自地役权合同生效时设立。当事人要求登记的，可以向登记机构申请地役权登记；未经登记，不得对抗善意第三人。"

二、地役权的内容

地役权的内容具有较大的任意性，各国民法典中均未明确规定地役权的内容。我国《民法典》对地役权的规定不同于对建设用地使用权、土地承包经营权那样对权利内容加以明确规定。一般而言，地役权的内容，依当事人在设定地役权时需役地的需要而定。例如，《法国民法典》第六百三十七条规定："役权系为另一所有权人的不动产的使用及需要对另一不动产所加的负担。"《德国民法典》第一千零一十八条规定："一块土地为了另一块土地的现时所有权人的利益，得设定权利，使需役地的所有权人得以某种方式使用该土地，或使在该土地上不得实施某种行为，或排除本于供役地的所有权对需役地行使权利（地役权）。"无论是《法国民法典》中的"负担"，还是《德国民法典》中的"使用""不得实施"，均未明确地役权的实际内容，而是依需役地的利益，由当事人设定时确定。日本、意大利、瑞士等国家的民法典中，对于地役权内容的规定也是如此。由此可见，地役权适用范围的大小亦由可设定的"需役地利益"而定，即授权当事人依需役地需要确定权利的内容，只要不损害公共利益即可。

地役权实质上是一种可依当事人意愿设定权利内容的他物权种类。实践中，地役权的内容包括：地役权利人的权利和义务，供役地权利人的权利和义务。

（一）地役权人的权利和义务

1. 地役权人的权利

（1）使用供役地的权利。地役权属于用益物权的一种，是一种对世权，任何个人或者组织不得妨碍地役权人行使权利。法律对地役权人使用供役地的内容不作具体的规定，允许当事人在合同中就利用目的和方法作出约定。所谓利用目的，是指地役权所满足的需役地的便利，如通行、排水等。所谓利用方法，是指地役权人可以在地役权的哪一部分、以何种方式行使地役权。

（2）从事附随行为的权利。地役权人为实现设定地役权的目的，有权在供役地上从事必要的附随行为。例如，取水地役权人为取水于供役地通行。附随行为必须是必要的，即若不进行附随行为，地役权设定的目的就无法实现。地役权须存在于需役地的和供役地的全部，不能被分割为各个部分或仅仅在一部分上单独存在。[①]

（3）设置附属设施的权利。所谓设置附属设施，是指为实现地役权设定的目的而建造工作物，且为必要的附属设施。例如，甲取得了对乙的土地的排水地役权，则甲有权在乙的土地上设置排水管道以实现通过供役地排水的目的。修建的排水管道即为附属设施。附属设施的所有权归属于地役权人，即便如此，地役权人也不能取得附属设施占用范围内土地的所有权或者使用权。

2. 地役权人的义务

（1）对附属设施进行保养和维修，并允许供役地权利人使用的义务。除非当事人之间另有约定，地役权人应当对附属设施进行保养和维修。地役权人未尽到该义务，导致供役地权利人受到损害的，地役权人应当承担损害赔偿责任。此外，供役地权利人要求使用附属设施的，只要不妨碍地役权的行使，地役权人应当允许。

（2）减少损害的义务。地役权人利用供役地时，应当尽量减少对供役地的限制，即采取对供役地损害最小的方式进行。《民法典》第三百七十六条规定："地役权人应当按照合同约定的利用目的和方法利用供役地，尽量减少对供役地权利人物权的限制。"

（3）依照合同约定支付费用。地役权人使用供役地应当按照合同约定支付费用。

（二）供役地权利人的权利和义务

1. 供役地权利人的权利

（1）使用附属设施的权利。关于附属设施的维修和保养费用是否需要供役地权利人分担，可以另行约定。供役地权利人在不影响地役权人使用的前提下，可以使用地役权人修建的附属设施。附属设施是地役权人为了实现设定地役权的目的而设置的，地役权人对其享有所有权和使用权。虽然如此，但是附属设施毕竟是在供役地上建造的，当供役地权利人有使用此附属设施的需要时，应当允许供役地权利人在不影响地役权人使用的前提下，使用地役权人修建的附属设施。关于附属设施的维修和保养费用是否需要供役地权利人分担，可以另行约定。

（2）变更利用场所及方法的请求权。供役地权利人为使用土地的需要，在不影

---

① 杨立新．物权法［M］．7版．北京：中国人民大学出版社，2020：184.

响地役权设定目的前提下，可以请求变更地役权的利用场所及方法，地役权人不得拒绝。因此，支出的费用由供役地权利人负担。地役权制度的价值在于提高不动产利用的效率，通过对供役地所有权或者使用权实施一定的限制，而使需役地可以发挥更大的效益。那么，允许在实现地役权目的的前提下，减轻供役地的负担，更加有利于发挥不动产的整体效益。因此，供役地权利人为使用土地的需要，在不影响地役权设立目的前提下，享有变更地役权的利用场所及方法的权利，地役权人不得拒绝。

2. 供役地权利人的义务

《民法典》第三百七十五条规定："供役地权利人应当按照合同约定，允许地役权人利用其不动产，不得妨害地役权人行使权利。"由此可见，供役地权利人负有容忍义务，即依据合同约定的使用目的和方法，允许地役权人对供役地进行使用，并允许其为必要的附随行为设置附属设施等。

（1）允许地役权人利用其土地。供役地权利人必须按照合同的约定，向地役权人提供土地，并且容忍供役地上的负担，有时还甚至必须容忍对供役地造成的某种程度上的损害。

（2）不得妨害地役权人行使权利。地役权人为利用供役地，实现地役权的内容，在权利行使的必要范围内，有权在供役地上修建必要的附属设施或者从事某项必要的附属行为，此时供役地权利人不得妨害地役权人行使这些权利。

三、地役权的设立

设立地役权，当事人应当采取书面形式订立地役权合同。地役权自地役权合同生效时设立。当事人要求登记的，可以向登记机构申请地役权登记；未经登记，不得对抗善意第三人。《民法典》第三百七十三条规定："设立地役权，当事人应当采用书面形式订立地役权合同。地役权合同一般包括下列条款：（一）当事人的姓名或者名称和住所；（二）供役地和需役地的位置；（三）利用目的和方法；（四）地役权期限；（五）费用及其支付方式；（六）解决争议的方法。"该法第三百七十四条规定："地役权自地役权合同生效时设立。当事人要求登记的，可以向登记机构申请地役权登记；未经登记，不得对抗善意第三人。"地役权的期限由当事人约定，但不得超过土地承包经营权、建设用地使用权等用益物权的剩余期限。地役权不得单独转让或抵押，只能在土地承包经营权、建设用地使用权转让或者抵押时一并转让或者抵押，但合同另有约定的除外。

关于地役权的取得方式，各国（地区）立法存在一些差异，总体上分为两种模式：其一，依法律规定或者当事人约定两种方式取得。以意大利为代表，具体规定在《意大利民法典》第一千零三十二条。其二，依合同取得、遗嘱取得、时效取得、继承取得四种方式。该立法模式以德国、日本及我国台湾地区为代表。

依据我国《民法典》及相关立法的规定，我国地役权的取得方式包括依合同取得、依遗嘱取得、依时效取得、依继受取得等四种方式。

（一）依合同取得

当事人依据合同设定地役权，是地役权取得的主要方式。所谓依合同取得地役权，是指由需役地所有权人或者使用人与供役地的所有权人或者使用人通过书面订立合同的方式取得地役权。法律允许当事人自由约定地役权的内容，但地役权的期限不得超过土地使用权的期限。《民法典》第三百七十三条对地役权合同的内容进行了具体规定。可见，地役权合同为要式合同，当事人应当采取书面形式订立合同。在实践中，如果双方当事人以口头形式设立地役权合同，当发生纠纷时，法院将会以当事人在订立合同时违反了应当采取书面形式的规定，而判决该合同不具有设立地役权的法律效力。

依据《民法典》第三百七十四条的规定，我国在地役权设定过程中，采取的是登记对抗主义，而非登记生效主义。当事人依据合同设定地役权的，合同的生效时间即为地役权的取得时间，而并不以登记作为地役权取得的要件。是否对地役权进行登记，取决于当事人的选择，未经登记，只是不得对抗善意第三人。这样规定的原因是地役权具有从属性，地役权不得与需役地相分离而单独转让，也不得单独成为其他权利的标的。地役权的转让、抵押和出租都是随着需役地的转让、抵押和出租一并进行的。依照我国《民法典》物权变动需要进行登记公示的规定，也就不必要再对地役权单独地以登记作为生效要件了。

（二）依遗嘱取得

所谓依遗嘱取得地役权，是指供役地的所有权人或者使用权人可以依据遗嘱设定地役权，需役地所有权人或者使用权人在该遗嘱生效时，可以办理登记，即取得地役权。《民法典》第三百七十八条规定：“土地所有权人享有地役权或者负担地役权的，设立土地承包经营权、宅基地使用权等用益物权时，该用益物权人继续享有或者负担已经设立的地役权。”依遗嘱取得地役权属于依法律行为而设定地役权，只要当事人不违反法律的强制性规定或者公序良俗，都应当允许。

（三）依时效取得

依时效取得地役权已为各国普遍承认。例如，《日本民法典》第二百八十三条规定："地役权，以继续且表见者为限，因时效而取得。"在我国的现行立法中，对此还没有规定。

（四）依继受取得

所谓依继受取得地役权，是指地役权随着需役地所有权或者使用权的转让一并转让，进而取得地役权。依继受取得地役权包括了当需役地发生转让时，同时也包括了当需役地的所有权人或者使用权人死亡时，因继承而取得需役地的所有权或者使用权者可以同时取得地役权。地役权的继受取得是基于地役权的从属性，即地役权不得与需役地相分离而单独转让。因此，需役地转让，地役权也随之一并转让。

四、地役权的消灭

《民法典》第三百八十五条规定："已经登记的地役权变更、转让或者消灭的，应当及时办理变更登记或者注销登记。"地役权消灭的事由包括地役权的法定撤销、地役权的约定撤销、地役权期限届满而不续期、土地灭失、目的不能、混同等。具体如下：

（一）地役权的法定撤销

所谓地役权的法定撤销，是指在出现法定情形时，地役权当事人撤销地役权，使既存的地役权归于消灭。《民法典》第三百八十四条规定："地役权人有下列情形之一的，供役地权利人有权解除地役权合同，地役权消灭：（一）违反法律规定或者合同约定，滥用地役权；（二）有偿利用供役地，约定的付款期限届满后在合理期限内经两次催告未支付费用。"这是《民法典》关于供役地权利人单方解除合同的法定事由，并且该条法律规定了供役地权利人可以申请撤销地役权的两种情形，这两种情形都是针对地役权人的行为的。供役地权利人据此有权解除地役权合同，而使得地役权归于消灭。

（二）地役权的约定撤销

所谓地役权的约定撤销，是指地役权合同中有约定地役权撤销的事由，在出现这些合同约定的情形时，地役权当事人撤销地役权，而使得既存的地役权归于消灭。地役权的约定撤销能否作为地役权消灭的事由，理论界存在着争论。一种观点认为，为了维护地役权人安全地、稳定地使用土地收益的权利，不应当允许地役权的约定撤销；另一种观点认为，在地役权合同中约定撤销的事由是双方当事人平等、自愿协商一致的结果，应当予以承认。多数学者支持后一种观点，并且在一些国家和地区的立法中也有相似的规定。例如，我国台湾地区“民法”就承认地役权的约定撤销。

（三）地役权期限届满而不续期

地役权属于约定的用益物权，其期限届满而当事人不续期时，地役权自然归于消灭。《民法典》第三百七十七条规定：“地役权期限由当事人约定；但是，不得超过土地承包经营权、建设用地使用权等用益物权的剩余期限。”

（四）土地灭失

地役权的存在需要供役地和需役地，如果其中之一归于灭失，则地役权也就无法存在。土地灭失的情况还应该包括国家基于公共利益对土地进行征收而导致土地灭失。

（五）目的不能

当地役权的存在已经对需役地没有任何利益时，那么地役权的目的也就无法实现，地役权归于消灭。即使地役权对需役地虽有利益，但是与供役地权利人的负担相比意义甚微，供役地权利人通过支付赔偿金而请求消灭地役权的，地役权消灭。地役权制度能在一定程度上实现社会资源的最大化，当地役权的存在已经对需役地没有任何利益或者意义甚微，即无法实现社会资源最大化利用的目的时，法律应当允许供役地权利人通过支付赔偿金而请求消灭地役权。在一些国家和地区的立法中也有相似的规定，例如，《瑞士民法典》第七百三十六条规定：“地役权对需役地已无任何利益时，承役地所有权人可以请求涂销登记。地役权人的利益虽尚存在，但与负担相比意义甚微时，承役地人可支付赔偿而部分或者全部地消灭地役权。”

（六）混同

依据民法理论，当他物权与所有权混同时，他物权通常会消灭。因权利混同而消灭，是地役权消灭的原因之一。具体包括两种情形：其一，当地役权为供役地的所有权人设定时，地役权人取得供役地所有权，并且供役地上不再有其他使用权，此时地役权因混同而消灭；其二，当地役权为供役地的使用权人所设定时，地役权人取得了供役地的使用权，从而地役权因混同而消灭。

本章小结

用益物权，是指非所有权人对他人所有的不动产或者动产，依法享有的占有、使用和收益的物权。在我国，用益物权的种类主要包括土地承包经营权、建设用地使用权、宅基地使用权、居住权、地役权等。土地承包经营权，是指土地承包经营权人依法对国家或者集体所有的农用地进行占有、使用和收益的权利。建设用地使用权，是指自然人、法人或者其他组织依法在国有或者集体所有的土地上建造建筑物、构筑物及其附属设施的权利。居住权，是指居住权人对他人的住宅进行占有、使用的用益物权。宅基地使用权，是指农村居民为建造自己的房屋对集体土地所享有的占有、使用的权利。地役权，是指不动产所有权人或者使用权人为使用或经营自己土地的便宜而利用他人土地的权利。用益物权制度其特有的制度作用的充分发挥对于保障和促进我国的社会经济的公平、稳定和发展具有重要的意义，集中体现在用益物权有利于发挥物尽其用的效益。

简答题

1. 简述用益物权的概念和特征。
2. 简述宅基地使用权的概念和特征。
3. 简述土地承包经营权的设立、内容与流转。
4. 简述建设用地使用权的设立、内容与流转。
5. 简述地役权的特征。

案例

（扫码查看案例解读）

2012 年 1 月 12 日，张某与辽中县某村民委员会签订了一份土地承包合同，合同约定张某承包土地 54 亩①，每亩承包费 60 元，承包期至 2021 年 12 月 31 日。合同签订后，辽中县某村民委员会将土地交给张某耕种，张某将 10 年的承包费32 400 元一次性交给了辽中县某村民委员会。2015 年 1 月 24 日，辽中县某村民委员会向张某送达一份《关于解除耕地长期承包合同的通知》，决定终止与张某签订的土地承包合同，并按每人 3. 3 亩的标准给张某分了土地，张某已耕种；并将张某承包的 54 亩土地分给本村其他村民。张某遂向人民法院提起诉讼，请求人民法院认定辽中县某村民委员会单方解除合同行为无效，并退还已耕种的土地。

你认为张某的诉讼请求成立吗？为什么？

① 亩为非法定单位，1 亩≈666. 67 平方米。

第十四章 担保物权

学习目标

掌握：担保物权的概念与特征，抵押权的概念与特征，质权的概念与特征，留置权的概念与特征。

熟悉：抵押权的内容，留置权的内容，担保物权的竞合与并存。

了解：抵押权的设立，抵押权的实现，抵押权的中止，抵押权的特别规则，动产质权，权利质权，留置权的设立，留置权的消灭。

第一节 担保物权的概念与特征

担保物权制度早在罗马法时代就已存在，是一项古老的民法基本制度，直到现在它仍是各国民法体系的重要组成部分。

一、担保物权的概念

担保物权，是指为担保债权的实现，在债务人或第三人所有的物或权利上设立的他物权。根据《民法典》第三百八十六条的规定："担保物权人在债务人不履行到期债务或者发生当事人约定的实现担保物权的情形，依法享有就担保财产优先受偿的权利，但是法律另有规定的除外。"

二、担保物权的特征

担保物权的特征主要体现在以下四个方面：

（1）担保物权具有从属性。

担保物权的目的在于确保一定债权的实现，所以担保物权存在的前提是债权的存在；当债权实现或被撤销时，担保物权也随之消灭；当被担保的债权移转时，担保物权亦随之移转。

（2）担保物权具有不可分性。

担保物权是设立在债务人或第三人所有的物或权利上的物权，在被担保的债权未受全部清偿之前，担保物权人有权就担保标的物之全部行使其权利。即使被担保的债权被分割、部分清偿或部分消灭，担保物权仍为担保各部分的债权或剩余的债权而存在。

（3）担保物权具有物上代位性。

担保物权只是对标的物的交换价值或占有权能予以支配，当担保物权的标的物灭失、毁损时，担保物权人有权就该标的物的代替物或赔偿金行使其权利，所以担保物权具有物上代位性。

（4）担保物权具有优先受偿性。

根据《民法典》第三百八十六条的规定，当担保物权人和债务人的其他普通债权人同时存在时，担保物权人可以就担保物的价值优先受偿。

第二节　抵押权

抵押权是最常见的一种担保物权，也是近现代各国民法最重要的担保物权制度。抵押权制度在罗马法时代就已经产生了，它具有十分悠久的历史，是一项发展得比较完备的民事法律制度。我国《民法典》颁布以后，抵押权制度在法律上得到进一步完善，在实践中日益发挥着重要的担保作用。

一、抵押权的概念与特征

（一）抵押权的概念

抵押权，是指债权人对债务人或者第三人不转移占有而提供担保的财产，在债务人不履行债务时，依法享有就担保的财产变价并优先受偿的权利。前述的债务人或者第三人称为抵押人，债权人称为抵押权人，提供担保的财产称为抵押物。抵押权是以担保债权为目的，即以确保债务的履行为目的的物权。

（二）抵押权的特征

作为一种典型的担保物权，抵押权的特征主要表现在以下五个方面：

1. 抵押权具有从属性

抵押权是从属于债权的担保物权，是就抵押物卖得的价金优先受偿的权利。抵押权的从属性主要表现在存在、移转和消灭三个方面：①存在上的从属性。抵押权的存在以债权的存在为前提，主债权存在，抵押权才能存在；不存在主债权，抵押权也就丧失了存在的基础，无法存在。②移转上的从属性。抵押权移转上的从属性，是指抵押权依附于主债权，既不能与所担保的债权相分离而单独转让，也不能与所担保的债权相分离而为其他债权提供担保。《民法典》第四百零七条规定："抵押权不得与债权分离而单独转让或者作为其他债权的担保。债权转让的，担保该债权的抵押权一并转让，但法律另有规定或者当事人另有约定的除外。"③消灭上的从属性。债权消灭，抵押权随之消灭。《民法典》第三百九十三条关于担保物权因主债权消灭而消灭的规定适用于抵押权。

2. 抵押权不移转抵押物的占有

抵押权成立之后，抵押物仍然由原权利人占有，并且不会影响其正常的使用，这是抵押权与质权、留置权的重要区别之一。由于设定抵押权后，抵押人仍能占有标的物而进行使用、收益及处分，而抵押权人也无须负担保管标的物的义务，这对于抵押人和抵押权人都有利。此外，由于抵押权的标的物仍然保存在所有权人的手中，并不妨碍抵押人对其进行保值与增值，资源得到了有效的配置，因此对于社会也是有利的。①

3. 抵押权具有物上代位性

抵押权的物上代位性，是指抵押物因灭失、毁损或者被征收而取得金钱或者其他财物时，抵押权的效力及于抵押物的代位物。《民法典》第三百九十条对担保物权的物上代位性进行了规定。抵押权作为典型的担保物权，也应当适用该规定。在抵押物毁损、灭失或者被征收时，抵押权人可以就获得的保险金、赔偿金或者补偿金等优先受偿。

---

① 王利明，等．民法学［M］．6版．北京：法律出版社，2020：322.

4. 抵押权人在全部债权受清偿前，可就抵押物的全部行使权利

抵押物的价值可能大于所担保的债权数额，抵押权人在其全部债权实现之前，可以就抵押物的全部行使权利。例如，甲与乙之间的债权数额为 3 万元，乙提供给甲的抵押物价值 4 万元，当乙不能偿还债务时，甲有权将该抵押物全部变卖，所获价款中的 3 万元由甲享有，剩下的 1 万元返还给乙。不能因为甲的债权数额低于抵押物的价值就否定甲对整个抵押物的权利。

5. 抵押权具有追及性

抵押财产在抵押期间转让的，不影响抵押权人行使抵押权。但是，《民法典》第四百零四条规定："以动产抵押的，不得对抗正常经营活动中已经支付合理价款并取得抵押财产的买受人。"故在该种情形下，抵押权不具有追及性。

二、抵押权的内容

（一）抵押权效力所及的标的物的范围

抵押权效力所及的标的物的范围，是指抵押权人实行抵押权时，可依法予以变价的标的物的范围。一般而言，抵押权的效力主要及于抵押物，但为了维护抵押权标的物的经济效用及交换价值，以及兼顾双方当事人的利益，对标的物以外的其他物或权利，在一定条件下，也应同为抵押权标的物的范围。①

抵押权效力所及的标的物的范围，除设定抵押权的抵押物外，还包括以下财产。

1. 抵押物的从物

抵押物的从物，是相对于主物而言的，是指辅助抵押物发生效用并同属于抵押人的物。从物并不是主物的一部分，而是在效用上与主物形成主从关系的另外一物，在交易中，除法律另有规定或者当事人另有约定外，处分主物的效力及于从物。抵押权是就抵押物变价优先受偿的价值权，依据处分主物的效力及于从物的一般民法原理，实行抵押权，将抵押物变价时，抵押物的从物也应当一并变价，从而保证抵押权人优先受偿。

2. 抵押物的从权利

抵押物的从权利，是指从属于主权利，为了发挥抵押物的效用而存在的权利。抵押权实现之时，倘若从权利不随主权利的移转而移转，就可能导致物的效用和价

① 申卫星. 物权法原理［M］. 2 版. 北京：中国人民大学出版社，2016：322.

值减损，从权利应当属于抵押权效力所及的标的物的范围。

3. 抵押物的添附物

抵押物的添附物，是指因附合、混合或加工与抵押物构成一体的物。《最高人民法院关于适用〈中华人民共和国民法典〉有关担保制度的解释》第四十一条规定：“抵押权依法设立后，抵押财产被添附，添附物归第三人所有，抵押权人主张抵押权效力及于补偿金的，人民法院应予支持。抵押权依法设立后，抵押财产被添附，抵押人对添附物享有所有权，抵押权人主张抵押权的效力及于添附物的，人民法院应予支持，但是添附导致抵押财产价值增加的，抵押权的效力不及于增加的价值部分。抵押权依法设立后，抵押人与第三人因添附成为添附物的共有人，抵押权人主张抵押权的效力及于抵押人对共有物享有的份额的，人民法院应予支持。本条所称添附，包括附合、混合与加工。”

4. 抵押物的孳息

抵押物的孳息，是指由抵押物而产生的收益，包括天然孳息和法定孳息。抵押物在扣押后所生的天然孳息和法定孳息应当为抵押权效力所及的标的物。否则“会发生抵押人故意拖延抵押物的变价手续，借以收取抵押物的孳息”的情况，损害抵押权人的利益。①《民法典》第四百一十二条第一款规定：“债务人不履行到期债务或者发生当事人约定的实现抵押权的情形，致使抵押财产被人民法院依法扣押的，自扣押之日起，抵押权人有权收取该抵押财产的天然孳息或者法定孳息，但是抵押权人未通知应当清偿法定孳息义务人的除外。”

5. 抵押物的代位物

抵押物的代位物，是指抵押物因灭失、毁损或者被征收、转让等原因，转化成的其他价值形态，如保险金、损害赔偿金、补偿金等。被担保的债权期限未届满的，也可以提存该保险金、损害赔偿金、补偿金等。

（二）抵押人的权利和义务

1. 抵押人的权利

抵押人有以下权利：

（1）抵押权设定后，除法律和合同另有约定外，抵押人继续占有抵押物并收取孳息。

（2）抵押人可就同一抵押物设定多个抵押权。以同一财产向同一债权人或者不

---

① 郭明瑞，房绍坤，张平华．担保法［M］．北京：中国人民大学出版社，2017：94－95.

同债权人多次抵押的，抵押人所担保的债权可以超出其抵押财产的价值。

（3）抵押权设定后，抵押人可将抵押财产出租。抵押人将已出租的财产抵押的，原租赁关系不受该抵押权的影响；抵押权设立后抵押财产出租的，该租赁关系不得对抗已登记的抵押权。

（4）抵押权设定后，抵押人可以将抵押财产进行转让。《民法典》第四百零六条规定："抵押期间，抵押人可以转让抵押财产。当事人另有约定的，按照其约定。抵押财产转让的，抵押权不受影响。抵押人转让抵押财产的，应当及时通知抵押权人。抵押权人能够证明抵押财产转让可能损害抵押权的，可以请求抵押人将转让所得的价款向抵押权人提前清偿债务或者提存。转让的价款超过债权数额的部分归抵押人所有，不足部分由债务人清偿。"

2. 抵押人的义务

抵押人有以下义务：

（1）抵押权设定后，抵押人应妥善保管抵押物。抵押人有义务采取必要的措施防止抵押物毁损、灭失和价值减少。

（2）抵押权设定后，抵押人可以转让抵押财产，无须抵押权人同意。但是抵押人转让抵押财产的，应当及时通知抵押权人。抵押权人能够证明抵押财产转让可能损害抵押权的，可以请求抵押人将转让所得的价款向抵押权人提前清偿债务或者提存。转让的价款超过债权数额的部分归抵押人所有，不足部分由债务人清偿。

（三）抵押权人的权利和义务

1. 抵押权人的权利

抵押权人的权利包括支配抵押物的权利、孳息收取权和优先受偿权。

（1）支配抵押物的权利。抵押权设定后，抵押权人并未实际占有抵押物，但仍享有对抵押物的支配权。在抵押权存续期间，抵押人未经抵押权人同意转让抵押物的，抵押权人仍可行使抵押权。抵押人的行为足以使抵押物价值减少的，抵押权人有权要求抵押人停止其行为。抵押物价值减少的，抵押权人有权要求恢复抵押物的价值，或者提供与减少价值相应的担保。抵押人不恢复抵押物的价值也不提供担保的，抵押权人有权要求债务人提前清偿债务。

（2）孳息收取权。抵押物担保债权的优先受偿；由抵押物产生的孳息，同样担保债权的优先受偿。可担保债权优先受偿的抵押物的孳息，以抵押物被人民法院扣留后所产生的孳息为限。

（3）优先受偿权。债务履行期届满抵押权人未受清偿的，可以将抵押物折价或以拍卖、变卖抵押物的价款优先受偿。

具体而言，同一抵押物上既存在抵押权又存在普通债权时，抵押权人以抵押物所获得的价款优先受偿，而普通债权人只能就抵押权人优先受偿后的剩余部分受偿。同一抵押物上存在数个抵押权或包括抵押权的数个物权时，就发生优先受偿的顺位问题。优先受偿的顺位，一般由法律作出规定。《民法典》第四百一十四条规定："同一财产向两个以上债权人抵押的，拍卖、变卖抵押财产所得的价款依照下列规定清偿：（一）抵押权已经登记的，按照登记的时间先后确定清偿顺序；（二）抵押权已经登记的先于未登记的受偿；（三）抵押权未登记的，按照债权比例清偿。其他可以登记的担保物权，清偿顺序参照适用前款规定。"抵押权人可以放弃抵押权或者抵押权的顺位。

2. 抵押权人的义务

抵押权人在实现抵押权时应依照法定或约定的方式和程序，不得损害抵押人和其他人的利益。《民法典》第四百一十条第一款规定："债务人不履行到期债务或者发生当事人约定的实现抵押权的情形，抵押权人可以与抵押人协议以抵押财产折价或者以拍卖、变卖该抵押财产所得的价款优先受偿。协议损害其他债权人利益的，其他债权人可以请求人民法院撤销该协议。"

三、抵押权的设立

抵押权的设立通过两种方式，即依照法律规定直接产生和基于当事人订立的抵押合同而设立。依照法律规定直接产生的抵押权是法定抵押权，基于抵押合同而设立的抵押权是约定抵押权。

（一）根据法律规定直接产生

这种方式设立的抵押权又叫法定抵押权。法定抵押不需要当事人在合同中约定，只要发生法律规定的情形，抵押权自然设立。《民法典》第三百九十七条规定："以建筑物抵押的，该建筑物占用范围内的建设用地使用权一并抵押。以建设用地使用权抵押的，该土地上的建筑物一并抵押。抵押人未依据前款规定一并抵押的，未抵押的财产视为一并抵押。"在实践中，法定抵押的情况较少。

（二）基于当事人订立的抵押合同而设立

抵押合同是指债权人和债务人或第三人之间为设定抵押权而签订的合同。基于抵押合同而设立的抵押权叫约定抵押权。这是抵押权设定的最主要方式。

根据我国《民法典》的规定，抵押合同应当采取书面的形式订立。《民法典》第四百条规定：“设立抵押权，当事人应当采用书面形式订立抵押合同。抵押合同一般包括下列条款：（一）被担保债权的种类和数额；（二）债务人履行债务的期限；（三）抵押财产的名称、数量等情况；（四）担保的范围。”由此可以看出，抵押权人和抵押人设定抵押权的行为是要式行为。另外，《民法典》第四百零一条规定：“抵押权人在债务履行期限届满前，与抵押人约定债务人不履行到期债务时抵押财产归债权人所有的，只能依法就抵押财产优先受偿。”

抵押合同有效的同时，还要求当事人具有相应的民事行为能力、意思表示真实、内容合法且具备前款规定的形式，并对可以作为抵押的财产作出规定。《民法典》第三百九十五条第一款规定：“债务人或者第三人有权处分的下列财产可以抵押：（一）建筑物和其他土地附着物；（二）建设用地使用权；（三）海域使用权；（四）生产设备、原材料、半成品、产品；（五）正在建造的建筑物、船舶、航空器；（六）交通运输工具；（七）法律、行政法规未禁止抵押的其他财产。”例如，房屋及其地窖、预购商品房、家具厂制造家具所需的树木等，这些都可以作为抵押的财产。

抵押人可以将《民法典》第三百九十五条第一款所列的财产一并抵押。其中建筑物和其他土地附着物、建设用地使用权、海域使用权和正在建造的建筑物、船舶、航空器实行登记设立主义，即这些财产应当办理抵押登记，抵押权在登记时设立。以动产进行抵押的实行登记对抗主义，抵押权在抵押合同生效时设立；未经登记，不得对抗善意第三人。

《民法典》第三百九十九条规定：“下列财产不得抵押：（一）土地所有权；（二）宅基地、自留地、自留山等集体所有土地的使用权，但是法律规定可以抵押的除外；（三）学校、幼儿园、医疗机构等为公益目的成立的非营利法人的教育设施、医疗卫生设施和其他公益设施；（四）所有权、使用权不明或者有争议的财产；（五）依法被查封、扣押、监管的财产；（六）法律、行政法规规定不得抵押的其他财产。”

四、抵押权的实现

抵押权行使又称抵押权的实现，是指抵押权人在债权已到清偿期而债务人不履行债务时，处分抵押物以优先受偿的行为。《民法典》第四百一十条规定：“债务人不履行到期债务或者发生当事人约定的实现抵押权的情形，抵押权人可以与抵押人协议以抵押财产折价或者以拍卖、变卖该抵押财产所得的价款优先受偿。协议损害其他债权人利益的，其他债权人可以请求人民法院撤销该协议。抵押权人与抵押人未就抵押权实现方式达成协议的，抵押权人可以请求人民法院拍卖、变卖抵押财产。抵押财产折价或者变卖的，应当参照市场价格。”

（一）抵押权行使的条件

行使抵押权，须具备以下条件：

（1）抵押权有效存在。

抵押权所担保的主合同无效或被撤销，抵押合同也相应无效，抵押权人也失去了行使抵押权的前提。例如，恶意抵押一经撤销即为无效，当然也就无所谓抵押权的实现。[①]

（2）债务已届清偿期。

一般情况下，抵押权的行使，需要债务已届清偿期，即债务人应当清偿债务的期限。但是，对未届清偿期的债务，抵押权人并非绝对不能行使抵押权。例如，当抵押人的行为足以使抵押物价值减少时，抵押权人请求抵押人恢复原状或提供担保而遭到拒绝的，抵押权人可以请求债务人履行债务，也可以请求提前行使抵押权。

（3）债务人未履行债务。

债务人未履行债务，包括拒绝履行、迟延履行和不适当履行。对已届清偿期的债权，除债务人有法定抗辩事由（如不可抗力）外，债务人拒绝履行、迟延履行和不适当履行债务，抵押权人皆可行使抵押权。

（二）抵押权行使的方式

抵押权行使的方式主要有三种，即折价、拍卖和变卖。

1. 折价

抵押物折价，是指抵押权人与抵押人达成协议，由抵押权人以确定的价格取得抵押物的所有权。采用这一方式行使抵押权，必须由抵押权人与抵押人在债务履行期限届满后共同订立移转抵押物所有权的折价合同。

2. 拍卖

拍卖抵押物，是指以公开竞价的方式将抵押物转让给最高应价者的买卖方式。抵押物的拍卖可以分为一般拍卖和强制拍卖两种类型。一般拍卖，是指抵押权人与抵押人依据《拍卖法》的规定，共同委托拍卖行拍卖抵押物。抵押权人可以就拍卖行拍卖抵押物所获得的价金优先受偿。强制拍卖，是指抵押权人与抵押人无法就抵

---

① 魏振瀛．民法［M］．8版．北京：北京大学出版社，2021：325－326.

押物的拍卖达成一致意见的，可以依据《民法典》第四百一十条的规定，请求人民法院拍卖抵押物。抵押权人就强制拍卖抵押物所取得的价金，在扣除相关费用后，以抵押物担保的债权为限受偿，超出部分归还抵押人。

3. 变卖

变卖抵押物，是指利用普通买卖的方式将抵押物转让给第三人。利用变卖抵押物的方式行使抵押权，主要由抵押权人进行。为了防止抵押权人低价转让抵押物，损害抵押人和其他债权人的利益，《民法典》规定变卖抵押物的，应当参照市场价格。

五、抵押权的消灭

抵押权的消灭，是指因一定法律事实出现，抵押权人对抵押物的支配力终止。引起抵押权消灭的法律事实，又被称为抵押权消灭的原因。抵押权既可因物权消灭的一般原因，如混同、放弃等消灭，又可因担保物权消灭，如主债权消灭、担保物权实现等消灭，还可因抵押权特殊的消灭原因而消灭。

抵押权消灭的原因主要如下：

（1）主债权消灭。

抵押权存在的目的是保障主债权的实现，与主债权之间具有从属关系，主债权消灭，抵押权也随之消灭。但是，只有在主债权因抵销、免除或其他原因完全消灭时，抵押权才随之消灭。

存在以下情形的，抵押权并不消灭：首先，主债权部分消灭。主债权因债务人的履行等行为而部分消灭时，由于抵押权具有不可分性，抵押权仍然存在于全部抵押物上，用于担保没有消灭的部分债权。其次，主债权相对消灭。债权相对消灭是指债权主体变更，从而使得债权债务关系在特定主体之间归于消灭，而债权债务关系本身并未消灭，由受让人承受。在债权让与时，抵押权随主债权的移转而移转给主债权的受让人。最后，第三人取得代位求偿权。主债权因第三人清偿而消灭，第三人取得代位求偿权的，第三人有权代位债权人行使抵押权，保障求偿权的实现。

（2）抵押物灭失、毁损且无代位物。

抵押物灭失，抵押权归于消灭。抵押物灭失，既包括事实上的灭失，如设定抵押的房屋被拆除、焚毁，也包括法律上的灭失，如抵押物被征收。但是，抵押权本质上属于价值权，其存在的目的是支配抵押物的交换价值，保障债权的实现，当抵押物灭失、毁损后，只要仍然存在交换价值，无论其形态发生何种变化，仍然为抵押权所支配的交换价值。如果抵押物灭失后有代位物的，抵押权并不消灭，抵押权的效力及于抵押物的代位物。

（3）抵押权行使。

抵押权一旦行使，无论其所担保的债权是否已经全部受偿，抵押权即归于消灭。依据《民法典》第四百一十三条的规定，抵押权实现后，未受偿的债权可以要求债务人清偿，但是该债权上已经不再有抵押权的保障。

（4）期间经过。

抵押权人在主债权诉讼时效期间内未行使抵押权的，抵押权人丧失胜诉权，这属于抵押权的相对消灭。抵押人自愿履行担保义务的，抵押权人仍然可以行使抵押权。《民法典》第四百一十九条规定："抵押权人应当在主债权诉讼时效期间行使抵押权；未行使的，人民法院不予保护。"其目的在于督促抵押权人积极行使抵押权，充分发挥抵押物的经济效用。

六、抵押权的特别规则

（一）最高额抵押权

1. 最高额抵押权的概念和特征

最高额抵押权，是指为担保债务的履行，债务人或者第三人对一定期间内将要连续发生的债权提供担保，债务人不履行到期债务或者发生当事人约定的实现抵押权的情形，抵押权人有权在最高债权额限度内就该担保财产优先受偿。

最高额抵押权满足了当事人进行连续性交易行为的需要。当事人为了达到同一目的，反复实施同一性质的行为，并且在一定时期内维持这种行为，不必为每次行为分别设定抵押权，而只需设定最高额抵押权。这样不仅能够避免烦琐程序给当事人带来的不便，而且有利于维系长期而连续的信用关系，有利于融通资金。

最高额抵押权具有如下特征：

（1）相对独立性。

抵押权是为了担保债权的实现而设定的，与被担保的债权之间存在主从关系，被担保的债权为主权利，抵押权为从权利。但是，最高额抵押权与一般抵押权不同，具有相对独立性，具体体现在：首先，一般抵押权的存在以债权的存在为前提。主债权存在，抵押权才能存在；不存在主债权，抵押权也就丧失了存在的基础，无法存在。但是，最高额抵押权是为了担保将来的债权而设定的，因而在设定时，主债权并不存在。其次，最高额抵押权与主债权在移转上存在相对独立性，部分债权转让的，只发生该债权脱离最高额抵押担保范围的效果，最高额抵押权并不随之转让。最后，一般抵押权在消灭上具有从属性，主债权消灭，抵押权随之消灭。但是在最高额抵押中，所担保的某一债权或某些债权消灭时，最高额抵押权不受影响，仍然为担保将来发生的债权而存在。

（2）所担保的债权具有不确定性。

抵押权所担保的债权应当特定，这是一般抵押权的基本特征。这里的特定，不仅指抵押物本身特定，而且包括所担保的债权特定，即债权的类型和数额等在设定抵押权时已经确定。但是，最高额抵押权所担保的债权是将来发生的，所担保的未来债权是否会发生，以及债权额为多少都处于不确定的状态。只有当确定债权的事由出现时，才能确定所担保债权的实际数额。

（3）有预定的最高限额。

所谓最高限额，是指抵押权人基于抵押权所得优先受偿的最高数额。一般抵押权在设定时，所担保的债权已经确定，因此不需要限定优先受偿的最高额度。但是，设定最高额抵押权时，抵押物的价值相对确定，而所担保的债权数额并不确定，“抵押人不能以价值有限的抵押物担保将来发生的无数的债务，否则将会给债权人造成极大的损害。”①

（4）担保对象为将来一定期间内连续性交易所发生的债权。

一般抵押权在设定时，所担保的债权已经存在，法律对债权的性质并无特殊规定。最高额抵押权所担保的债权是在一定期限内连续发生的，如果这些债权没有连续性也没有期限限制，就会使最高额抵押权成为一种极不稳定的担保物权，抵押人在抵押物上的物权长时间受到限制，有悖于建立担保物权制度的出发点。《民法典》第四百二十条则明确将最高额抵押权的担保范围限定在“一定期间内将要连续发生的债权”。

2. 最高额抵押权担保的债权范围

最高额抵押权担保的债权范围，是指最高额抵押权人实行抵押权时，所得优先受偿的债权的范围。

（1）最高额抵押权设立前已经存在的债权。

最高额抵押权的本质特征并不在于其所担保的债权为将来的债权，而在于所担保的债权为不特定的债权，且具有最高限额。② 只要实际发生的债权额不超过双方约定的最高限额，即便债权发生在最高额抵押权设立前，法律也没有理由禁止其成为最高额抵押权担保的债权。当事人就设立前已经存在的债权转入最高额抵押权担保的债权范围达成协议的，应当允许。《民法典》第四百二十条第二款规定：“最高

① 王利明．物权法［M］．北京：中国人民大学出版社，2015：377.

② 胡康生．中华人民共和国物权法释义［M］．北京：法律出版社，2007：443.

额抵押权设立前已经存在的债权，经当事人同意，可以转入最高额抵押担保的债权范围。”

（2）将来一定时期连续发生的债权。

最高额抵押权设定时，并没有对担保的债权的具体数额进行明确规定，只是确定了一定的期间和最高限额。在最高额抵押担保的债权确定前，债权额得随时增减变动。即使实际发生的债权数额一度为零，也不会因此影响最高额抵押权的效力，其仍对之后发生的债权发生效力。

（3）债权确定前被转让的债权。

最高额抵押权担保的债权确定前，已经发生的债权依据法律规定被转让给第三人的，最高额抵押权并不随债权的移转而发生移转，也就是说，债权的转让造成被转让债权脱离最高额抵押权所担保的债权范围的法律后果。但是，如果最高额抵押权人与抵押人约定，移转后的债权仍然属于最高额抵押权担保的债权的，法律尊重当事人之间的约定。《民法典》第四百二十一条规定：“最高额抵押担保的债权确定前，部分债权转让的，最高额抵押权不得转让，但是当事人另有约定的除外。”

（4）利息、损害赔偿金、实现抵押权的费用等。

依据《民法典》第四百二十四条的规定：“最高额抵押权除适用本节规定外，适用本章第一节的有关规定。”最高额抵押权的担保范围包括主债权及其利息、违约金、损害赔偿金、保管抵押物和实现抵押权的费用。当事人另有约定的，按照约定。

3. 最高额抵押权的确定

最高额抵押权的确定，是指最高额抵押权所担保的不特定债权因为发生一定事由而特定化。

《民法典》第四百二十三条对最高额抵押权确定的事由作出了明确规定：

（1）约定的债权确定期间届满。最高额抵押权人与抵押人可以在抵押合同中约定债权确定的期间，对债权确定的期间进行约定是最高额抵押权合同的重要内容。约定的期间届满，所担保的债权确定。

（2）没有约定债权确定期间或者约定不明确的，抵押权人或者抵押人自最高额抵押权设定之日起满 2 年后有权请求确定债权。

（3）新的债权不可能发生。若新的债权不可能发生，则最高额抵押权担保的债权确定。新的债权不可能发生主要有三种：其一，所担保的债权的范围变更。最高额抵押权所担保的债权范围变更的，按照变更后的债权决定标准，被担保的债权没有再发生的可能性时，最高额抵押权即应确定。其二，连续交易终止。最高额抵押权为连续交易提供担保的，连续交易结束的日期即为债权确定的时间。即便当事人约定的债权确定期间或者前述法定期间并未届满，所担保的债权额也确定。其三，债权所赖以发生的基础关系消灭的，新的债权也不可能发生。

（4）抵押权人知道或者应当知道抵押财产被查封、扣押。抵押财产被法院查封、扣押的，有可能被拍卖或者变卖，所获的价款直接影响到最高额抵押权人的债权利益能否实现。查封、扣押抵押财产实际上割断了抵押财产与担保债权的关系，也脱离了最高额抵押人和最高额抵押权人对抵押财产的影响和控制。因此，无论是从保护最高额抵押权人、其他债权人利益的角度，还是从稳定担保关系的角度，都应当确定最高额抵押权所担保的债权额。①

（5）债务人、抵押人被宣告破产或者解散。债务人、抵押人被宣告破产或者解散的，进入破产程序或者清算程序。依据现行法律规定和一般法律原理，在进入破产程序或者清算程序时，债务人、抵押人的未到期债务，视为到期。依据《民法典》第四百二十三条的规定，债务到期是实现最高额抵押权的法定事由，因而当债务人、抵押人被宣告破产或者解散的，最高额抵押权担保的债权应当确定。

（6）法律规定债权确定的其他情形。

4. 最高额抵押权担保债权确定的法律效力

最高额抵押权担保债权确定的法律效力包括以下方面：

（1）最高额抵押权转变为一般抵押权。最高额抵押权所担保的债权额一旦确定，债权即从不特定的状态转变为特定的状态，最高额抵押权也随之转变为一般抵押权，依据法律关于一般抵押权的规定行使抵押权。

（2）担保的债权范围确定。债权确定时存在的债权原本为最高额抵押权担保的范围，此后发生的债权，无论其是否在最高限额之内，都不属于最高额抵押权效力所及的范围。

（3）担保债权在最高限额内优先受偿。担保的债权确定后，债权到期或者出现当事人约定的可以实现抵押权的情形，最高额抵押权人可以就抵押物拍卖或者变卖的价款在最高限额内优先受偿。

（二）浮动抵押

1. 浮动抵押的概念和特征

抵押人在进行抵押时，可以将合法的抵押财产单独抵押，也可以一并抵押，一般而言，在抵押设立的时候，抵押财产的数量、质量、状况和价值都应当是明确的，

---

① 胡康生．中华人民共和国物权法释义［M］．北京：法律出版社，2007：450．

但是也有一种特殊的制度，就是在设立抵押时，抵押财产处于不确定状态，这就是浮动抵押制度。

浮动抵押，是指权利人以现有的和将有的全部财产或者部分财产为债务人的债务提供担保，债务人不履行到期债务或者发生当事人约定的实现抵押权的情形，债权人有权就约定实现抵押权时的动产优先受偿。

浮动抵押具有不同于固定抵押的两个特征：

（1）浮动抵押设定后，抵押的财产不断发生变化，直到约定或者法定的事由发生，抵押财产才确定。浮动抵押设定后，抵押人可以将抵押的原材料投入成品生产，也可以卖出抵押的财产。

（2）浮动抵押期间，抵押人处分抵押财产不必经抵押权人同意，抵押权人对抵押财产无追及的权利，只能就约定或者法定事由发生后确定的财产优先受偿。

2. 设立浮动抵押的条件

《民法典》第三百九十六条规定："企业、个体工商户、农业生产经营者可以将现有的以及将有的生产设备、原材料、半成品、产品抵押，债务人不履行到期债务或者发生当事人约定的实现抵押权的情形，债权人有权就抵押财产确定时的动产优先受偿。"这是我国法律关于浮动抵押的法律规定，根据这一规定，在我国设立浮动抵押必须符合以下条件：

（1）设立浮动抵押的主体限于企业、个体工商户、农业生产经营者。除了上述三种主体，国家机关、社会团体、事业单位、非农业生产者的自然人都不可以设立浮动抵押。

（2）设立浮动抵押的财产限于生产设备、原材料、半成品、产品。除此之外的不动产和动产都不得设立浮动抵押。

（3）设立浮动抵押要有书面协议，写明担保债权的种类和数额、债务履行期间、抵押财产的范围、实现抵押的条件等。口头形式的浮动抵押协议无效。

（4）实现抵押权的条件是不履行到期债务或者发生当事人约定的实现抵押权的事由。

（5）债权人有权就实现抵押权时的动产优先受偿。实现抵押时确定的财产和设立抵押时的财产通常是不一致的，对于抵押期间已经处分的财产不能追及，但抵押期间新增的财产则可以作为抵押财产，债权人对这些抵押财产享有优先受偿的权利。

浮动抵押制度的抵押手续简单，抵押成本较小，具有很强的灵活性和融资性。而且企业可以用现有的和将有的财产抵押，大大拓展了企业的融资能力，特别是对于一些发展前景较好的中小企业，用作融资担保的不动产有限，浮动抵押制度可以为他们创造有利的发展条件。

3. 浮动抵押财产的确定

就动产浮动抵押权而言，在抵押期间，抵押财产并不确定，而是处于变动不居的状态，这对于维持抵押人的正常经营活动具有极大的益处。但是，一旦发生债务人不履行届期债务的情形，抵押权人要实现抵押权时就必须确定浮动抵押中的财产，否则作为一种物权，浮动抵押权将因客体未被特定而无法行使。此外，在发生其他一些情形如抵押人被宣告破产时，也必须确定浮动抵押的财产，以便抵押权人行使权利，维护自身的合法权益。①

我国《民法典》第四百一十一条规定："依据本法第三百九十六条规定设定抵押的，抵押财产自下列情形之一发生时确定：（一）债务履行期限届满，债权未实现；（二）抵押人被宣告破产或者解散；（三）当事人约定的实现抵押权的情形；（四）严重影响债权实现的其他情形。"

第三节 质权

一、质权的概念与特征

（一）质权的概念

质权，是指债务人或者第三人为担保债务人履行债务，将其动产或权利交由债权人占有，债务人不履行到期债务或者出现当事人约定的实现质权的情形时，债权人有权变卖质物并就该价金优先受偿的权利。设定质权的行为称作质押。占有动产或者权利凭证的债权人为质权人，提供质物的债务人或者第三人为出质人，用于设定质押的标的物为质物。

依据质物不同，可以将质权分为动产质权、不动产质权和权利质权三种类型。不动产质权曾是农业经济社会中重要的物权担保形式。日本民法和法国民法承认不动产质权，德国民法不承认不动产质权。我国现行法律只规定了动产质权和权利质权。②

---

① 王利明，等. 民法学［M］. 6版. 北京：法律出版社，2020：494.
② 王利明，等. 民法学［M］. 6版. 北京：法律出版社，2020：503.

（二）质权的特征

质权和抵押权都属于担保物权的范畴，但二者是不同的担保物权，质权的特征主要包括以下三个方面：

（1）质权的客体主要为动产或权利，不包括不动产。

质权的客体既可以是债务人的财产，也可以是第三人的财产，但不能是债权人的财产。这里的财产包括动产和权利。动产为有体物，可以通过交付并移转占有的方式设定质权。可以设定质权的财产权利，如汇票、本票、支票、债券、存款单、仓单、提单、基金份额、股权、商标专用权、专利权、著作权、应收账款等，这些财产权利虽为无体物，但是均能通过交付权利凭证或者注册等方式表明权利的存在或者变动。

（2）质权的设定必须转移占有，以某些特定财产作为质物时，还必须依法办理登记手续。

这是质权与抵押权的一个重要区别，质权的设定必须以转移占有为前提，这是法律对质权作出的强制性规定，不允许当事人通过约定的方式加以改变，也就是说，当事人不得通过协商的方式设定不转移占有的质权。

（3）质权具有物上代位性、从属性和不可分性。

这是担保物权的一般特征，质权作为一种担保物权，也应当具备这些特征。

二、动产质权

（一）动产质权的概念

动产质权，是指以动产作为标的物而设定的质权。《民法典》第四百二十五条规定：“为担保债务的履行，债务人或者第三人将其动产出质给债权人占有的，债务人不履行到期债务或者发生当事人约定的实现质权的情形，债权人有权就该动产优先受偿。前款规定的债务人或者第三人为出质人，债权人为质权人，交付的动产为质押财产。”

（二）动产质权的设定

1. 设定质权的当事人

设定质权的当事人为出质人和质权人。

2. 设定质权的客体

质权的客体，又称质权的标的或者质物，是指出质人为提供担保而交付给质权人占有的动产。可以作为质权客体的动产必须具备以下条件：

（1）具有交换价值和可让与性。《民法典》第四百二十六条规定："法律、行政法规禁止转让的动产不得出质。"

（2）具有特定性。种类物、可代替物等只能在特定化之后，才能成为质权的标的物。质权作为一种物权，物权中所要求的客体只能是特定物的规定在此也适用。

3. 订立质押合同

设立质权，当事人应当采取书面形式订立质押合同。质押合同一般应当包括以下条款：①被担保债权的种类和数额；②债务人履行债务的期限；③质押财产的名称、数量、质量、状况等；④担保的范围；⑤质押财产交付的时间、方式。

4. 移转动产的占有

动产质权的设定除了要订立质押合同外，还须移转动产的占有。质权的设立以移转动产的占有为要件。《民法典》第四百二十九条规定："质权自出质人交付质押财产时设立。"具体而言，出质人与质权人订立质押合同，该合同自成立时生效，但在移转动产的占有之前，并不发生担保物权的效力，只有出质人实际移转动产的占有时，质权才发生效力。

（三）动产质权的效力

1. 动产质权担保的债权范围

动产质权担保的债权范围，是指动产质权人实行质权时，所得优先受偿的债权的范围。动产质权担保的债权范围，包括主债权、利息、违约金、损害赔偿金、质物保管费用和实现质权的费用。质押合同另有约定的，从其约定。

2. 出质人的权利与义务

（1）出质人的权利。

对质物的收益权。质权设定后，质权人占有质物，有权收取质物的收益。但是，如果质权人和出质人在动产质押合同中约定出质人保留收取质物的收益的权利，则由出质人收取质物的收益。即便由质权人收取收益，该收益权仍由出质人享有，质权人仅就收益享有优先受偿权。

对质物的处分权。质权设定后，出质人虽然丧失了对质物的占有，但是，并没有丧失对质物的所有权。出质人可以通过简易交付或指示交付等方式转让质物。

对质权人的抗辩权。出质人为债务人的，出质人享有基于主债务合同和质押合同产生的抗辩权，如迟延履行抗辩权、消灭时效抗辩权等。出质人为物上保证人的，即便主债务人抛弃其对债权人享有的抗辩权，出质人享有的抗辩权也不会丧失。

排除侵害及返还质物请求权。质权人没有尽到妥善保管质物义务或者有其他行为可能导致质物毁损、灭失的，出质人有权请求质权人提存质物、另行提供担保或者提前清偿等。《民法典》第四百三十一条规定："质权人在质权存续期间，未经出质人同意，擅自使用、处分质押财产，造成出质人损害的，应当承担赔偿责任。"

对债务人的代位求偿权。出质人为物上保证人，因代为清偿债务或者质权实现丧失质物所有权的，出质人对债务人享有代位求偿权。

（2）出质人的义务。

因质物有瑕疵而给质权人造成损害的，出质人负有损害赔偿的义务。

偿还必要费用的义务。质权人保管质物所支付的必要费用，应当由出质人承担；对非必要支出的费用，应当以有利于出质人并且不违反出质人明示的或者可以推知的意思为限，由出质人承担偿还义务。

3. 质权人的权利与义务

（1）质权人的权利。

其一，占有质物的权利。质权的设立与存续以质权人实际占有质物为要件。《民法典》物权编第五分编专门规定了占有制度。依据这些规定，对质物的占有受到侵害时，质权人有权请求返还原物、排除妨害、消除影响、请求损害赔偿。

其二，对质物孳息的收取权。《民法典》第四百三十条规定："质权人有权收取质押财产的孳息，但是合同另有约定的除外。前款规定的孳息应当先充抵收取孳息的费用。"

其三，费用偿还请求权。质押期间，质权人占有质物，对因保管质物所支出的必要费用，享有偿还请求权。保管质物支出的费用属于质权担保的债权，质权人有权就质物的变价优先受偿。

其四，保全权。《民法典》第四百三十三条规定："因不可归责于质权人的事由可能使质押财产毁损或者价值明显减少，足以危害质权人权利的，质权人有权请求出质人提供相应的担保；出质人不提供的，质权人可以拍卖、变卖质押财产，并与出质人协议将拍卖、变卖所得的价款提前清偿债务或者提存。"

其五，优先受偿权。优先受偿权，是指质权人有权就质物的变价优先受偿。质权是担保债权实现的一种价值权，具有优先于普通债权的效力。当债务人不履行债务或者发生当事人约定的实现质权的情形时，质权人有权就质物拍卖、变卖所得的价款优先受偿，从而实现其债权。

其六，质权的处分权。质权的处分权，是指质权人处分其质权的权利。对质权的处分有让与、放弃及供作其他债权的担保等形式。

（2）质权人的义务。

其一，保管质物的义务。《民法典》第四百三十二条第一款规定："质权人负有妥善保管质押财产的义务；因保管不善致使质押财产毁损、灭失的，应当承担赔偿责任。"

其二，赔偿因转质造成的损失的义务。《民法典》第四百三十四条规定："质权人在质权存续期间，未经出质人同意转质，造成质押财产毁损、灭失的，应当承担赔偿责任。"

其三，及时行使质权的义务。《民法典》第四百三十七条规定："出质人可以请求质权人在债务履行期届满后及时行使质权；质权人不行使的，出质人可以请求人民法院拍卖、变卖质押财产。出质人请求质权人及时行使质权，因质权人怠于行使权利造成出质人损害的，由质权人承担赔偿责任。"

其四，返还质物的义务。债务人到期履行债务，或者出质人提前清偿债务的，出质人有权请求返还质物，质权人负有相应的返还义务。《民法典》第四百三十六条第一款规定："债务人履行债务或者出质人提前清偿所担保的债权的，质权人应当返还质押财产。"

三、权利质权

权利质权，是指以可让与的财产权利作为标的的质权。我国《民法典》第四百四十条规定："债务人或者第三人有权处分的下列权利可以出质：（一）汇票、本票、支票；（二）债券、存款单；（三）仓单、提单；（四）可以转让的基金份额、股权；（五）可以转让的注册商标专用权、专利权、著作权等知识产权中的财产权；（六）现有的以及将有的应收账款；（七）法律、行政法规规定可以出质的其他财产权利。"

根据可转让财产权的不同性质，我国《民法典》将权利质权分为不同的类型，分别规定了不同的成立要件。

（1）以汇票、本票、支票、债券、存款单、仓单、提单出质的，双方当事人应当订立书面的质押合同。质权自权利凭证交付质权人时设立；没有权利凭证的，质权自有关部门办理出质登记时设立。

（2）以基金份额、股权出质的，当事人应当订立书面合同。以基金份额、证券登记结算机构登记的股权出质的，质权自证券登记结算机构办理出质登记时设立，以其他股权出质的，质权自工商行政管理部门办理出质登记时设立。

（3）依法可以转让的注册商标专用权、专利权、著作权等知识产权中的财产权出质的，除有书面质押合同外，质权自有关主管部门办理出质登记时设立。质权自登记之日起生效。

（4）以应收账款出质的，除有书面质押合同外，质权自信贷征信机构办理出质登记时设立。

权利出质后，出质人不得转让或者许可他人使用，但经出质人与质权人协商同意的，可以转让或者许可他人使用。应当以出质人所得的转让费、许可费向质权人提前清偿所担保的债权或者向与质权人约定的第三人提存。

第四节 留置权

一、留置权的概念与特征

（一）留置权的概念

留置权，是指债务人不履行到期债务，债权人可以留置已经合法占有的债务人的动产，并有权就该动产优先受偿的权利。有权留置动产的债权人称为留置权人，被留置的动产称为留置物。

（二）留置权的特征

留置权具有以下特征：

1. 从属性

留置权是为担保债权实现而设立的，与被担保的债权之间存在主从关系。被担保的债权为主权利，留置权为从权利。主债权存在，留置权才存在；主债权转让时，留置权一并转让；主债权无效或者被撤销，留置权也随之消灭。

2. 不可分性

留置权的不可分性，是指被担保的债权获得完全清偿前，留置权人有权就留置动产的全部行使权利。留置权的效力及于被留置动产的全部，而不是部分。值得注意的是，留置物为可分物的，留置物的价值应当相当于债务的金额。

3. 法定性

留置权是法定担保物权，其成立的依据是法律的直接规定，而不是当事人之间的合意。作为法定担保物权的留置权具有优先意定担保物权的特征，这也是留置权最突出的特征。《民法典》第四百五十六条规定：“同一动产上已经设立抵押权或者质权，该动产又被留置的，留置权人优先受偿。”

二、留置权的设立

留置权的设立，必须具备法律规定的积极要件和消极要件。

（一）积极要件

1. 债权人合法占有债务人的动产

留置权的主体为债权人。留置权的客体为债务人的动产。债权人占有债务人的动产需要具有正当权源。《民法典》要求留置权中的占有为合法占有，如基于合同关系而取得对动产的占有；倘若债权人非因合法原因而取得占有，如因侵权行为而取得占有，则不产生留置权。

2. 占有的动产与债权属于同一法律关系，企业之间留置的除外

《民法典》第四百四十八条规定：“债权人留置的动产，应当与债权属于同一法律关系，但是企业之间留置的除外。”

3. 债权已届清偿期

债权已届清偿期，是指债务人履行债务的期限已满。债务人履行债务的期限尚未届满时，债权人无权请求债务人清偿债务，此时不能留置债务人的动产。但是有例外，在特殊情形下债权人可以行使“紧急留置权”。例如，债权人能够证明债务人无支付能力的情形。

（二）消极要件

留置权成立的消极要件，是指阻止留置权发生的法定事由。《民法典》第四百四十九条规定：“法律规定或者当事人约定不得留置的动产，不得留置。”具体而言，留置权成立的消极要件包括以下情形。

1. 当事人事先约定不得留置

当事人事先约定不得留置的，实质上是债权人放弃了其所享有的担保利益，当其无害于社会利益或第三人的利益时，法律应当允许。当事人之间虽未在合同中明确约定不得留置，但是在债务人交付财产前或者交付财产时，对债权人有明确指示而债务人接受交付的，债权人应当依据指示行为，不得留置。

2. 法律规定不得留置

（1）留置动产违反公序良俗原则的。公序良俗原则是民事主体从事民事活动应当遵循的基本原则，债权人留置债务人的动产不得有悖于公共秩序和善良风俗。例如，对债务人维持基本生存需要的生活品不得留置。

（2）留置动产与债权人承担的义务相违背的。这里所指的义务，是指债权人依据合同约定或者法律规定而应当承担的义务，但是不包括给付标的物的义务。倘若允许债权人留置动产与债权人承担的义务相违背，则意味着债权人可以不履行其承担的义务，有违诚信原则。例如，运输合同中的承运人，不得因对方未支付运费，而拒绝运输货物；在承运人将货物运送到目的地后，尽管其负有给付货物的义务，但是，承运人可以基于债务人未履行支付运费的义务而留置货物。

（3）非法占有动产的。非法占有属于侵权行为，不能成立留置权。例如，抢夺他人的物品，而后对抢夺的物品进行修理，抢夺人不能以物主未支付修理费用为由，留置该物品。

（4）动产为禁止流通物的。留置权在性质上属于价值权，最终是对动产的交换价值进行支配的权利。其实现需要将动产变价，从而优先受偿。不具有让与性的动产不能变价，因而，不能成为留置权的客体。

三、留置权的效力

（一）留置权担保的债权范围及效力所及的标的物的范围

留置权担保的债权范围，主要包括主债权及利息、违约金、损害赔偿金、留置物保管费用和实现留置权的费用。此外，留置权担保的债权应当是确定的、已届清偿期的债权。不确定的债权或未来债权不属于留置权担保的范围。留置权效力及于主物、从物、孳息以及代位物。

（二）留置权人的权利与义务

1. 留置权人的权利

留置权人的权利主要包括：第一，占有并留置动产的权利；第二，对留置财产所生孳息的收取权；第三，留置物保管费用求偿权；第四，必要时对留置动产进行使用的权利；第五，变价和优先受偿的权利。

2. 留置权人的义务

留置权人的义务主要包括：第一，保管留置动产的义务；第二，不得擅自利用留置动产的义务；第三，返还留置动产的义务。

（三）留置物所有权人的权利与义务

1. 留置物所有权人的权利

留置物所有权人的权利主要包括：

（1）请求留置权人在债务履行期届满后行使留置权，留置权人不行使的，债务人可以请求人民法院拍卖、变卖留置财产；

（2）对留置物的处分权；

（3）损害赔偿请求权；

（4）返还留置物的请求权；

（5）提供相当担保消灭留置权的请求权。

2. 留置物所有权人的义务

留置物所有权人的义务主要包括：

（1）损害赔偿的义务；

（2）偿还必要费用的义务。

四、留置权的消灭

留置权作为法定的担保物权，其消灭的原因可分为两种情况。一种情况是适用于所有担保物权的情况：主债权消灭，担保物灭失、毁损且无代位物，以及担保物权实现或者消灭等。另一种情况比较特殊，《民法典》第四百五十七条规定："留置权人对留置财产丧失占有或者留置权人接受债务人另行提供担保的，留置权消灭。"

第五节　担保物权的竞合或并存

一、抵押权与质权的竞合

由于我国《民法典》规定了动产抵押权，因此，抵押的动产被出质或质押的动产被抵押这两种情形都有可能发生。《民法典》为动产抵押权与动产质权发生冲突时提供了以下两种明确的解决规则：首先，《民法典》第四百一十五条规定："同一财产既设立抵押权又设立质权的，拍卖、变卖该财产所得的价款按照登记、交付的时间先后确定清偿顺序。"其次，《民法典》第四百一十六条规定："动产抵押担保的主债权是抵押物的价款，标的物交付后十日内办理抵押登记的，该抵押权人优先于抵押物买受人的其他担保物权人受偿，但是留置权人除外。"该条规定的就是购置款抵押权的超级优先效力。①

二、抵押权与留置权的竞合

当抵押权与留置权存在竞合的情况时，《民法典》第四百五十六条作出了如下规定："同一动产上已经设立抵押权或者质权，该动产又被留置的，留置权人优先受偿。"

三、留置权与质权的竞合

此种情况如前所述，同一动产上已经设立抵押权或者质权，该动产又被留置的，留置权人优先受偿。

四、物的担保与人的担保的并存

在实践中，经常会有为了同一项债权的实现而设立多种担保的情况，此时不仅存在多种担保物权竞合的情况，还可能会出现物的担保即物保和人的担保即人保并存的情况。例如，甲向乙借款100万元，甲以自己的房屋作为担保偿还债务，丙作为一般保证人保证债务的偿还。

据此《民法典》第三百九十二条作出了明确规定："被担保的债权既有物的担保又有人的担保的，债务人不履行到期债务或者发生当事人约定的实现担保物权的情形，债权人应当按照约定实现债权；没有约定或者约定不明确，债务人自己提供物的担保的，债权人应当先就该物的担保实现债权；第三人提供物的担保的，债权人可以就物的担保实现债权，也可以请求保证人承担保证责任。提供担保的第三人承担担保责任后，有权向债务人追偿。"

---

① 王利明，等．民法学［M］．6版．北京：法律出版社，2020：487.

本章小结

担保物权，是指为担保债权的实现，在债务人或第三人所有的物或权利上设立的他物权。抵押权，是指债权人对债务人或者第三人不转移占有而提供担保的财产，在债务人不履行债务时，依法享有就担保的财产变价并优先受偿的权利。质权，是指债务人或者第三人为担保债务人履行债务，将其动产或权利交由债权人占有，债务人不履行到期债务或者出现当事人约定的实现质权的情形时，债权人有权变卖质物并就该价金优先受偿的权利。留置权，是指债务人不履行到期债务，债权人可以留置已经合法占有的债务人的动产，并有权就该动产优先受偿的权利。

简答题

1. 简述抵押权的内容。
2. 简述抵押的设立。
3. 简述浮动抵押。
4. 简述最高额抵押权。
5. 简述动产质权。

案例

（扫码查看案例解读）

甲因贷款购买车辆与乙汽车金融公司分别签订了汽车贷款合同和汽车抵押合同，并办理了车辆抵押登记作为贷款的担保。该车在丁保险公司投有车辆损失险，在《机动车综合商业保险单》特别约定中载明：“本保单约定第一受益人为甲。当一次事故的保险额高于人民币 5 000 元时，保险人须征得第一受益人书面同意后方可对被保险人支付（第三者责任险的保险赔款除外）。”2015 年，丙向甲借用该车。丙驾驶该车时发生交通事故，经交警认定，丙负全责，须为此支付修理费、拖车费合计 22 903 元。丙要求丁保险公司支付上述费用，遭到拒绝，故提起诉讼。

乙汽车金融公司对该汽车的保险金是否有权优先受偿？

第十五章 占有

学习目标

掌握：占有的概念与分类。
熟悉：占有的取得、变更与消灭。
了解：占有的效力与保护。

第一节 占有的概念与分类

一、占有的概念与特征

占有制度起源于罗马法，经由中世纪的日耳曼法洗礼，为近现代大陆法系各国立法所继受和发展，成为物权法中的一项重要制度。《民法典》第二编第五分编对占有制度进行了规定，但是并没有明确界定占有的概念。我们认为，占有是占有人对物管领、支配的事实。尽管占有只是一种事实状态，但在法律上并非没有意义；相反，占有常常形成一种法律关系。在占有法律关系中，对物为管领、支配的人称为占有人，是法律关系的主体；被管领、支配的物称为占有物，是法律关系的客体。占有人因占有可能取得占有权甚至所有权，即使不形成权利的占有，在法律上也可获得保护，故占有具有重要的法律意义。

（一）占有的特征

占有具有如下特征：

（1）占有的客体须为物。

占有以物为客体，这里的物既包括动产也包括不动产；既包括私有物也包括公有物。对占有的客体，现代各国和地区在立法上都以物为限，无须占有物而可以行使权利的财产权，如抵押权、知识产权等，不能成立占有，而仅能成立准占有。

（2）占有的内容为对物进行事实上的管领、支配。

占有是一种人与物之间的关系，这种关系表现为人对物在事实上进行管领和支配。对物为事实的管领、支配，是指对物加以支配，并排除他人干涉。具体而言，是否有事实上的管领力，通常应依社会观念及斟酌外部可以认识的空间关系、时间关系、法律关系及社会关系的事实而认定①。所谓空间关系，是指人与物在场所上必须具有某种结合关系。存在这种结合关系，通常就被认定为在事实上对物加以管领、支配。例如，穿在身上的衣物，握在手中的文具，停放在停车场的汽车等。所谓时间关系，是指人与物的结合在时间上必须具有相当的连续性。依这种时间上的连续性，足以认定人与物之间存在占有关系。仅有短暂的结合关系不能认定某物在事实上被管领、支配，也不成立占有。例如，在浴室使用睡袍，在餐厅使用餐具都不构成占有。所谓法律关系，是指人与物之间存在经由法律确定的占有关系。现代物权法理论认为，占有已经从直接现实的支配扩展到观念的支配，因而，虽不直接支配标的物，但是基于某种法律关系也能成立占有。例如，间接占有和依占有辅助人而为的占有。除此以外，社会观念也是认定是否对物有管领、支配的一种重要因素。依社会一般观念，只要某物并未脱离某人的控制与支配，就可以认为该人与该物在空间上有一定的、足以使他人认识的结合关系。② 于路不拾遗的年代与盗贼横行的时代，对结合关系的认定肯定有所不同。

（3）占有为事实。

占有的本质为事实抑或权利，自罗马法以来一直有争论，各国立法也不相一致。在罗马法上，占有是一种对物事实上的控制，目的在于维护社会秩序，与物的真实权利并不相关。虽然我国《民法典》没有对占有的概念进行明确规定，但是民法理论和司法实务通常将占有理解为一种事实状态，而非权利。占有与本权往往一致，但是占有本身并非权利。无权占有、非法占有虽无权利，但也应当受到占有制度的保护。

（二）占有与相关概念的比较

1. 占有与持有

占有和持有都是对物的一种事实上的管领、支配。两者的区别在于，构成占有

① 梁慧星，陈华彬．物权法［M］．7 版．北京：法律出版社，2020：404.

② 江平．民法学［M］．4 版．北京：中国政法大学出版社，2019：298.

不仅需要对物有事实上的管领、支配，而且需要具备占有的意图。倘若不具备占有的意图，可能只构成持有，而不构成占有。例如，占有辅助人对物的支配、控制是一种持有而非占有。除了占有意图外，占有和持有的差异还体现在以下方面：

（1）占有可以分为直接占有和间接占有，而持有不能作出该种划分。例如，出质人移转动产的占有给质权人，则质权人直接占有质物，构成直接占有；而出质人仍然享有质物返还请求权，构成间接占有。这两种占有都受到占有制度的保护。但是，持有是一种与主观状态无关的事实状态，形态比较单一，不能形成双重持有。

（2）占有具有权利推定的功能，持有则没有。占有制度虽然有别于本权制度，但是占有往往与本权相一致。通常情况下，占有的背后存在本权，而本权通过占有体现出来，也就是说，事实上对物进行管领、支配的人通常也是法律关系中的权利人，反之亦然。因此，占有往往具有本权推定的效力和公示公信的效力，而对物单纯地持有不具有这些功能和效力。

（3）占有可以继承，持有则不能。

（4）占有让与的方式多样，包括现实交付、简易交付和占有改定；而持有只是一种单纯的控制状态，持有人一旦不再实际控制某物，便丧失持有，因而不能转让。

（5）占有是一个民法上的概念，而持有多用于刑法领域。

2. 占有与所有权

现代物权法中，占有与所有权的联系表现在：第一，在所有权处于圆满状态时，所有权与占有重合；第二，在动产善意取得制度中，占有是善意受让人取得受让物所有权的条件；第三，在取得时效制度中，和平、公然、持续地占有是取得物之所有权的条件；第四，他人非法侵占所有权人的物时，所有权人既可以提起所有权之诉，也可以提起占有之诉。

当然，所有权也可能出现与占有相分离的状态。例如，所有权人将所有物移交给质权人用于担保债权时，所有权人不再现实占有该物，依法律而为间接占有。又如，所有权人的所有物遭盗窃时，所有权人丧失了对该物的占有，但所有权并不因此而丧失。

二、占有的分类

（一）有权占有与无权占有

以占有是否具有正当权源为标准，可以将占有分为有权占有和无权占有两种类型。有权占有，又称正权源占有或者正当权源占有，是指基于本权的占有。这里的本权，是指对物进行占有的权利，包括合同债权、物权，以及其他法律关系所生的权利。例如，因租赁合同、所有权、他物权等取得对物占有的权利。

区分有权占有与无权占有的法律意义在于以下方面：

（1）有权占有人有权拒绝他人行使本权。例如，房屋承租人基于租赁合同占有房屋的，有权拒绝出租人基于所有权提出的返还请求。而无权占有人负有返还占有物的义务，不得拒绝本权人提出的返还请求。例如，债务人清偿债务后，留置权消灭，留置权人负有返还留置财产的义务，不得拒绝留置物所有权人的返还请求。

（2）留置权的发生以有权占有为前提，因侵权行为而占有债务人财产的不能产生留置权。例如，甲盗窃乙的手表后，对其进行修理并支付了一笔费用。此时，甲不得在乙的手表上成立留置权，以担保修理费用得到偿还。

（二）善意占有与恶意占有

依据无权占有人的主观状态不同，可以将无权占有分为善意占有和恶意占有两种类型。善意占有，是指占有人不知道其不具有占有的权利，而误信其具有占有的权利，并不怀疑地进行占有。恶意占有，是指占有人明知自己不具有占有的权利，或者对无占有的权利有所怀疑，但是仍然进行占有。例如，通过抢夺方式取得占有的人，明知自己不具有占有的权利，仍然对财产进行占有的，属于恶意占有。

区分善意占有与恶意占有的法律意义在于以下方面：

（1）善意取得以占有人善意受让为要件，即只有在善意占有的情况下，才发生善意取得。受让人为恶意占有的，不发生善意取得的法律效力。根据《民法典》第三百一十一条的相关规定，无处分权人将不动产或者动产转让给受让人的，受让人受让该不动产或者动产时是善意且符合其他条件的，受让人取得该不动产或者动产的所有权。

（2）善意占有人与恶意占有人对回复请求权人的权利、义务不同，具体表现为：①费用偿还请求权不同。我国《民法典》第四百六十条规定：“不动产或者动产被占有人占有的，权利人可以请求返还原物及其孳息；但是，应当支付善意占有人因维护该不动产或者动产支出的必要费用。”根据该条法律规定，善意占有人在返还占有物时，有权要求所有权人支付必要费用，而恶意占有人不享有必要费用偿还请求权。②对占有物造成损害的，所应承担的赔偿责任不同。我国《民法典》第四百五十九条规定，占有人因使用占有的不动产或者动产，致使该不动产或者动产受到损害的，恶意占有人应当承担赔偿责任。而在此种情况下，善意占有人则无须承担赔偿责任。③占有物毁损、灭失的赔偿责任不同。我国《民法典》第四百六十一条规定：“占有的不动产或者动产毁损、灭失，该不动产或者动产的权利人请求赔偿的，占有人应当将因毁损、灭失取得的保险金、赔偿金或者补偿金等返还给权利人；权利人的损害未得到足够弥补的，恶意占有人还应当赔偿损失。”在占有物毁损、灭失的情况下，善意占有人无须就权利人受到损害中未得到足够弥补的部分承担赔偿责任。

（3）善意占有人在返还占有物时，只负有返还现有利益的义务，对已经灭失、毁损的部分不承担赔偿责任，而恶意占有人对占有物所遭受的损失应当承担赔偿责任。我国《民法典》第四百六十二条第一款规定：“占有的不动产或者动产被侵占的，占有人有权请求返还原物；对妨害占有的行为，占有人有权请求排除妨害或者消除危险；因侵占或者妨害造成损害的，占有人有权依法请求损害赔偿。”

（三）直接占有与间接占有

依据占有人是否直接占有某物，可以将占有分为直接占有与间接占有。直接占有是指占有人在事实上直接管领、支配某物的状态。间接占有是指占有人虽未直接占有某物，但基于某种法律关系对直接占有人享有占有返还请求权的占有。

区分直接占有与间接占有的意义在于：直接占有可以独立存在，而间接占有不能独立存在，间接占有人与直接占有人之间必须存在一定的法律关系。①

此外，依据不同的标准还可以将占有分为合法占有与非法占有、自主占有与他主占有、自己占有与占有辅助、公然占有与隐蔽占有、持续占有与非持续占有、单独占有与共同占有等类型。

第二节　占有的取得、变更与消灭

一、占有的取得

占有的取得，从占有的事实状态而言，即为占有的发生。② 占有的取得包括直接取得和间接取得两种方式。占有人直接取得占有的方式可以分为原始取得与继受取得，间接取得占有的方式可以分为创设取得与移转取得。

① 王利明．民法［M］．8 版．北京：中国人民大学出版社，2020：560.

② 魏振瀛．民法［M］．8 版．北京：北京大学出版社，2021：350.

（一）直接占有的原始取得

直接占有的原始取得，是指不依靠他人移转占有而直接对物取得事实上的管领、支配并排除他人干涉。原始取得行为是一种事实行为，该行为既可以是合法行为，也可以是不法行为。占有的主体既可以是完全民事行为能力人，也可以是不完全民事行为能力人。原始取得的客体既包括动产，也包括不动产。原始取得的方式有先占、拾得遗失物、添付、侵占等。

（二）直接占有的继受取得

直接占有的继受取得，是指依靠他人移转占有而对物取得事实上的管领、支配，具体包括让与和继承两种形式。

1. 占有的让与

出让人以让与占有的主观意思，将某物在现实上交由受让人管领。根据《民法典》第二百二十四条的规定，动产物权的设立和转让，自交付时发生效力。其中的“交付”就包含了占有的让与。

2. 占有的继承

继承人在被继承人死亡时即取得继承标的物的占有，不考虑继承人是否占有该物。这种占有的取得是权利义务概括继承的结果，因此继承人取得的占有，在种类、状态、瑕疵等方面，都与被继承人的占有相同。[①]

（三）间接占有的创设取得

间接占有的创设取得，又称占有的设立取得，是指基于他人既存的占有而创设间接占有，具体情形包括以下两种：

（1）直接占有人为自己创设间接占有。例如，所有权人为他人设立质权，将对物的直接占有让与质权人，所有权人即成为间接占有人。

（2）直接占有人为他人创设间接占有。例如，在采取占有改定方式进行交付的买卖合同中，出卖人通过将所有权转移给买受人，使买受人成为间接占有人。

（四）间接占有的移转取得

间接占有的移转取得，是指依靠他人移转而对物取得间接占有。与直接占有的

① 魏振瀛．民法［M］．8版．北京：北京大学出版社，2021：351．

继受取得相似，间接占有的移转取得同样包括两种形式：

（1）占有的让与。举例而言，在间接占有人为所有权人的情况下，将标的物的所有权转移给第三人，此时间接占有向第三人发生了转移，法律依据可参考我国《民法典》第七百二十五条："租赁物在承租人按照租赁合同占有期限内发生所有权变动的，不影响租赁合同的效力。"即"买卖不破租赁"。

（2）占有的继承。因继承开始时继承人即取得与被继承人性质相同的占有，故被继承人为间接占有人的，继承人所继承的占有亦为间接占有。

二、占有的变更

占有的变更，又称占有状态的变更或占有的转变，是指在占有存续的过程中，占有类型发生转化。占有的变更具体而言包括有权占有变更为无权占有、善意占有变更为恶意占有等情况。

（一）有权占有变更为无权占有

有权占有人在其占有的正当权源消灭后仍继续占有的，其有权占有变为无权占有。例如，房屋承租人在租赁期限届满后仍继续占有该房屋的，其有权占有变为无权占有。当有权占有变更为无权占有时，物的所有权人有权请求无权占有人返还原物。

（二）善意占有变更为恶意占有

善意占有与恶意占有的区别在于占有人的主观状态不同，即善意占有人与恶意占有人在主观上对自身具有占有的正当权源存在误信与否的不同。无权占有人知道或应当知道其占有无正当权源后继续占有的，其善意占有变更为恶意占有。

（三）其他情况

此外，还存在其他占有变更的情况。例如，他主占有变更为自主占有、无瑕疵占有变更为瑕疵占有、直接占有变更为间接占有、公然占有变更为隐蔽占有、持续占有变更为非持续占有等。

三、占有的消灭

占有的消灭，是指占有人对物在事实上的管领、支配丧失。由于仅有短暂的结合关系不能认定占有的成立，故这里的消灭，应指确定地丧失了对物的占有，不包括占有人对物暂时无法管领、支配的情况。

（一）直接占有的消灭

当占有人丧失了对物在事实上直接的管领、支配时，直接占有消灭。依据占有人是否具有放弃管领、支配的意思，可将直接占有的消灭分为以下两种：

（1）基于占有人意思的丧失，如抛弃占有物、将赠与物交付于受赠人等。

（2）非基于占有人意思的丧失，如占有物被盗、灭失等。

（二）间接占有的消灭

间接占有的消灭的主要原因有：

（1）直接占有人丧失占有。间接占有以直接占有为基础，直接占有消灭的，间接占有随之消灭。

（2）直接占有人否定间接占有。直接占有人向间接占有人表示拒绝承认其间接占有的地位，则间接占有消灭。

（3）返还请求权消灭。返还请求权是间接占有成立的主要条件，若该请求权消灭，则间接占有随之消灭。

第三节　占有的效力与保护

一、占有的效力

（一）占有的权利推定

1. 占有的权利推定概述

占有的权利推定，是指基于占有的存在，推定占有人对占有物享有权利。现代民法设立权利推定制度，原因在于权利之间存在盖然性，即占有的背后，总是有本权的存在。

占有的权利推定能够产生如下法律效果：

（1）举证责任移转。依据占有的权利推定，占有物的占有人被推定为合法的权利人，其他人如果主张其并非权利主体，应当负相应的举证责任。

（2）保护交易安全，维护交易秩序。占有的权利推定，有利于形成一个依据权利外观构成的物权秩序。因为占有可以推定权利，所以其公信力得以产生，交易安全得以维护。

2. 占有的权利推定的内容

占有的权利推定主要包括以下内容：

（1）从占有的权利推定的主体看，不仅占有人自己可以主张权利推定，而且第三人也能主张权利推定。不仅现在的实际占有人有权主张权利推定，过去的占有人也有权主张权利推定。权利推定不仅适用于直接占有人，也适用于间接占有人。①

（2）从推定的权利内容上看，通常认为占有的权利推定应当限于物权和特殊债权，而不包括一般债权。具体而言，占有的权力推定效力及于所有权等包含占有权限的物权，以及如租赁权一类较为特殊的债权。由于不动产以登记作为公示方式，因而，不应当通过占有进行权利推定。除动产外，未登记的不动产和以不动产为标的的特殊债权适用占有的权利推定。

（3）占有的权利推定，不仅适用于对占有人有利的情形，也适用于对占有人不利的情形。

（4）占有的权利推定可以通过反证推翻。占有只是权利外观，当占有与真实权利发生背离和冲突时，不能以占有的权利推定否定真实权利人的权利。真实权利人可以举反证推翻占有的权利推定。

（5）占有的权利推定只具有消极的效力。占有人不能将该权利推定作为行使权利的证明。例如，占有人不得利用占有的权利推定来申请权利登记。②

我国《民法典》中并没有规定占有的推定效力。但是，司法实践中对其普遍持肯定态度。例如，2020 年修正的《最高人民法院关于审理涉及国有土地使用权合同纠纷案件适用法律问题的解释》第九条中规定，双方均未办理土地使用权变更登记手续，已先行合法占有投资开发土地的受让方请求转让方履行土地使用权变更登记等合同义务的，法院应予支持。

（二）占有人与回复请求权人的权利、义务

占有人与回复请求权人的权利、义务主要包括以下内容：

① 施蒂尔纳．德国物权法：上册［M］．张双根，译．北京：法律出版社，2004：177.
② 江平．民法［M］．北京：中国政法大学出版社，2020：302.

1. 使用、收益权

我国《民法典》第四百五十八条规定："基于合同关系等产生的占有，有关不动产或者动产的使用、收益、违约责任等，按照合同约定；合同没有约定或者约定不明确的，依照有关法律规定。"依据该规定，有权占有人能否对占有物进行使用、收益，取决于当事人之间的合同约定；没有约定或者约定不明确的，依照有关法律规定。例如，承租人作为有权占有人，有权对承租的房屋进行使用，而占有质物的质权人在双方当事人没有特别约定的情况下，不得对占有物进行使用、收益。

无权占有人是否能对占有物进行使用、收益？有些国家基于善意占有或恶意占有的不同，分别对此加以规定，即善意占有人能对占有物进行使用、收益，恶意占有人则无权行使这些权利。但是，我国《民法典》对此并未作出明确区分，无论是善意占有人还是恶意占有人，都没有对占有物进行使用、收益的权利。《民法典》第四百五十九条规定："占有人因使用占有的不动产或者动产，致使该不动产或者动产受到损害的，恶意占有人应当承担赔偿责任。"

2. 必要费用求偿权

我国《民法典》第四百六十条规定："不动产或者动产被占有人占有的，权利人可以请求返还原物及其孳息；但是，应当支付善意占有人因维护该不动产或者动产支出的必要费用。"换言之，善意占有人享有必要费用求偿权。有些国家立法规定，善意占有人不仅享有必要费用求偿权，而且享有有益费用求偿权，恶意占有人享有必要费用求偿权。我国《民法典》并没有采纳该立法例。

3. 返还原物及孳息的义务

有些国家规定，善意占有人有权收取占有物的孳息，恶意占有人对孳息负有返还义务。但是，根据我国《民法典》第四百六十条的规定，无论是善意占有人还是恶意占有人，都负有返还原物及孳息的义务。

二、占有的保护

占有的保护分为物权上的保护与债权上的保护。物权上的保护主要是指占有人的自力救济权和占有保护请求权，债权上的保护主要是指不当得利请求权和损害赔偿请求权。我国《民法典》第四百六十二条对占有保护请求权进行了明确规定，占有的不动产或者动产被侵占的，占有人有权请求返还原物；对妨害占有的行为，占有人有权请求排除妨害或者消除危险；因侵占或者妨害造成损害的，占有人有权依法请求损害赔偿。

占有人返还原物的请求权，自侵占发生之日起 1 年内未行使的，该请求权消灭。

（一）占有物返还请求权

占有物返还请求权，又称回复占有请求权，是指占有人的占有遭到他人侵夺时，有权请求加害人返还占有物的权利。

行使占有物返还请求权应当符合以下条件：

（1）行使该权利的主体为占有人，包括直接占有人、间接占有人、自主占有人、他主占有人、善意占有人、恶意占有人等，不因占有为无权占有或恶意占有而剥夺占有人的权利。非占有人，即便具有合法的权源，也不得行使该项权利。

（2）占有人丧失占有非基于自己的意思。占有人因被盗、被抢等原因丧失占有的，均有权行使占有物返还请求权。但是，基于占有人自己的意思而丧失占有的，即便是由于错误、欺诈、胁迫等原因丧失占有，也无权行使该请求权，而只能依据其他法律规定解决。

（3）占有人的行为是造成其丧失占有的直接原因。例如，遗失物的拾得人未将遗失物交还给所有权人或者有关机关，因为拾得人的行为并非造成占有人丧失占有的直接原因，所以，所有权人对拾得人不得行使占有物返还请求权，而应当依据所有权人的地位请求返还原物。

我国《民法典》规定了占有物返还请求权的除斥期间是 1 年，1 年内未行使的，该请求权消灭。

（二）排除妨害请求权

根据我国《民法典》第四百六十二条的规定，对妨害占有的行为，占有人有权请求排除妨害。排除妨害请求权，是指占有人的占有遭受他人侵害时，有权请求妨害人除去妨害。

行使排除妨害请求权应当具备以下条件：

（1）存在妨害行为。妨害人虽然没有以侵夺的方式使占有人丧失占有，但是妨害了占有人对占有物的管领、支配。

（2）行使权利的主体为占有人。非占有人不得行使保护占有的排除妨害请求权。

（3）权利的相对方为妨害人。妨害人包括两种：一种是以行为妨害占有的人，称为行为妨害人，如擅自在邻地排放污水；另一种是以其意思容许妨害占有状态存在的人，称为状态妨害人，如自家树木因强风被吹倒于邻地后未进行清除。

（三）消除危险请求权

消除危险请求权，也称妨害防止请求权，是指占有有被妨害之虞的，占有人有请求消除危险的权利。所谓占有有被妨害之虞，是指占有人占有标的物，存在被他人侵害的可能。至于占有人的占有是否真实被侵害，在所不问。例如，邻地的围墙，因地震的原因而可能坍塌，从而有妨害占有人占有土地的危险。①

除此以外，我国《民法典》还赋予了占有人对妨害人享有损害赔偿请求权，即因侵占或者妨害造成损害的，占有人有权请求损害赔偿。损害赔偿请求权在本质上属于债权法的保护方式。

本章小结

占有是一种事实，是占有控制或支配某物的状态。占有的特征包括：第一，占有以物为客体；第二，占有人在事实上控制或管领了某物，并可能获得占有物的实体权利；第三，占有是一种事实状态，而不是一种法律权利。占有的变更又称占有状态的变更或占有的转变，是指在占有存续的过程中，占有类型发生转化。占有的权利推定，是指基于占有的存在，推定占有人对占有物享有权利。

简答题

1. 简述占有的特征。
2. 简述占有的权力推定。

案例

（扫码查看案例解读）

甲供热中心委托乙公司经营供暖站，合同约定乙公司应按照甲供热中心的要求完成供暖任务。乙公司在经营一段时间后将部分供暖设备卖与丙公司，但尚未交付，甲供热中心对此并不知情。后甲供热中心以乙公司未依约完成供暖任务为由向法院提起诉讼，请求判令有二：一是解除委托合同；二是乙公司返还供暖设备。法院最终支持了甲供热中心的诉讼请求。后丙公司向甲供热中心主张供暖设备的所有权（此时供暖设备已经过执行程序转由甲供热中心占有），双方协商无果。丙公司遂向法院起诉，主张甲供热中心违法侵占他人财物，请求甲供热中心返还供暖设备。

原告丙公司是否有权请求甲供热中心返还供暖设备？

---

① 陈华彬．物权法论［M］．北京：中国政法大学出版社，2018：696.

参考文献

[1] 王利明，等．民法学：上［M］．北京：法律出版社，2020.

[2] 王利明．民法［M］．8版．北京：中国人民大学出版社，2020.

[3] 王利明．物权法［M］．北京：中国人民大学出版社，2015.

[4] 王利明，等．民法学［M］．6版．北京：法律出版社，2020.

[5] 杨立新．中国物权法研究［M］．北京：中国人民大学出版社，2018.

[6] 杨立新．物权法［M］．7版．北京：中国人民大学出版社，2020.

[7] 梁慧星．中国物权法研究［M］．北京：法律出版社，1998.

[8] 梁慧星，陈华彬．物权法［M］．7版．北京：法律出版社，2020.

[9] 陈华彬．物权法论［M］．北京：中国政法大学出版社，2018.

[10] 魏振瀛．民法［M］．8版．北京：北京大学出版社，2021.

[11] 郭明瑞．物权法通义［M］．北京：商务印书馆，2019.

[12] 郭明瑞，房绍坤，张平华．担保法［M］．北京：中国人民大学出版社，2017.

[13] 崔建远．物权法［M］．5版．北京：中国人民大学出版社，2020.

[14] 王泽鉴．民法物权［M］．2版．北京：北京大学出版社，2010.

[15] 钱明星．物权法原理［M］．北京：北京大学出版社，1994.

[16] 申卫星．物权法原理［M］．2版．北京：中国人民大学出版社，2016.

[17] 胡康生．中华人民共和国物权法释义［M］．北京：法律出版社，2007.

[18] 江平．民法学［M］．4版．北京：中国政法大学出版社，2019.

[19] 江平．民法［M］．北京：中国政法大学出版社，2020.

[20] 施蒂尔纳．德国物权法［M］．张双根，译．北京：法律出版社，2004.